O GUIA DA VIAGEM PERFEITA

NOVA YORK

Pesquisado e escrito por

**MARTIN DUNFORD, STEPHEN KEELING
E ANDREW ROSENBERG**

PubliFolha

Sumário

INTRODUÇÃO 4

Nova York em destaque 7
Plano de viagem 8

DESTAQUES 12

Principais atrações 14
Nova York oculta 16
Museus e galerias.................... 18
Gastronomia 20
Bares 22
Diversão................................... 24
Compras................................... 26
Ao ar livre................................. 28

ÁREA POR ÁREA 30

1 Financial District e Harbor Islands 32
2 SoHo e Tribeca 44
3 Chinatown, Little Italy e Nolita 54
4 Lower East Side 62
5 East Village 70
6 West Village 82
7 Chelsea e Meatpacking District 92
8 Union Square, Gramercy Park e Flatiron District............. 100
9 Midtown 108
10 Times Square e Theater District................................ 122
11 Central Park....................... 132
12 Upper East Side 136
13 Upper West Side 146
14 Harlem e o norte de Manhattan 156
15 Distritos externos.............. 162

HOSPEDAGEM 174

Hotéis 176
Albergues 181
B&Bs e apartamentos.............. 182

DICAS DE VIAGEM 184

Chegada 186
Como circular 187
Informações 188
Festivais e eventos.................. 193
Cronologia 194
Idioma..................................... 198
Índice...................................... 202

INTRODUÇÃO A
NOVA YORK

Nenhum superlativo ou clichê faz jus a New York City. Ela pode não ser a capital oficial dos Estados Unidos ou mesmo do estado de Nova York, mas em muitos aspectos é indiscutivelmente a capital do mundo. Mercado financeiro, comunicações, arte, arquitetura, gastronomia, moda, cultura popular, vida urbana – há de tudo aqui, e em grau máximo. E o melhor, tanto para os visitantes quanto para os moradores, é que não é preciso procurar muito para encontrar as atrações. Grandes ou pequenas, elas são sempre bem visíveis: as fortalezas do dinheiro em Wall Street, a tocha da Estátua da Liberdade, o totem do Empire State Building, a publicidade e a agitação de Times Square, o trânsito de pedestres na Fifth Avenue, os orgulhosos leões da Public Library... Em termos de energia e dinamismo, de cultura e diversidade, Nova York é simplesmente imbatível.

MANHATTAN BRIDGE

GRAFITE

INTRODUÇÃO

Você pode passar semanas aqui e ainda assim mal conhecer a cidade, mas há algumas atrações e programas obrigatórios. Nova York é repleta de vibrantes bairros étnicos, como Chinatown e Harlem, e de enclaves artísticos, como Chelsea, Tribeca e Greenwich Village. A célebre arquitetura moderna das corporações de Manhattan em Midtown e no Financial District é complementada por fileiras de elegantes casas com fachada de arenito pardo em áreas como Brooklyn Heights. Há museus renomados, como o Metropolitan Museum of Art e o Museum of Modern Art, além de inúmeras coleções menores – os Velhos Mestres na Frick, as gravuras e manuscritos da Morgan Library –, que garantem dias de passeios compensadores.

Entre uma e outra atração, você pode explorar a variadíssima cena gastronômica local, que inclui, por exemplo, pãezinhos macios de carne de porco coreanos, sanduíches de ouriço-do-mar, delicatessens judaicas e comida jamaicana vendida nas ruas. Você pode beber na companhia de diferentes tribos a qualquer hora e em variados tipos de bar: locais sem placa que preparam incríveis bebidas artesanais ou bares onde o pessoal vai estranhar se você pedir algo diferente de uma garrafa de cerveja. Você pode assistir a uma comédia ou cabaré, ouvir grupos de jazz ou bandas de rua e ver filmes independentes. Há muito o que ver das artes mais tradicionais – dança, teatro, ópera e música clássica – e as casas noturnas são diversificadas e empolgantes.

Melhores lugares para bagels e salmão defumado

Bagel com cream cheese e salmão defumado é o petisco mais clássico à venda em cafés, delicatessens, bagelries e empórios. Os melhores bagels são os de estabelecimentos judeus (que basicamente vendem peixes e laticínios) como o centenário Russ and Daughters (p. 65) de gestão familiar. **NOSSOS OUTROS FAVORITOS SÃO:** > Absolute Bagels p. 151 > Barney Greengrass p. 151 > Zabar's p. 151

VITRINE NO SOHO

Para os consumidores ávidos, a escolha é vasta e quase exaustiva, há uma infinidade de lojas nesta meca do sonho capitalista. Você pode gastar os seus dólares na gigante Bloomingdale's ou optar por estilistas contemporâneos como Marc Jacobs, ou ainda visitar butiques de roupas vintage ou lojas barateiras que vendem peças por peso.

Nova York abrange a ilha central de Manhattan e quatro distritos externos – Brooklyn, Queens, Bronx e Staten Island. Para muitos, Manhattan é Nova York e, certamente, é aqui que você irá passar mais tempo, a menos que se hospede com amigos que morem em outra área. Isso não significa menosprezar os encantos dos outros distritos: a glória arruinada de Coney Island, os estupendos jardins botânicos do Bronx e do Brooklyn, e o sofisticado Noguchi Museum, na Long Island City, são exemplos de atrações que merecem um deslocamento maior. No caminho, você encontrará ótimos restaurantes e bares de bairro. O sistema de metrô e ônibus o leva para todos os lugares, mas Nova York também é uma cidade apropriada para caminhadas e com certeza vai despertar em você a vontade de gastar a sola dos sapatos, a fim de descobri-la.

Quando visitar

Praticamente qualquer época é boa para visitar Nova York. O inverno é rigoroso, mas a cidade fica encantadora durante os preparativos para o Natal, com as árvores iluminadas, as vitrines decoradas e as lojas funcionando até mais tarde. O frio aumenta em janeiro e fevereiro, um período excelente para obter descontos em voos e hotéis, mas mesmo nesses meses há alguns dias lindos e ensolarados. A primavera, o início do verão e o outono são períodos mais apropriados para uma visita, pois as temperaturas podem ser agradavelmente quentes. É melhor não vir a Nova York entre meados de julho e agosto, quando as temperaturas tendem a ser sufocantes e há bastante umidade. Por outro lado, muitos nova-iorquinos viajam e a cidade fica menos apinhada.

NOVA YORK EM DESTAQUE

>>GASTRONOMIA

De comida de rua a haute cuisine, aqui há opções excelentes em profusão. A cozinha étnica mais acessível está em **Chinatown**. O **Lower East Side**, reduto tradicional de comida judaica, agora tem vários restaurantes badalados, enquanto o **East Village** é o lugar perfeito para comer tigelas de lámen, fatias de pizza e hot dogs tarde da noite. Alguns dos melhores e mais caros restaurantes ficam no entorno da **Madison Square Park**; seguindo até **Midtown** você encontra grifes como *Aquavit* e *Oyster Bar*. Mais ao norte, o **Harlem** tem fabulosa soul food, churrasco e restaurantes africanos.

>>BARES

Há bares de todas as categorias espalhados por todo lado: pubs, bares baratos, cervejarias, clandestinos e os chiques instalados em hotéis. Quem gosta de beber vai ao **Lower East Side** e ao **East Village**, em ruas como a Ludlow e a Avenue A, que podem parecer um carnaval, mas vale a pena dar uma olhada. Há bares roqueiros e bares de vinho caros nas imediações da **Union Square** e da **Ninth Avenue**, começando em **Chelsea** e indo até **Hell's Kitchen**. Os bares com mais personalidade estão nos distritos externos, sobretudo em **Long Island City** e **Williamsburg**. A maioria dos bares e pubs funciona até a madrugada.

>>VIDA NOTURNA

Casas noturnas se espalham para todo lado: um ano o quente é a orla oeste do **SoHo**, em outro é a 27th Street na ponta oeste de **Chelsea**. O **East** e o **West Villages** sempre têm opções, e o **Meatpacking District** é uma boa pedida em termos de lugares agitados para dançar. Fique atento a dicas, consulte a programação em revistas e circule sempre na área central. Para música ao vivo, o **West Village** e o **Harlem** têm lugares de jazz históricos; o **Lincoln Center** é um polo de música clássica, dança e ópera, com o **Carnegie Hall** a poucos quarteirões de distância; e os clubes de rock mais animados ficam no entorno do **Lower East Side**.

>>COMPRAS

Para itens caros, siga para Midtown, mais especificamente para a **Fifth Avenue**, endereço da Saks, da Bergdorf Goodman e de muitas outras varejistas. A **Madison Avenue** no Upper East Side também tem sua cota de marcas famosas. Moda com mais ousadia é encontrada no **Soho** e em **Nolita**: as ruas Prince e Spring são repletas de butiques de estilistas, joalherias e lojas de sapatos. Quem prefere peças vintage ou vanguardistas vai adorar o **Lower East Side** e **Williamsburg**. Para colecionadores de antiguidades, a dica é bater perna na área de **Chelsea** e, nos fins de semana, dar uma olhada no **Hell's Kitchen Flea Market**.

HÁ INDICAÇÕES DE LUGARES PARA COMER, BEBER E FAZER COMPRAS NO FINAL DE CADA CAPÍTULO.

Primeiro Dia em Nova York

1 Ponto de partida: Battery Park
> p. 38. Balsas saem daqui e vão às Harbor Islands; chegue cedo e reserve toda a manhã para isso.

2 Estátua da Liberdade > p. 40. Um dos maiores símbolos da cidade, é tão interessante de perto quanto de longe, porém mais ainda se você subir os degraus até a coroa.

3 Ellis Island > p. 40. Seu museu sensível e tocante mostra as raízes imigrantes de Nova York.

> p. 43. Na volta do passeio, pare para almoçar no *Adrienne's Pizzabar* na Stone Street para pedestres.

4 Ande na **Wall Street** e veja os edifícios no polo financeiro mundial, depois siga para a **Trinity Place** (Church Street) e visite a mostra sobre 11 de Setembro na **St Paul's Chapel**, de 1766. O **National September 11 Memorial** fica em frente.

5 High Line > p. 92. Indo para a parte alta da cidade, ande nesta passarela elevada no West Side.

> pp. 128-9. Jante antes de ir ao teatro em um lugar tradicional como o *Joe Allen* ou o *Chez Napoleon*.

6 Ver uma peça ou um musical na Broadway é um ótimo programa; informe-se sobre qual teatro apresenta algo de que goste.

> p. 130. O charmoso *Jimmy's Corner* tem clientes mal-humorados e *memorabilia* de boxe; tome um drinque no bar para encerrar o dia.

Segundo Dia em Nova York

1 Ponto de partida: Zabar's > p. 151. Compre um bom lanche no *Zabar's* e coma-o no café anexo ou em um piquenique no Central Park.

2 Central Park > p. 132. Passeie no parque, começando pelos Strawberry Fields no oeste, seguindo o Lake e cruzando o Ramble ou Great Lawn até chegar ao lado leste.

3 Metropolitan Museum of Art > p. 138. Goya, Vermeer, a Escola do Rio Hudson e o Templo de Dendur são alguns destaques neste museu colossal.

4 Grand Central > p. 109. Visitas na hora do almoço (qua e sex) no Grand Central Terminal incluem o magnífico Main Concourse e outros elementos desta maravilha arquitetônica.

Oyster Bar > p. 120. Almoce mais tarde no coração do Grand Central, neste bar atemporal de Midtown.

5 Empire State Building > p. 103. A ida obrigatória à plataforma panorâmica de 320m de altura de fato vale a pena, pois dá uma visão ampla da cidade.

6 Compras no SoHo > p. 48. Prada e Apple Store estão entre as atrações, mas há muito mais para pesquisar na Spring, Prince, Broadway e nas ruas secundárias menores.

> p. 44. **SoHo** e **Tribeca** são repletos de excelentes restaurantes finos; se seu orçamento estiver folgado, vá ao *Nobu*, ao *Bouley* ou ao *Blue Ribbon Sushi*.

Nova York **econômica**

Nova York é uma cidade cara, mas oferece uma quantidade surpreendente de atrações e atividades interessantes a preços acessíveis ou inteiramente grátis.

1 Staten Island Ferry > p. 39. O passeio de barco grátis no porto de Nova York proporciona uma linda vista da cidade e da Estátua da Liberdade.

2 Governors Island > p. 40. Explore as casas históricas, parques e galerias desta ilha tranquila, com bicicletas grátis.

Fatias de pizza no Artichoke > p. 76. O petisco adorado na cidade é feito com perfeição nesta minúscula pizzaria no East Village.

3 Galerias de arte em Chelsea > p. 96. Ande neste bairro lotado de ousadas galerias de arte contemporânea (todas grátis).

4 Free Fridays Nas noites de sexta, o MoMA (p. 116), a Morgan Library (p. 108), a Neue Galerie (p. 140), o Whitney Museum of American Art (p. 142) e a Asia Society (p. 143) têm entrada grátis, mas aceitam doações.

Jantar em Chinatown > p. 61. Há refeições acessíveis em Manhattan – farte-se como um imperador por menos de US$20 no *Great N.Y. Noodletown*.

Nova York **para crianças**

A maioria das atrações da cidade é adequada para crianças, mas além das mais conhecidas – como a Estátua da Liberdade – você tem outras opções, como as sugeridas abaixo.

Good Enough to Eat > p. 153. Há delícias como panqueca, torrada francesa e picadinho neste restaurante descontraído.

1 Museum of Natural History > p. 148. Vá cedo para escapar das multidões e ver mostras inovadoras.

2 Carousel no Central Park > p. 134. Se as crianças forem mais velhas, esqueça isso e leve-as para ver os patinadores e artistas de rua no Mall ou no Sheep Meadow nos arredores.

3 Edifícios Flatiron e Chrysler > p.102 e p.110. O fato de terem sido cenário para *Homem Aranha* e outros filmes de ação deve compensar qualquer falta de interesse inicial pela arquitetura.

4 Madison Square Park > p. 102. Além de espaços para correr e brincar, a Madison Square tem o *Shake Shack*, ideal para o almoço ou um lanche à tarde.

5 Books of Wonder > p. 104. Nos fins de semana, esta livraria infantil promove leituras. Nos outros dias, dê uma volta por lá e peça um cupcake para viagem.

6 The Museum of the Moving Image > p.168. Vá até o Queens para ver divertidos filmes interativos, recordações do cinema e projeções estranhas.

Zenon Taverna > p.172. Astoria tem restaurantes gregos alegres, ideais para famílias – como este, de preços acessíveis.

PLANO DE VIAGEM

DESTAQUES

Principais atrações

1 Ponte do Brooklyn Os pórticos elegantes, a vista magnífica e o clima romântico desta ponte garantem uma caminhada memorável. > **p. 42**

DESTAQUES

2 Central Park É difícil imaginar a cidade sem este refúgio verde com fantástico paisagismo. > **p. 132**

3 Met Passe uma semana visitando o vasto acervo do museu ou se concentre em uma parte favorita, como a dedicada a Vermeer ou à coleção de obras impressionistas. > **p. 138**

4 Estátua da Liberdade A vista de Lower Manhattan e a ida à coroa fazem parte deste passeio imperdível em Nova York. > **p. 40**

5 Empire State Building Dominando o skyline de Midtown, o Empire State é o arranha-céu que faz parte do imaginário coletivo. > **p. 103**

Nova York oculta

1 Governors Island Um retiro muito bem preservado do outro lado do porto saindo do centro de Manhattan. Há parques, galerias e belas casas do século XVIII. > **p. 40**

2 Irish Hunger Memorial
Monumento em Battery Park City à Grande Fome da Irlanda, é coberto de vegetação e tem uma casa em ruínas do condado de Mayo. > **p. 37**

3 Red Hook
Fora da rota turística do Brooklyn, há armazéns restaurados, butiques excêntricas, cafés, pubs e a melhor torta de limão do nordeste da cidade. > **p. 164**

4 African Burial Ground National Monument
Este memorial incita à reflexão sobre o papel menosprezado dos africanos que, no passado, vieram para Nova York. > **p. 42**

5 Strivers' Row
Veja parte da arquitetura mais encantadora de Nova York nesta rua residencial no Harlem datada da década de 1890. > **p. 160**

Museus e galerias

1 Frick Collection Esta mansão na Fifth Avenue abriga uma das melhores coleções de obras de arte da cidade. > **p. 138**

2 LES Tenement Museum
Prédio de apartamentos transformado em museu, este tesouro local mostra bem como era a vida de três gerações de imigrantes. > **p. 63**

3 Museum of Natural History
Conta com uma das melhores coleções de história natural do mundo, planetário excelente e um conjunto de fósseis de dinossauros. > **p. 148**

4 Ellis Island Museum of Immigration Memorial à imigração para os EUA, apresenta exposições fascinantes e depoimentos, e salas de espera e saguões belamente restaurados. > **p. 40**

5 MoMA Museu fabuloso de arte moderna e fotografia cujo acervo cobre desde Monet e Cézanne até Picasso, Dalí, Rothko e Warhol. > **p. 116**

Gastronomia

1 Katz's Peça uma prova no balcão de carnes e depois se refestele com um delicioso sanduíche fartamente recheado com pastrami. > p. 66

2 Peter Luger Steak House
Apesar da concorrência feroz no ramo, esta churrascaria de 125 anos continua sendo a favorita da cidade. **> p. 172**

3 Red Rooster
Este restaurante inovador do Harlem enfoca com sofisticação a culinária caseira sulista. **> p. 161**

4 Maialino
Além de servir uma comida deliciosa, este pequeno e acessível restaurante italiano fica a poucos passos do agradável Gramercy Park. **> p. 106**

5 Le Bernardin
Prepare-se para uma noite memorável com pratos de peixes e molhos impecáveis oferecidos pelo chef Eric Ripert. **> p. 129**

Bares

1 Bohemian Hall and Beer Garden Este autêntico bar tcheco é a cervejaria favorita da cidade e justifica uma ida ao Queens. **> p. 172**

2 Pete's Candy Store Confira a badalação em Williamsburg vindo a esta loja de doces que se tornou um pub com música. > **p. 173**

3 Balcony Bar e Roof Garden no Met Lugares românticos para um drinque, com panorama do Central Park e uma vista elevada do Great Hall do Met. > **p. 145**

DESTAQUES

4 King Cole Bar Este bar lendário de Midtown supostamente inventou o Bloody Mary e, de quebra, exibe um estupendo mural de Maxfield Parrish. > **p. 121**

5 Ear Inn Este aconchegante bar de marinheiros do século XIX é um clássico do SoHo. > **p. 52**

Diversão

1 Music Hall of Williamsburg A mistura de ambiente industrial, lounge, acústica sólida e atrações incríveis garante uma ótima noitada. > **p. 173**

DESTAQUES

2 Met Opera House O máximo em alta cultura em Nova York obviamente é caro, a menos que você ache ingresso de última hora para ficar em pé. ➤ **p. 155**

3 Lenox Lounge Com belo ambiente art déco restaurado, o Lenox é um misto de bar informal e reduto de jazz. ➤ **p. 161**

4 Arlene's Grocery Lugar sujinho que toca indie punk. Às segundas acontece um karaokê de rock, e os frequentadores sobem ao palco. ➤ **p. 69**

5 Village Vanguard Talvez o melhor lugar de jazz da cidade, há 75 anos o *Vanguard* apresenta grandes músicos. ➤ **p. 91**

Compras

1 Beacon's Closet Brechó formidável no Brooklyn, oferece ótimas marcas modernas, assim como roupas e acessórios vintage. **> p. 170**

3 Apple Store Os últimos lançamentos em laptops e iPods, assistência técnica no "Genius Bar" e tudo em informática. > **p. 118**

2 Brooklyn Flea Este mercado de fim de semana acabou se transformando em um evento onde os gourmets da região oferecem degustações. > **p. 170**

DESTAQUES

4 Bloomingdale's Famosa loja de departamentos altamente diversificada que continua simbolizando o estilo do Upper East Side. > **p. 118**

5 Strand Bookstore Esta livraria e sebo venerável tem "29km de livros". Vende os últimos lançamentos e livros novos pela metade do preço. > **p. 75**

Ao ar livre

1 New York Botanical Garden Se um jogo dos Yankees não o trouxer ao Bronx, venha para apreciar um dos melhores jardins botânicos do país. **> p. 169**

DESTAQUES

2 Brooklyn Bridge Park Vôlei de praia, caiaque, cinema ao ar livre, espaços para brincar... a lista de atividades à beira-rio no Brooklyn não para de crescer. > **p. 163**

3 Patinação no Bryant Park Não há nada mais emocionante no inverno do que alugar um par de patins e deslizar pelo gelo rodeado pela arquitetura de Midtown. > **p. 113**

4 Caiaque no Hudson Em vez da balsa, passeie de graça de caiaque no Hudson (nos fins de semana) saindo do Pier 40 no West Village. > **p. 86**

5 High Line O parque mais recente (e ainda em obras) em Manhattan é ideal para uma caminhada acima do West Side. > **p. 92**

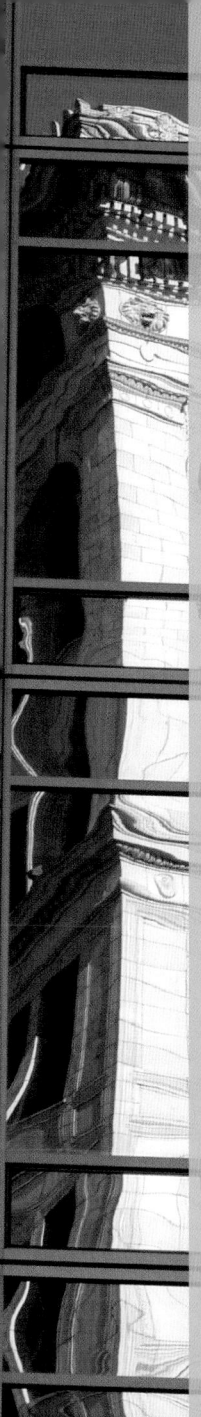

ÁREA POR ÁREA

1. FINANCIAL DISTRICT E HARBOR ISLANDS > p. 32
Lady Liberty e o centro histórico da cidade.

2. SOHO E TRIBECA > p. 44
Moda chique, glamour urbano e arte.

3. CHINATOWN, LITTLE ITALY E NOLITA > p. 54
O tumultuado enclave chinês da cidade e vestígios do passado italiano.

4. LOWER EAST SIDE > p. 62
Compras, vida noturna e gastronomia dão o tom.

5. EAST VILLAGE > p. 70
Este bairro ainda vibrante era reduto de rebeldes, artistas e da cena musical.

6. WEST VILLAGE > p. 82
Área boêmia cujo apelido é "the village".

7. CHELSEA E MEATPACKING DISTRICT > p. 92
Excelentes galerias e casas noturnas animadas.

8. UNION SQUARE, GRAMERCY PARK E FLATIRON DISTRICT > p. 100
Bairros de classe alta no leste.

9. MIDTOWN > p. 108
Zona de prédios comerciais, do MoMA, da Grand Central e do Rockefeller Center.

10. TIMES SQUARE E THEATER DISTRICT > p. 122
Prepare seus sentidos para a Broadway.

11. CENTRAL PARK > p. 132
O primeiro parque público dos EUA.

12. UPPER EAST SIDE > p. 136
O bairro mais rico de Nova York abriga a Frick, o Met e o Guggenheim.

13. UPPER WEST SIDE > p. 146
Abastada área residencial onde está o Lincoln Center e a Columbia University.

14. HARLEM E O NORTE DE MANHATTAN > p. 156
O pilar da cultura negra no século XX.

15. DISTRITOS EXTERNOS > p. 162
O Brooklyn, o Queens e o Bronx têm grandes atrações, e um passeio de balsa à Staten Island.

Financial District e Harbor Islands

Nova York nasceu na extremidade sul de Manhattan nos anos 1620. Hoje, o polo dos mercados financeiros mundiais também reúne parte das ruas históricas da cidade, atrações e o Ground Zero, palco da maior tragédia da nação e agora seu empreendimento mais ambicioso. Nos últimos anos o bairro tem se tornado cada vez mais residencial, e edifícios de bancos estão se tornando condomínios de luxo. Ao norte, o City Hall Park ainda é a sede da Prefeitura de Nova York, e daqui a ponte do Brooklyn se estende para o leste sobre o rio. Passeie no rio para ir a alguns destaques mais distantes da cidade e apreciar uma vista imbatível do célebre skyline de Manhattan; ao sul do Financial District, no New York Harbor, ficam a histórica Ellis Island, a Estátua da Liberdade e o charme bucólico da Governors Island.

WALL STREET

Metrô n° 4, n° 5, n° 2, n° 3 para Wall St.
MAPA PP. 34-5, MAPA DE BOLSO D23

Wall Street deve seu nome ao muro de madeira construído pelos holandeses na orla de Nova Amsterdã, em 1653, a fim de se protegerem das colônias britânicas mais ao norte. Associada a dinheiro há centenas de anos, a rua continua sendo o vértice do sistema financeiro global graças à Stock Exchange. A Wall Street, porém, ganhou um ar mais descontraído desde que foi em boa parte fechada ao trânsito, e academias estão ocupando espaços que eram de escritórios. O velho Bank of Manhattan Trust no n° 40 era o edifício mais alto do mundo (282m) em 1930, mas hoje se chama Trump Building, pois o extravagante magnata o comprou em 1995.

TRINITY CHURCH

79 Broadway com Wall St. Metrô n° 4, n° 5 para Wall St ☎212/602-0800, ⓦwww.trinitywallstreet.org. Seg-sex 7h-18h, sáb 8h-16h, dom 7h-16h. Grátis. MAPA PP. 34-5, MAPA DE BOLSO C23

A **Trinity Church** fez seu primeiro culto na ponta oeste da

Wall Street em 1698, mas esta versão neogótica – de fato, a terceira – só foi erguida em 1846, sendo por 50 anos o edifício mais alto da cidade. A Trinity parece uma igreja inglesa (Richard Upjohn, seu arquiteto, era inglês), em especial o cemitério protegido, onde estão figuras notáveis como o primeiro-secretário do Tesouro, Alexander Hamilton, e o rei do barco a vapor, Robert Fulton.

NEW YORK STOCK EXCHANGE

11 Wall St. Metrô nº 4, nº 5, nº 2, nº 3 para Wall St www.nyse.com. Fechada ao público. MAPA PP. 34-5, MAPA DE BOLSO D23

NEW YORK STOCK EXCHANGE

Atrás da imponente fachada neoclássica da **New York Stock Exchange**, na Broad St, e, em geral, com uma enorme bandeira dos EUA hasteada, são ditadas as tendências do mundo capitalista. Fundada em 1817, a Bolsa negocia de 2 a 3 bilhões de ações e, em um dia normal, US$50 bilhões mudam de mãos. Por questão de segurança, o público não pode mais ver a movimentação frenética dos corretores.

FEDERAL HALL NATIONAL MEMORIAL

26 Wall St. Metrô nº 4, nº 5, nº 2, nº 3 para Wall St 212/825-6888, www.nps.gov/feha. Seg-sex 9h-17h. Grátis. MAPA PP. 34-5, MAPA DE BOLSO D23

Um dos melhores exemplos de arquitetura de influência grega em Nova York, o **Federal Hall** foi concluído em 1842 no local da antiga Prefeitura, sendo muito conhecido pela estátua monumental de George Washington em seus degraus. Exposições internas evocam os tumultos de 1789, quando Washington tomou posse aqui como o primeiro presidente dos EUA, assim como o tempo em que o edifício foi sede da Aduana e do Tesouro. A Bíblia inaugural de George Washington está exposta, e há uma mostra especial sobre Alexander Hamilton.

MUSEUM OF AMERICAN FINANCE

48 Wall St. Metrô nº 4, nº 5, nº 2, nº 3 para Wall St 212/908-4110, www.moaf.org. Ter-sáb 10h-16h. US$8. MAPA PP. 34-5, MAPA DE BOLSO D23

Instalado no opulento salão da antiga sede do Bank of New York, o **Museum of American Finance** é o melhor lugar para entender o que se passa nas ruas lá fora. Ações, títulos e mercados futuros são desmistificados em apresentações multimídia e por artefatos raros, incluindo uma apólice assinada por Washington e um pedaço da fita de teleimpressora marcando o início do grande crash, de 1929. Apesar da inclusão de uma cronologia detalhada sobre a crise financeira de 2008-09, a mensagem geral é claramente positiva ressaltando que os mercados financeiros são um fator crucial no desenvolvimento da sociedade moderna.

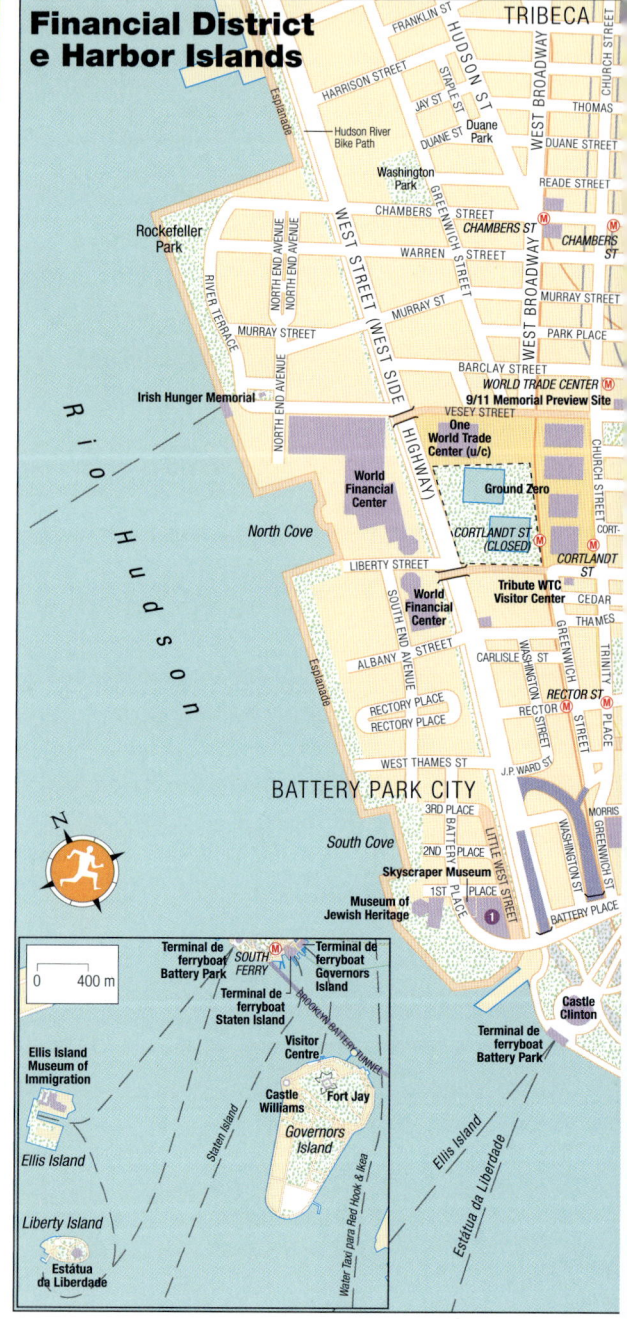

ST PAUL'S CHAPEL

209 Broadway com Fulton St. Metrô E para World Trade Center; A, C, nº 4, nº 5 para Fulton St ☎ 212/233-4164, www.saintpaulschapel.org. Seg-sáb 10h-18h, dom 7h-15h. Grátis. MAPA PP. 34-5, MAPA DE BOLSO C22

A **St Paul's Chapel** é de 1766, o que a torna quase pré-histórica para os padrões de Nova York. A maior atração no interior é Unwavering Spirit, uma exposição sobre o 11 de Setembro. Durante oito meses após os ataques, a capela serviu de refúgio para as equipes de resgate, e a mostra enfoca esse período com um conjunto de fotos, artefatos e depoimentos. Até o banco usado por George Washington, preservado desde 1789, faz parte da exposição, pois foi usado para tratamentos nos pés dos bombeiros.

NATIONAL SEPTEMBER 11 MEMORIAL

Visitor Center na 90 West St (esq. da Albany St) Metrô R para Cortland St; nº1 para Rector St; nº4, nº5 para Fulton St ☎ 212/266-5211, www.911memorial.org. Diariam 10h-20h (out-fev 18h). MAPA PP. 34-5, MAPA DE BOLSO C22

O **Ground Zero** ainda é um grande canteiro de obras, com centenas de operários trabalhando no novo World Trade Center – que já é o edifício mais alto da cidade. O impressionante **National September 11 Memorial**, inaugurado em 2011, é constituído de dois espaços vazios que representam as torres gêmeas, cercados por carvalhos e anéis de água que caem em tanques iluminados. Para visitar, é preciso fazer uma reserva no site ou no 9/11 Memorial Preview Site (diariam 9h-19h30, out-fev até 19h; grátis), 20 Vesey St (esq. com a Church St). O 9/11 Museum deve ser inaugurado em meados de 2014.

TRIBUTE WTC VISITOR CENTER

120 Liberty St. Metrô R para Cortland St; nº1 para Rector St; nº4, nº5 para Fulton St. ☎ 212/393-9160, www.tributewtc.com. Seg-sáb 10h-18h, dom 10h-17h. $15 (passeios $20). MAPA PP. 34-5, MAPA DE BOLSO C23

11 de Setembro e o novo World Trade Center

Concluídas em **1973**, as Torres Gêmeas, de 110 andares, do World Trade Center se destacavam no lendário skyline de Nova York como um símbolo do êxito social e econômico local. Com 416m e 415m de altura, as torres descortinavam um vista maravilhosa e, em 2001, viraram um lugar de trabalho cobiçado e grande atração turística. Porém, em **11 de setembro de 2001**, dois aviões sequestrados bateram nas torres e as perfuraram em um intervalo de apenas vinte minutos, e todos os sete edifícios do complexo acabaram ruindo. Centenas de bombeiros, policiais e equipes de resgate estavam entre as 2.749 pessoas que lá morreram.

Em 2003, o arquiteto de origem polonesa Daniel Libeskind foi escolhido para projetar o novo World Trade Center. Seus planos no início geraram controvérsia e ele pouco se envolveu com o projeto posteriormente. Em 2006, um projeto modificado, porém mantendo a Freedom Tower de 541m original de Libeskind (agora "**One World Trade Center**"), finalmente foi aprovado e, embora desentendimentos financeiros entre a Port Authority e o incorporador Larry Silverstein continuem, a obra está avançando sob a supervisão do arquiteto David Childs. Orçada em US$12 bilhões, também inclui um eixo de transporte criado por Santiago Calatrava e quatro torres subsidiárias, e deve ser concluída em 2014.

Em frente ao Ground Zero, o **Tribute WTC Visitor Center** lembra os ataques de 11 de setembro com uma exposição sobre o dia dos acontecimentos, com depoimentos em vídeo e áudio dos sobreviventes. Itens do local tornam-se emocionantes símbolos da tragédia.

IRISH HUNGER MEMORIAL

290 Vesey St com North End Ave. Metrô E para World Trade Center; nº 1, nº 2, nº 3 para Chambers St. Diariam 8h-18h30. Grátis. MAPA PP. 34-5, MAPA DE BOLSO B22

Este monumento solene a mais de 1 milhão de cidadãos irlandeses que morreram de inanição durante a Grande Fome de 1845-1852 foi criado pelo artista Brian Tolle em 2002. Ele trouxe do condado de Mayo uma casa rural de pedra autêntica da época e a instalou em um aterro de 7,5m voltado para o rio Hudson. Na passagem sob a casa é possível ouvir ecos distantes de canções folclóricas da Irlanda e há uma trilha sinuosa através do jardim verdejante.

MUSEUM OF JEWISH HERITAGE

36 Battery Place. Metrô R, W para Whitehall St; nº 4, nº 5 para Bowling Green ☎ 646/437-4200, Ⓦ www.mjhnyc.org. Dom-ter e qui 10h-17h45, qua 10h-20h, sex 10h-17h; out-mar o museu fecha às 15h na sex. US$12, grátis qua 16h-20h. MAPA PP. 34-5, MAPA DE BOLSO C24

Este museu comovente e informativo, começa com objetos que faziam parte da vida cotidiana dos judeus do Leste Europeu, incluindo fotografias e, a seguir, enfoca os horrores do Holocausto. A visita termina com a criação de Israel e realizações subsequentes do povo judeu, mencionando até mesmo o sucesso do produtor de cinema Samuel Goldwyn e do poeta da geração beat Allen Ginsberg.

NATIONAL MUSEUM OF THE AMERICAN INDIAN

1 Bowling Green, US Customs House. Metrô R para Whitehall St; nº 4, nº 5 para Bowling Green ☎212/514-3700, ⓦwww.nmai.si.edu. Diariam 10h-17h, qui 10h-20h. Grátis. MAPA PP. 34-5, MAPA DE BOLSO D24

A US Customs House, projetada por Cass Gilbert, sedia o **National Museum of the American Indian** do Smithsonian, uma coleção criteriosa de artefatos de quase todas as tribos nativas das Américas. Fazem parte do acervo permanente cestaria, entalhes em madeira, peles de animais, cocares e objetos de uso cerimonial. Concluído em 1907 e em funcionamento até 1973, o edifício da alfândega, em estilo Beaux Arts, é uma atração por si só. A fachada é adornada por elaboradas estátuas esculpidas por Daniel Chester French que representam os grandes continentes e os maiores centros comerciais do mundo, enquanto o espetacular Great Hall e a Rotunda, ambos em mármore, têm uma bela decoração. Os dezesseis murais que cobrem todo o domo de 41m foram pintados por Reginald Marsh em 1937.

FRAUNCES TAVERN MUSEUM

54 Pearl St com Broad St. Metrô nº 1 para South Ferry; nº 4, nº 5 para Bowling Green; R para Whitehall St ☎212/425-1778, ⓦwww.fraüncestavernmuseum.org. Diariam 12h-17h. US$7. MAPA PP. 34-5, MAPA DE BOLSO D24

Após passar por profundas modificações, sofrer vários incêndios e tornar-se um hotel no século XIX, a **Fraunces Tavern**, de tijolos ocres e vermelhos e três andares, foi reconstruída em 1907. A ideia era restituir sua aparência em 4 de dezembro de 1783, quando George Washington, muito emocionado após derrotar os britânicos, despediu-se da vida pública, a fim de retomar a vida rural na Virgínia. O **Long Room**, onde Washington fez seu discurso, foi transformado em um deque, no estilo da época, enquanto o **Clinton Room** adjacente – em estilo federal – tem um florido papel de parede francês de 1838. Nos andares superiores há exposições que contam a história do local, 200 bandeiras e uma coleção de artefatos da Guerra da Independência, além de um cacho do cabelo de Washington.

BATTERY PARK

Metrô nº 1 para South Ferry; nº 4, nº 5 para Bowling Green; R para Whitehall St. MAPA PP. 34-5, MAPA DE BOLSO C24

Como ir às Harbor Islands

Balsas são o único meio de ir às Harbor Islands. Pegue o trem nº 1 para South Ferry ou os trens nº 4 ou nº 5 para Bowling Green, ande então até o píer em Battery Park. No píer, a Statue Cruises vai à **Liberty Island** e segue para a **Ellis Island** (diariam, a cada 30-45min, 9h30-15h30; ida e volta US$13, $21 com audioguia). É preciso estar lá 30 minutos antes da partida. Compre bilhetes no Castle Clinton (no parque) ou com antecedência (o que é melhor) pelo ☎877/523-9849 ou ⓦwww.statuecruises.com. A espera pode ser muito longa em qualquer época do ano (45min ou mais), mas piora no verão; há fila para comprar bilhetes e outra para passar pela segurança antes de embarcar na balsa. Vá para lá o mais cedo possível: caso você pegue a última balsa do dia para a Liberty Island, não haverá tempo de ver a Ellis.

Balsas grátis para a **Governors Island** saem do Battery Maritime Building a nordeste do Staten Island Ferry Terminal e do Battery Park. Às sextas, as balsas saem de hora em hora (10h-15h; a última volta às 17h), aos sábados e domingos de hora em hora (10h-17h; a última volta às 19h).

Para ver apenas as ilhas de perto, pegue o **Staten Island Ferry** (☎212/639-9675, ⓦwww.siferry.com; grátis), que sai a cada 30 minutos do terminal no norte do Battery Park. O passeio até a Staten Island dura 25 minutos e proporciona um belo panorama do porto e do skyline do centro da cidade.

Lower Manhattan respira melhor no **Battery Park**, uma área com paisagismo na qual memoriais e vendedores de suvenires abrem caminho para uma vista ampla do maior porto dos EUA. No atarracado **Castle Clinton**, de 1811 (diariam 8h-17h; grátis), no lado oeste do parque, é possível comprar ingressos para a Estátua da Liberdade e a Ellis Island, visíveis à distância e às quais se vai de balsa. Na base da Broadway, a entrada do parque tem o primeiro memorial oficial às vítimas de 11 de Setembro, cujo destaque é a grande escultura de aço e bronze *The sphere* – desenhada por Fritz Koenig para representar a paz mundial. A escultura ficava na WTC Plaza e resistiu ao colapso das torres.

ESTÁTUA DA LIBERDADE

Liberty Island ☎212/363-3200, Ⓦwww.nps.gov/stli. Diariam 9h-17h. Grátis (para quem tem o bilhete do ferryboat). MAPA PP. 34-5, MAPA DE BOLSO A16

Erguendo-se altaneira no meio do porto de Nova York, a **Estátua da Liberdade** é um símbolo do sonho americano desde sua inauguração, em 1886. O monumento foi criado pelo escultor francês Frédéric Auguste Bartholdi como presente da França em reconhecimento à fraternidade entre franceses e americanos. A estátua de 46m (92m com o pedestal), feita de finas lâminas de cobre parafusadas e sustentadas por uma estrutura de ferro projetada por Gustave Eiffel (o mesmo da Torre Eiffel), foi construída em Paris entre 1874 e 1884.

A única maneira de chegar à Liberty Island é com um ferryboat da Statue Cruises. O bilhete básico do ferryboat (p. 39) dá acesso aos jardins da ilha e ao deque do pedestal. Como o número de visitantes na Liberty Island é limitado, é recomendável fazer reserva. O acesso ao deque de observação do pedestal (168 degraus acima) é gratuito. Para desfrutar a vista espetacular da coroa da estátua é preciso fazer reserva e pagar uma taxa extra de US$3, além de subir os 354 degraus. Para entrar na estátua é preciso passar por mais um sistema de segurança.

ELLIS ISLAND

☎212/363-3200, Ⓦwww.nps.gov/elis ou Ⓦwww.ellisisland.org. Museu abre diariam 9h-17h15. Grátis. MAPA PP. 34-5, MAPA DE BOLSO A15

A curta distância de balsa da Liberty Island, **Ellis Island** passou a ser usada como posto de imigração em 1892. Esta foi a primeira parada para mais de 12 milhões de imigrantes, todos passageiros de terceira classe, que deram origem a 100 milhões de americanos na atualidade. Fechado em 1954, o posto foi reaberto em 1990 como o **Museum of Immigration**, um projeto ambicioso que capta vividamente o espírito do lugar com artefatos, fotos, mapas e depoimentos pessoais de imigrantes que passaram por lá. No primeiro andar, a excelente mostra permanente "Peopling of America" narra quatro séculos de imigração, enquanto o imenso e abobadado Registry Room, no andar de cima, foi deixado praticamente vazio.

GOVERNORS ISLAND

Balsa sai da 10 South St, Slip 7 ☎212/ 825-3045, Ⓦwww.nps.gov/gois ou Ⓦwww.govis land.com. Final mai-set sex 10h-17h, sáb e dom 10h-19h. Grátis. MAPA PP. 34-5, MAPA DE BOLSO B15-6

Até meados da década de 1990, a **Governors Island** era o maior posto de guarda costeira e de manutenção mais onerosa do mundo. Hoje está se tornando um verdejante parque histórico, com a aldeia bucólica da ilha e a arquitetura colonial que restou de um campus universitário da Nova Inglaterra. Muitos edifícios estão sendo restaurados, bem como galerias de arte e lojas de artesanato. Na ponta norte, o **Historic Landmark District** é administrado pelo National Park Service. Há um pequeno posto de recepção na Soissons Dock, local de chegada das balsas. Daqui se vai a pé até os muros do Fort Jay, concluído em 1794, e às trilhas sombreadas do vizinho Nolan Park, onde estão algumas mansões neoclássicas e em estilo federalista bem preservadas. Outro destaque é o Castle Williams, um forte circular concluído em 1811. Há também muitos espaços verdes para se deitar sob o sol, praia artificial no verão e um calçadão de onde se pode sentir a brisa e desfrutar da espetacular vista de Manhattan.

SOUTH STREET SEAPORT MUSEUM

12 Fulton St. Metrô A, C, J, Z, nº 2, nº 3, nº 4, nº 5 para Fulton St ☎212/748-8600, ⓦwww.seany.org. Abr-dez diariam 10h-18h; jan-mar sex-dom 10h-17h, seg 10h-17h apenas Schermerhorn Row Galleries. US$12, US$5 apenas navios.
MAPA PP. 34-5, MAPA DE BOLSO E22

As ruas de pedra e o calçadão agitado do **South Street Seaport** dispõem de vários tipos de restaurantes e lojas, com destaque para o **Pier 17**, um shopping turístico em plena água. Você pode fazer passeios de barco ou visitar o **Seaport Museum**, instalado em uma série de armazéns dos anos 1830 minuciosamente restaurados, que enfoca arte e comércio marítimos. O museu passou por uma reforma estética em 2012, quando ganhou dezesseis novas galerias que apresentam fotografias, vídeos e artefatos históricos. O ingresso também dá acesso a barcos ancorados, como o *Peking* (1911), o *Ambrose Lightship* (1908) e o *Wavertree* (1855).

CITY HALL

Metrô J, Z para Chambers St; R para City Hall; nº 2, nº 3 para Park Place; nº 4, nº 5, nº 6 para Brooklyn Bridge-City Hall.
MAPA PP. 34-5, MAPA DE BOLSO D22

Na ponta norte do City Hall Park, a graciosa **City Hall**, concluída em 1812, ainda é sede do gabinete do prefeito e da Câmara Municipal. O interior suntuoso pode ser apreciado em passeios gratuitos agendados na Art Commission (qui 10h; dura 1h; ☎212/788-2656; ⓦwww.nyc.gov) ou se inscrevendo para visitas públicas (qua 12h) no posto de turismo em frente ao Woolworth Building.

WOOLWORTH BUILDING

233 Broadway entre Barclay St e Park Place. Metrô R para City Hall; nº 2, nº 3 para Park Place; nº 4, nº 5, nº 6 para Brooklyn Bridge-City Hall. Fechado ao público. MAPA PP. 34-5, MAPA DE BOLSO C22

Arranha-céu mais alto do mundo até 1930, o **Woolworth Building** (241m) exala riqueza, pompa e prestígio. As linhas graciosas da "Catedral do Comércio", uma obra de 1913 de Cass Gilbert, são adornadas com gárgulas em estilo gótico e decorações intricadas. Lamentavelmente, o público não tem mais acesso ao exuberante saguão.

AFRICAN BURIAL GROUND NATIONAL MONUMENT

Monumento na Duane St com Elk St; visitor centre na 290 Broadway. Metrô J, Z para Chambers St; R para City Hall ☎212/ 637-2019, Ⓦwww.nps.gov/afbg ou Ⓦwww.africanburialground.gov. Diariam 9h-17h, visitor centre ter-sáb 10h-16h. Grátis. MAPA PP. 34-5, MAPA DE BOLSO D21

Em 1991, operários de uma obra descobriram os vestígios de 419 esqueletos perto da Broadway, uma fração de um cemitério africano que ocupava cinco quadras nos anos 1700. Após alguns serem examinados, em 2003 os esqueletos foram enterrados neste local, marcado por sete montes cobertos por relva e uma lápide de granito preto, que evoca a infame "porta sem retorno" na ilha de Gorée, no Senegal. Para saber mais, dirija-se ao visitor centre (procure pela entrada correta). O local utiliza vídeos, mostras e réplicas de artefatos para contar a história do cemitério, revelando a vida sofrida desse segmento escravizado da população da cidade.

PONTE DO BROOKLYN

Metrô (Manhattan) J, Z para Chambers St; nº 4, nº 5, nº 6 para Brooklyn Bridge-City Hall; (Brooklyn) A, C para High St. MAPA PP. 34-5, MAPA DE BOLSO D22-F22

Concluída em 1883, a **ponte do Brooklyn** sobre o East River foi a primeira a ligar as então cidades distintas de Nova York e Brooklyn, e por duas décadas foi a ponte suspensa mais longa do mundo. A ponte, com sua junção de arte e função, de gótico romântico e ousada praticidade, se tornou uma espécie de modelo espiritual para os arranha-céus da geração seguinte. Esta obra, porém, enfrentou dificuldades: John Augustus Roebling, seu arquiteto e engenheiro, teve um de seus pés esmagado durante medições e faleceu de tétano; além disso, vinte operários morreram durante a construção. A entrada da passarela de tábuas para pedestres acima do tráfego está voltada para o City Hall Park. É melhor só olhar para baixo na metade do percurso: a aglomeração dos gigantes do Financial District vista através das enredadas treliças dos cabos dá uma noção impactante da metrópole do século XXI.

Cafés e lanchonetes

LEO'S BAGELS

3 Hanover Sq com Stone St. Metrô nº 2, nº 3 para Wall St. Diariam 6h-17h. MAPA PP. 34-5, MAPA DE BOLSO D23

Este lugar animado vende bagels saborosos por US$1,15 ou US$2,50-4,75, com doses fartas de cream cheese e vários schmears. Há também saladas, sopas e sanduíches.

Restaurantes

ADRIENNE'S PIZZABAR

54 Stone St. Metrô nº 2, nº 3 para Wall St ☎ 212/248-3838. Seg-sáb 11h-0h, dom 11h-22h. MAPA PP. 34-5, MAPA DE BOLSO D23

Um dos melhores italianos no centro, com mesas ao ar livre no verão. As pizzas quadradas ao estilo da *nonna* têm crosta crocante e a cobertura de linguiça moída é divina (a partir de US$18,50).

DELMONICO'S

56 Beaver St com S. William St. Metrô nº 2, nº 3 para Wall St ☎ 212/509-1144. Seg-sex 11h30--22h, sáb 17h-22h. MAPA PP. 34-5, MAPA DE BOLSO D23

Muitos negócios de milhões de dólares são fechados neste restaurante lendário de 1837, que exibe pilares de Pompeia e serve clássicos como lagosta Newburg (US$49) e filés suculentos e caros (a partir de US$43); o *Next Door Grill Room* oferece opções bem mais baratas (a partir de US$13,29).

LES HALLES

15 John St entre Broadway e Nassau St. Metrô A, C, J, Z, nº 2, nº 3, nº 4, nº 5 para Fulton St ☎ 212/285-8585. Diariam 11h30-24h. MAPA PP. 34-5, MAPA DE BOLSO D22

Este estonteante bistrô francês é a versão da Rive Gauche criada pelo célebre chef Anthony Bourdain, que prepara clássicos franceses a preços razoáveis, como escargots na manteiga de alho (US$9), *moules* (US$17,50) e steak frites (US$20).

SHO SHAUN HERGATT

40 Broad St. Metrô J, Z para Broad St; nº2, nº3 para Wall St. ☎ 212/809-3993. Seg-sex 12h-14h e 17h30-22h, sáb 17h30-22h. MAPA PP. 34-5, MAPA DE BOLSO D23

O elegante restaurante do australiano Shaun Hergatt oferece excelente qualidade e bom custo-benefício. O menu fixo com três pratos no almoço (US$33) e quatro no jantar (US$85) inclui requintados pratos de influência australiana, como lombo de porco assado.

Bares

JEREMY'S ALEHOUSE

228 Front St com Peck Slip. Metrô A, C, J, Z, nº 2, nº 3, nº 4, nº 5 para Fulton St. Seg-sex 8h-4h, sáb e dom 11h-4h. MAPA PP. 34-5, MAPA DE BOLSO E22

Esta cervejaria despretensiosa, com sutiãs e gravatas (doados por clientes empolgados) pendurados em vigas, serve cerveja por apenas US$3,75 em canecas de plástico e hambúrgueres excelentes (US$4). Happy hour de segunda a sexta entre 16h-18h.

JEREMY'S ALEHOUSE

SoHo e Tribeca

Ao norte do Ground Zero, Tribeca, ou "Triângulo Abaixo da Rua Canal", é um antigo bairro atacadista de roupas transformado em uma área elitizada, que mescla estabelecimentos comerciais com residências, galerias, locais frequentados por celebridades e restaurantes chiques. A nordeste, o distrito histórico do SoHo (diminutivo de "sul da Houston"), entre as ruas Houston e Canal, se caracteriza pela arquitetura elaborada com ferro fundido adotada por fabricantes e atacadistas no século XIX. Nos anos 1960, décadas após a saída de trabalhadores imigrantes desses locais, artistas transformaram as instalações abandonadas de fábricas e galpões em moradias e estúdios. Desde então, o SoHo tornou-se sinônimo de moda, elegância urbana e galerias de arte, e suas redes sofisticadas atraem celebridades e hordas de turistas. Trata-se de um ótimo lugar para comer bem e bater perna.

DUANE PARK

Metrô nº 1, nº 2, nº 3 para Chambers St.
MAPA P. 45, MAPA DE BOLSO C21

Na confluência das ruas Duane, Hudson e Greenwich, o **Duane Park** foi o primeiro espaço aberto adquirido pela cidade para um parque público. Outrora parte de uma fazenda de 25ha, esta área foi comprada pela cidade em 1797 por US$5, depois reduzida e teve fases de prosperidade e outras nem tanto. A partir dos anos 1940, árvores e flores deram lugar a faixas de concreto, reduzindo o parque a uma cicatriz do que fora no passado. A restauração mais recente foi concluída em 1999, restituindo seu ar requintado de 1887 com o projeto de Samuel Parsons Jr. e Calvert Vaux, famosos por sua obra no Central Park. As cercas de ferro batido estão de volta, assim como os bancos e postes de aparência histórica, e o calçamento de pedra.

BROOME STREET, SOHO

SoHo e Tribeca

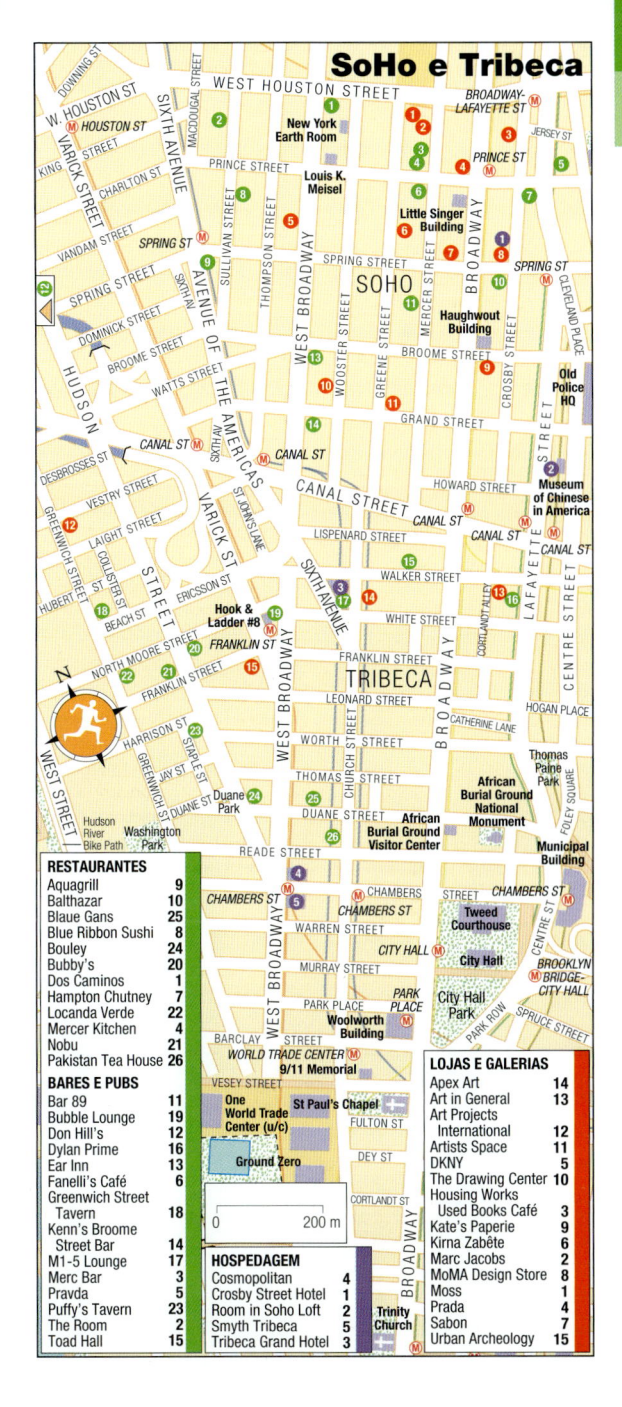

RESTAURANTES
Aquagrill	9
Balthazar	10
Blaue Gans	25
Blue Ribbon Sushi	8
Bouley	24
Bubby's	20
Dos Caminos	1
Hampton Chutney	7
Locanda Verde	22
Mercer Kitchen	4
Nobu	21
Pakistan Tea House	26

BARES E PUBS
Bar 89	11
Bubble Lounge	19
Don Hill's	12
Dylan Prime	16
Ear Inn	13
Fanelli's Café	6
Greenwich Street Tavern	18
Kenn's Broome Street Bar	14
M1-5 Lounge	17
Merc Bar	3
Pravda	5
Puffy's Tavern	23
The Room	2
Toad Hall	15

HOSPEDAGEM
Cosmopolitan	4
Crosby Street Hotel	1
Room in Soho Loft	2
Smyth Tribeca	5
Tribeca Grand Hotel	3

LOJAS E GALERIAS
Apex Art	14
Art in General	13
Art Projects International	12
Artists Space	11
DKNY	5
The Drawing Center	10
Housing Works Used Books Café	3
Kate's Paperie	9
Kirna Zabête	6
Marc Jacobs	7
MoMA Design Store	8
Moss	1
Prada	4
Sabon	7
Urban Archeology	15

ROCKEFELLER PARK E HUDSON RIVER PARK

Metrô nº 1, nº 2, nº 3 para Chambers St.
MAPA P. 45, MAPA DE BOLSO B21

Na extremidade oeste da Chambers Street, o charmoso **Rockefeller Park** exibe gramados e jardins em direção ao rio Hudson, com vista fabulosa de Nova Jersey. No verão, você encontra pessoas tomando banho de sol nos gramados e o grande playground lotado de crianças. Daqui dá para ir andando ao longo do **Hudson River Park**, um calçadão com paisagismo que se estende do norte em direção a Chelsea e Midtown, ou ir para o sul, até a ponta da ilha, seguindo a sombreada Battery Park City Esplanade.

WEST BROADWAY

Metrô nº 1, nº 2, nº 3 para Chambers St.
MAPA P. 45, MAPA DE BOLSO C21

A oeste da Broadway, uma das principais vias de Tribeca reúne várias das melhores butiques e restaurantes antigos e novos do bairro. Cruzando a **West Broadway**, no nº 14 da North Moore, na interseção da Varick, o posto da Corporação dos Bombeiros da cidade, **Hook and Ladder Company nº 8**, é um prédio feito de tijolos e pedra do século XIX que apareceu no filme *Os caça-fantasmas* (veja o mural na calçada) e teve papel crucial nas operações de resgate em 11 de setembro de 2001. Como é um posto ativo, você só pode admirá-lo de fora.

Arquitetura com ferro fundido

O SoHo é dono de um dos maiores acervos do mundo de edifícios de ferro fundido do período entre 1869 e 1895. A **arquitetura com ferro fundido** visava agilizar e baratear a construção de edifícios usando vigas desse material, em vez de paredes robustas, para sustentar o peso dos andares. Com isso sobrou mais espaço para janelas e fachadas, muito decorativas. Glorificando as fábricas do SoHo, arquitetos impuseram balaustradas barrocas, florestas de colunas renascentistas e toda a efusão do Segundo Império francês. É possível ver muitos exemplos de bela arquitetura com ferro fundido na **Broadway** e na **Greene Street**.

ROCKEFELLER PARK

HAUGHWOUT BUILDING

488-492 Broadway. Metrô R, N para Prince St; nº 6 para Spring St. MAPA P. 45, MAPA DE BOLSO D20

O magnífico **Haughwout Building** de 1857 talvez seja o suprassumo do gênero arquitetônico com ferro fundido. Motivos repetidos harmoniosamente de arcos com colunatas ficam emoldurados atrás de colunas mais altas nesta versão esguia de um palácio veneziano – o primeiro edifício a ter um elevador Otis a vapor. Desde 2010 os dois primeiros andares abrigam a loja de moda Bebe, mas o restante é fechado ao público.

SPRING STREET

Metrô R, N para Prince St; nº 6 para Spring St. MAPA P. 45, MAPA DE BOLSO C19-D19

Atravessando o centro do SoHo e a leste da Sixth Avenue, a **Spring Street** concentra antigos edifícios, restaurantes e butiques sofisticadas; a maioria das grandes grifes, como Chanel e John Varvatos, e outras badaladas, como Ben Sherman, ficam mais perto da Broadway. Você verá alguns bistrôs franceses e cafés no rumo da Sixth Avenue, e há um pequeno mercado de artesanato na esquina com a Wooster Street.

LITTLE SINGER BUILDING

561 Broadway. Metrô R, N para Prince St; nº 6 para Spring St. MAPA P. 45, MAPA DE BOLSO D19

Em 1904, Ernest Flagg aproveitou ao máximo o potencial do ferro fundido ao projetar seu escritório e o depósito da empresa de máquinas de costura Singer. O uso de caixilhos amplos nas janelas do prédio de terracota e doze andares foi a inspiração para as fachadas de vidro dos anos 1950. O primeiro andar é da loja de moda Mango, mas não dá a exata noção do interior do edifício, que é fechado ao público.

PRINCE STREET

Metrô R, N para Prince St. MAPA P. 45, MAPA DE BOLSO C19-D19

Entre a Sixth Avenue e a Bowery, esta é uma das ruas que vivem apinhadas de consumidores usando cartões de crédito sem dó na Apple Store, Camper e Michael Kors. Em meio às lojas há pequenos cafés e galerias de arte, como a **Louis K. Meisel** (onde Charlotte de *Sex and the city* trabalhava). Em dias de sol, artistas nas calçadas oferecem suas obras de arte e joias artesanais, embora as multidões sejam sufocantes nos fins de semana. As calçadas de paralelepípedo nas ruas Mercer e Greene mantêm o charme histórico do bairro. Perto daqui, no nº 141 da Wooster Street, o **New York Earth Room** (quadom 12h-15h e 15h30-18h; grátis; Ⓦwww.earthroom.org) é uma instalação permanente do artista Walter de Maria, que consiste em um loft lotado de terra úmida no segundo andar. Em geral, a instalação fica fechada em julho e agosto.

Lojas e galerias

APEX ART

291 Church St entre Walker e White sts. Metrô N, Q, R para Canal St; nº 1 para Franklin St. Ter-sáb 11h-18h. MAPA P. 45, MAPA DE BOLSO C20

Fundada em 1994, esta galeria tem mostras temáticas multi-mídia que primam pela diversi-dade intelectual. Sete exposi-ções coletivas são apresentadas a cada ano, com o intuito de contextualizar a arte e a cultura contemporâneas mundiais.

ART IN GENERAL

79 Walker St perto da Broadway. Metrô N, Q, R para Canal St. Ter-sáb 12h-18h. MAPA P. 45, MAPA DE BOLSO D20

Este espaço de exposições, fundado em 1981, é voltado ao trabalho nada convencional de artistas emergentes. Mostras recentes apresentaram insta-lações de áudio criadas em um elevador e um teatro em miniatura.

ART PROJECTS INTERNATIONAL

434 Greenwich St, na Vestry St. Metrô nº 1 para Canal St. Ter-sáb 11h-18h. MAPA P. 45, MAPA DE BOLSO B20

Altamente respeitada por expor artistas contemporâneos de re-nome da Ásia, esta galeria enfa-tiza obras impressas e já trouxe artistas como Zheng Xuewu, Gwenn Thomas e Richard Tsao. Não há placa na frente, apenas entre.

ARTISTS SPACE

38 Greene St. Metrô A, C, E, N, R, Q para Canal St. Qua-dom 12h-18h. MAPA P. 45, MAPA DE BOLSO C20

Este espaço para vídeo, apre-sentações, arquitetura e design é um pilar no SoHo há mais de trinta anos. Artistas contempo-râneos dominam.

DKNY

420 West Broadway entre Prince e Spring sts. Metrô N, R para Prince St. Seg-sáb 11h-20h, dom 12h-19h. MAPA P. 45, MAPA DE BOLSO C19

Dá para passar horas nesta loja famosa conferindo os livros de arte fascinantes, os criativos utensílios para casa e as roupas caras.

THE DRAWING CENTER

35 Wooster St, entre Grand e Broome sts. Metrô A, C, E, N, R, Q para Canal St. Qua, sex-dom 12h-18h, qui 12h-20h. MAPA P. 45, MAPA DE BOLSO C20

Obras de mestres como Marcel Duchamp e Richard Tuttle, as-sim como de artistas emergen-tes e desconhecidos, são expos-tas nesta organização sem fins lucrativos.

HOUSING WORKS BOOKSTORE CAFÉ

126 Crosby St entre Houston e Prince sts. Metrô B, D, F, M para Broadway-Lafayette; N, R para Prince St; nº 6 para Bleecker St. Seg-sex 10h-21h, sáb e dom 10h-17h. MAPA P. 45, MAPA DE BOLSO D19

Livros de segunda mão muito baratos estão à venda em um ambiente espaçoso e confortá-vel, com um café nos fundos. A renda vai para a luta contra a Aids.

MOSS

KATE'S PAPERIE

435 Broome St entre Broadway e a Crosby St. Metrô nº 6 para Spring St. Seg-sáb 10h-20h, dom 11h30-18h. MAPA P. 45, MAPA DE BOLSO D20

Tem qualquer tipo de papel que você imagine ou queira, incluindo lindos cartões feitos à mão, álbuns e cadernos exóticos. Caso não ache algo, se informe, pois a loja aceita encomendas.

KIRNA ZABÊTE

96 Greene St entre Spring e Prince sts. Metrô N, R para Prince St. Seg-sáb 11h-19h, dom 12h-18h. MAPA P. 45, MAPA DE BOLSO C19

Loja de moda cujo estoque criterioso tem peças de estilistas badalados, como Jason Wu, Rick Owens e Proenza Schouler.

MARC JACOBS

163 Mercer St entre Prince e Houston sts. Metrô N, R para Prince St. Seg-sáb 11h-19h, dom 12h-18h. MAPA P. 45, MAPA DE BOLSO D19

Expoente do mundo fashion de Nova York, Jacobs vende suas coleções femininas, acessórios, sapatos e roupas masculinas nesta loja minimalista.

MOMA DESIGN STORE

81 Spring St entre Broadway e Crosby St. Metrô N, R para Prince St; nº 6 para Spring St. Seg-sáb 10h-20h, dom 11h-19h.
MAPA P. 45, MAPA DE BOLSO D19

Ideal para encontrar produtos de design criativo com preços que variam de baratos a exorbitantes.

MOSS

150 Greene St com Houston St. Metrô N, R para Prince St. Seg-sáb 11h-19h.
MAPA P. 45, MAPA DE BOLSO C19

Butique-galeria de bom gosto excepcional que vende exemplares inusitados de design industrial contemporâneo – alguns a preços razoáveis. Venha conhecer o lugar, mesmo que não compre nada.

PRADA

575 Broadway com Prince St. Metrô N, R, para Prince St. Seg-sáb 11h-20h, dom 12h-19h. MAPA P. 45, MAPA DE BOLSO D19

De cair o queixo, esta loja-conceito projetada por Rem Koolhaas é por si só uma atração, além das roupas famosas à venda.

SABON

93 Spring St entre Broadway e Mercer St. Metrô R para Prince St; nº 6 para Spring St. Seg-sáb 10h-22h, dom 11h-20h30.
MAPA P. 45, MAPA DE BOLSO D19

Luxo para o corpo e o banho: fragrâncias, sabonetes e óleos aromáticos de Israel. Atendentes gentis o ajudam a testar os produtos na bancada antiga no centro da loja.

URBAN ARCHEOLOGY

143 Franklin St entre Hudson e Varick sts. Metrô nº 1 para Franklin St. Seg-qui 8h-18h, sex 8h-17h. MAPA P. 45, MAPA DE BOLSO C21

Achados sensacionais para sua casa provenientes de edifícios salvos de incêndio, incluindo lustres, luminárias e encanamentos antigos, são o foco desta loja que faz de fato uma arqueologia urbana.

Restaurantes

AQUAGRILL

210 Spring St com Sixth Ave. Metrô C, E para Spring St ☎212/274-0505. Seg-qui 12h-15h e 18h-22h45, sex 12h-15h e 18h-23h45, sáb 12h-15h45 e 18h-23h45, dom 12h-15h45 e 18h-22h30. MAPA P. 45, MAPA DE BOLSO C19

Neste restaurante fascinante no SoHo, os frutos do mar são tão frescos que ainda se debatem. Serve 28 gramas de caviar russo Osetra por US$155, ou peça o albacora (atum) grelhado por US$27. O excelente balcão de itens crus e o brunch de domingo são bem mais acessíveis, entre US$12,50 e US$24,50. É aconselhável fazer reserva.

BALTHAZAR

80 Spring St entre Crosby St e Broadway. Metrô nº 6 para Spring St ☎212/965-1414. Seg-qui 7h30-0h, sex 7h30-1h, sá 8h-1h, dom 8h-24h. MAPA P. 45, MAPA DE BOLSO D19

Com reservas entre as mais disputadas da cidade, o *Balthazar* tem decoração parisiense e um desfile incessante de gente bonita. Após apreciar tudo isso, prove destaques como as ostras frescas (US$21), seguidos de doces refinados. Entradas a US$22-41.

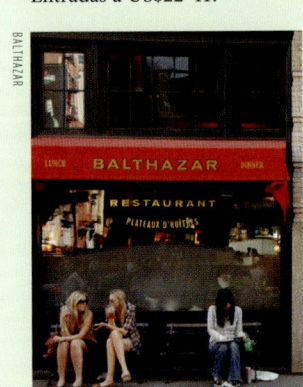

BLAUE GANS

139 Duane St entre Church St e W Broadway. Metrô A, C, nº 1, nº 2, nº 3 para Chambers St ☎212/571-8880. Diariam 11h-24h. MAPA P. 45, MAPA DE BOLSO C21

Paredes com pôsteres e um longo balcão de zinco dão personalidade a este belo restaurante austro-alemão, com saborosos schnitzels, goulashs e peixes frescos (entradas por US$19-30) que se destacam no menu do chef Kurt Gutenbrunner. Há saborosas cervejas incomuns e as alemãs de praxe.

BLUE RIBBON SUSHI

119 Sullivan St entre Prince e Spring sts. Metrô C, E para Spring St ☎212/343-0404. Diariam 12h-2h. MAPA P. 45, MAPA DE BOLSO C19

Amplamente considerado um dos melhores restaurantes de sushi em Nova York, recebe peixe diariamente do Japão. Peça um saquê gelado e jante no balcão ou então na sala aconchegante. Sushis especiais em torno de US$10, porções a partir de US$16,50.

BOULEY

163 Duane St com Hudson St. Metrô nº 1, nº 2, nº 3 para Chambers St ☎212/964-2525. Seg-sáb 11h30-23h. MAPA P. 45, MAPA DE BOLSO C21

Cozinha francesa moderna com os ingredientes mais frescos, a cargo do renomado chef David Bouley. Os preços são altos (entradas a US$38-45); gasta-se menos pedindo alguma das opções a *prix-fixe* (a partir de US$55). Traje a rigor.

BUBBY'S

120 Hudson St entre Franklin e N Moore sts. Metrô nº 1 para Franklin St ☎212/219-0666. Ter-dom 24h, seg fecha à 0h. MAPA P. 45, MAPA DE BOLSO C21

Lugar descontraído de comfort-food americana, como sopa de matzá (US$10) e churrasco

BALTHAZAR

(US$27). A maior atração, porém, são as tortas, a exemplo da divina Key Lime (US$8).

DOS CAMINOS

475 W Broadway com Houston St. Metrô nº 1 para Houston St ☎212/277-4300. Seg e ter 12h-22h30, qua e qui 12h-23h, sex 12h-0h, sáb 11h30-0h, dom 11h30-22h30. MAPA P. 45, MAPA DE BOLSO C19

Boa comida mexicana autêntica servida com estilo, como o guacamole que acompanha os pratos principais. O brunch custa US$12-16 por pessoa e as entradas no jantar, entre US$18 e US$29.

HAMPTON CHUTNEY

68 Prince St com Crosby. Metrô R para Prince St ☎212/226-9996. Diariam 11h-21h. MAPA P. 45, MAPA DE BOLSO D19

Este lugar é especialista em dosas (US$7,95), uttapas e pães naan da culinária do sul da Índia, mas usa muitos ingredientes americanos. Os pedidos são acompanhados de chutneys caseiros de coentro, curry, manga, tomate ou amendoim.

LOCANDA VERDE

377 Greenwich St com N Moore St. Metrô nº 1 para Franklin St ☎212/925-3797. Diariam 8h-15h e 17h30-23h. MAPA P. 45, MAPA DE BOLSO C21

Esta cantina italiana informal é uma vitrine para as criações formidáveis do chef Andrew Carmellini. Prove o sanduíche de porchetta (US$18), a truta recheada (US$26) ou as massas fabulosas (US$18-21).

MERCER KITCHEN

99 Prince St com Mercer St no Mercer Hotel. Metrô R, N para Prince St ☎212/966-5454. Seg-qui 7h-0h, sex e sáb 7h-1h, dom 7h-23h. MAPA P. 45, MAPA DE BOLSO C19

No porão de um hotel, este restaurante para hóspedes e gourmets faz sucesso com as criações inusitadas do chef Jean Georges Vongerichten, que usa muito bem o balcão de crus e o forno à lenha. O brunch custa entre US$12 e US$24 por prato e no jantar há opções a partir de US$18.

NOBU

105 Hudson St com Franklin St. Metrô nº 1 para Franklin St ☎212/219-0500. Seg-sex 11h45-14h15 e 17h45-22h15, sáb e dom 17h45-22h15. MAPA P. 45, MAPA DE BOLSO C21

A maravilhosa cozinha japonesa de Nobu Matsuhisa é complementada pela decoração campestre. Prove o bacalhau negro com missô (US$32) e o saquê gelado servido em gomos ocos de bambu. Apesar de caro, é difícil conseguir reserva. Caso não consiga, tente ir ao vizinho e menos careiro *Next Door Nobu*.

PAKISTAN TEA HOUSE

176 Church St com Reade St. Metrô A, C para Chambers St ☎212/240-9800. Seg-sáb 9h-4h. MAPA P. 45, MAPA DE BOLSO C21

Tandooris, baltis e curries paquistaneses ótimos e baratos. A equipe também prepara pães naan na hora. Pratos principais custam em média US$8.

Bares e pubs

BAR 89

89 Mercer St entre Spring e Broome sts. Metrô R, N para Prince St; nº 6 para Spring St. Dom-qui 12h-1h, sex e sáb 12h-2h. MAPA P. 45, MAPA DE BOLSO C19

Bar moderno e elegante, no qual a luz azul suave sobre o balcão dá um ar onírico ao ambiente, sugerindo o amanhecer. Confira as portas de cristal líquido transparente do banheiro – que se tornam opacas quando fechadas (dizem que cada uma custou US$10 mil). Os drinques fortes e caros, como o martíni de chocolate, valem a pena.

BUBBLE LOUNGE

228 W Broadway entre Franklin e White sts. Metrô nº 1 para Franklin St. Seg-qua 17h-1h, qui 17h-2h, sex e sáb 17h-4h. MAPA P. 45, MAPA DE BOLSO C20

Lugar luxuoso para ocasiões especiais. Há uma longa lista contendo 300 champanhes e espumantes, assim como uma seleção tentadora de coquetéis exclusivos, mas tudo tem preço astronômico.

CHURCH LOUNGE

Grand Hotel, 2 Sixth Ave com White St. Metrô A, C, E para Canal St; nº 1 para Franklin St. ☎212/519-6600. Diariam 19h-1h. MAPA P. 45, MAPA DE BOLSO C20

Fabuloso bar de hotel instalado abaixo do espaçoso átrio do *Grand's*. Estar rodeado de luzes cintilantes e pessoas bonitas (o ambiente é melhor de noite) alivia um pouco a dor de pagar a conta.

EAR INN

326 Spring St entre Washington e Greenwich sts. Metrô C, E para Spring St; nº 1 para Houston St. Diariam 12h-4h. MAPA P. 45, MAPA DE BOLSO B20

"Ear" seria "Bar", mas metade do "B" de neon queimou. Este pub histórico perto do Hudson abriu em 1890 num imóvel datado de 1817, e seu interior rangente é aconchegante como uma estalagem da Cornualha. Tem boa variedade de cervejas de barril e comida básica americana a preço razoável.

FANELLI'S CAFÉ

94 Prince St com Mercer St. Metrô R, N para Prince St. Dom-qua 10h-2h, qui-sáb 10h-16h. MAPA P. 45, MAPA DE BOLSO D19

Fundado em 1922 neste imóvel datado de 1853, o *Fanelli's* é um dos pubs mais antigos da cidade. Com clima informal, é frequentado por gente que vem após o trabalho.

GREENWICH STREET TAVERN

399 Greenwich St com Beach St. Metrô nº 1 para Franklin St. Seg-sex 11h-23h, sáb 16h-23h, dom 12h-20h. MAPA P. 45, MAPA DE BOLSO B20

Simpático bar de bairro bem despretensioso para esta área da cidade. Oferece bom menu de petiscos, clientela descontraída, sobretudo masculina, e cervejas por US$3 na happy hour (qua-qui 17h-19h).

KENN'S BROOME STREET BAR

363 W Broadway com Broome St. Metrô nº 1 para Franklin St. Diariam 11h-4h. MAPA P. 45, MAPA DE BOLSO C20

Aberto desde 1972 e instalado em uma casa de 1825 em estilo federalista, este bar confortável oferece quinze ales (oito servidas como chope), desde Harpoon Winter Warm a Flying Dog Pale Ale, e também Stella no barril. Serve comida, incluindo búrgueres honestos a partir de US$9,25.

M1-5 LOUNGE

52 Walker St, entre Church St e Broadway. Metrô N, Q, R para Canal St. Seg-sex 16h-4h, sáb 19h-4h. MAPA P. 45, MAPA DE BOLSO C20

Bar ultrabadalado, com design elegante e uma oferta decente de cervejas, vinhos e coquetéis para acompanhar a boa comida. Música ao vivo e DJs esquentam o ambiente.

MERC BAR

151 Mercer St entre Houston e Prince sts. Metrô R, N para Prince St. Dom-qua 17h-2h, qui-sáb 17h-2h. MAPA P. 45, MAPA DE BOLSO D19

Primeiro bar fino de coquetéis do SoHo, este antigo local badalado envelheceu com classe.

PRAVDA

281 Lafayette St entre Prince e Houston sts. Metrô R, N para Prince St. Seg-qua 17h-1h, qui 17h-2h, sex e sáb 17h-3h, dom 18h-1h. MAPA P. 45, MAPA DE BOLSO D19

Este chique lounge russo serve caviar, drinques fortes à base de vodca e ovos duros como petisco. Agora que seu auge passou, há um clima mais descontraído e menos clientes competindo para experimentar as 70 vodcas disponíveis.

PUFFY'S TAVERN

81 Hudson St entre Harrison e Jay sts. Metrô nº 1 para Franklin St. Diariam 11h30-4h. MAPA P. 45, MAPA DE BOLSO C21

Longe de ser o favorito de P. Diddy, este bar pequeno serve bebidas e sanduíches italianos sem afetação, algo raro nesta área. O jukebox toca canções dos anos 1940.

THE ROOM

144 Sullivan St entre Houston e Prince sts. Metrô C, E para Spring St. Diariam 17h-4h. MAPA P. 45, MAPA DE BOLSO C19

Bar escuro com dois ambientes, paredes de tijolos aparentes e sofás confortáveis. Não há destilados, mas a variedade de cervejas nacionais e estrangeiras é grande.

SANTOS PARTY HOUSE

96 Lafayette St, entre Walker e White sts. Metrô J, N, Q, R, Z, nº 6 para Canal St. Diariam 19h-4h. MAPA P. 45, MAPA DE BOLSO D20

Casa noturna e espaço de artes de dois andares, tem hip-hop, música latina e house qui-sáb. Veja a programação no site.

TOAD HALL

57 Grand St entre W Broadway e Wooster St. Metrô A, C, E para Canal St. Diariam 12h-4h. MAPA P. 45, MAPA DE BOLSO C20

Com mesa de sinuca, bom atendimento e petiscos excelentes, esta bonita cervejaria é um pouco mais sossegada do que a vizinhança.

FANELLI'S CAFÉ

Chinatown, Little Italy e Nolita

Imigrantes chineses têm chegado a Nova York desde a década de 1850, fazendo da Chinatown da cidade uma das maiores e mais antigas do Ocidente. De fato, com mais de 100 mil moradores, Chinatown é o bairro mais densamente povoado e étnico de Manhattan. Desde os anos 1980, expandiu seu limite tradicional para o outro lado da Canal Street, invadindo o pequeno enclave de Little Italy, e começou a se espalhar pelo leste, atravessando a Division Street e a East Broadway em direção ao Lower East Side. Little Italy, agora espremida em uma faixa estreita ao longo da Mulberry Street, depende mais do turismo que Chinatown, e ambos os bairros têm ótimos locais para comer, com noodles, pato assado, sorvetes e enormes pratos de massa a ótimos preços. Ao norte de Little Italy, o descolado Nolita ("North of Little Italy") abriga diversos restaurantes, bares e butiques chiques.

CANAL STREET

Metrô A, C, E, J, N, Q, R, Z, nº 1, nº 6 para Canal St. MAPA P. 55, MAPA DE BOLSO D20-E20

Principal artéria de Chinatown, a **Canal Street** ferve sem parar e é repleta de joalherias e bancas de camelôs vendendo óculos escuros, camisetas e relógios Rolex falsos. Na ponta leste da rua, a majestosa cúpula bizantina do antigo Citizen's Savings Bank (atual HSBC) e a grandiosa entrada beaux arts da Manhattan Bridge, de 1909, parecem deslocadas em meio às placas de neon e bancas de mercado.

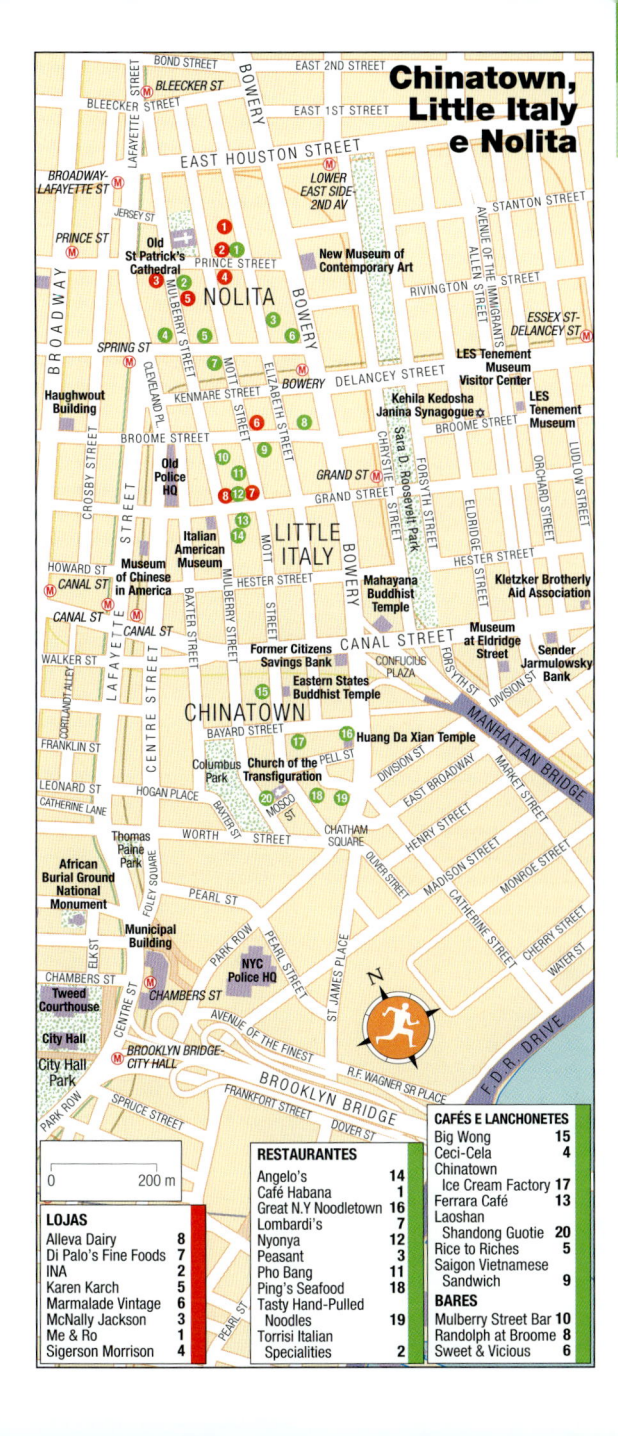

Chinatown, Little Italy e Nolita

RESTAURANTES

Angelo's	14
Café Habana	1
Great N.Y Noodletown	16
Lombardi's	7
Nyonya	12
Peasant	3
Pho Bang	11
Ping's Seafood	18
Tasty Hand-Pulled Noodles	19
Torrisi Italian Specialities	2

LOJAS

Alleva Dairy	8
Di Palo's Fine Foods	7
INA	2
Karen Karch	5
Marmalade Vintage	6
McNally Jackson	3
Me & Ro	1
Sigerson Morrison	4

CAFÉS E LANCHONETES

Big Wong	15
Ceci-Cela	4
Chinatown Ice Cream Factory	17
Ferrara Café	13
Laoshan Shandong Guotie	20
Rice to Riches	5
Saigon Vietnamese Sandwich	9

BARES

Mulberry Street Bar	10
Randolph at Broome	8
Sweet & Vicious	6

55

CHURCH OF THE TRANSFIGURATION

29 Mott St. Metrô J, N, Q, R, Z, nº 6 para Canal St ☎ 212/962-5157, Ⓦ www.transfigurationnyc.org. Sáb 14h-17h e durante cultos. Grátis. MAPA P. 55, MAPA DE BOLSO E21

Este elegante edifício georgiano com cúpula verde é apropriadamente conhecido como a "igreja dos imigrantes". Desde que abriu, em 1801, como uma paróquia luterana, atende também irlandeses e italianos. O culto diário é celebrado em cantonês, inglês e mandarim.

MOTT STREET

Metrô J, N, Q, R, Z, nº 6 para Canal St. MAPA P. 55, MAPA DE BOLSO E20-21

A **Mott Street** reúne a maioria dos restaurantes para turistas em Chinatown, mas as ruas no entorno – Canal, Pell, Bayard, Doyers e Bowery – também exibem restaurantes e lojas de chá e arroz. Embora a cozinha de Cantão predomine, muitos lugares servem os pratos mais condimentados de Sichuan e Hunan. Em geral, eles começam a fechar por volta das 22h.

GRAND STREET

Metrô B, D para Grand St. MAPA P. 55, MAPA DE BOLSO E20-F20

A **Grand Street** era a Main Street em meados dos anos 1800 e hoje concentra bancas de frutas, legumes e frutos do mar vivos nas calçadas, nas quais se veem ainda ervilhas, cogumelos e pepinos-do-mar. Costelas, frangos inteiros e patos assados são expostos nas vitrines das lojas, junto àquelas de herboristas chineses.

MUSEUM OF CHINESE IN AMERICA

215 Centre St entre Howard e Grand sts. Metrô J, N, Q, R, Z, nº 6 para Canal St ☎ 212/619-4785, Ⓦ www.mocanyc.org. Seg 11h-17h, qui 11h-21h, sex 11h-17h, sáb e dom 10h-17h. US$7, grátis qui. MAPA P. 55, MAPA DE BOLSO D20

Neste museu fascinante, que ganhou novo endereço em 2009, o objetivo principal é dar uma visão histórica dos chineses nos EUA por meio de mostras multimídia, artefatos e

Templos em Chinatown

Chinatown é um bom lugar para ver rituais tradicionais em templos chineses, mas a arquitetura geralmente é moderna – a maioria dos templos fica em antigas lojas. O **Eastern States Buddhist Temple**, 64 Mott St (diariam 8h-18h), foi fundado em 1962 como clube para anciãos chineses. Sua principal divindade é o Buda Sakyamuni, mas também há uma estátua dourada do "Buda de quatro faces" em uma caixa de vidro, que é uma réplica da imagem do Santuário Erawan em Bangcoc. A influência chinesa é mais visível no sereno **Mahayana Buddhist Temple**, 133 Canal St (diariam 8h-18h), com luz de velas e neon azul em torno do enorme Buda dourado no altar. Na esquina da Pell St com a Bowery fica um dos poucos templos taoístas da área, o **Huang Da Xian** (diariam 9h-18h).

entrevistas filmadas. As galerias estão instaladas em torno de um pátio ensolarado, que é remanescente de uma casa chinesa tradicional.

ITALIAN AMERICAN MUSEUM E MULBERRY STREET

155 Mulberry St. Metrô J, N, Q, R, nº 6 para Canal St ☎ 212/965-9000, Ⓦ www.italianamericanmuseum.org. Seg-sex com hora marcada, sáb 11h-18h, dom 12h-18h. Doação US$5. MAPA P. 55, MAPA DE BOLSO D20

Via principal de Little Italy, a **Mulberry Street** é sede de muitos cafés e restaurantes da área e está sempre apinhada de turistas. Não há restaurantes de renome, mas o antigo endereço da *Umberto's Clam House*, na esquina da rua Mulberry com a Hester, ganhou fama como palco do assassinato cruel do gângster Joe "Crazy Joey" Gallo, em 1972. Na esquina da Grand Street, o **Italian American Museum**, instalado no edifício de 1885 que foi do Banca Stabile, exibe pequenas mostras sobre o passado do bairro.

ST PATRICK'S OLD CATHEDRAL

263 Mulberry St at Prince St. Metrô R, N para Prince St ☎ 212/226-8075, Ⓦ www.oldcathedral.org. Diariam 8h-18h. Grátis. MAPA P. 55, MAPA DE BOLSO D19

Primeira catedral católica da cidade, a **St Patrick's Old Cathedral** inicialmente atendia a comunidade de imigrantes irlandeses, em 1809, e é a igreja matriz entre as mais famosas na Fifth Avenue e na 50th Street.

NEW MUSEUM OF CONTEMPORARY ART E BOWERY

235 Bowery com Prince St. Metrô R, N para Prince St; nº 6 para Spring St ☎ 212/219-1222, Ⓦ www.newmuseum.org. Qua e sex-dom 11h-18h, qui 11h-21h. US$14, grátis qui 19h-21h. MAPA P. 55, MAPA DE BOLSO E19

Símbolo eloquente da revitalização da Bowery, este museu vanguardista está instalado em uma pilha de sete caixas de alumínio reluzentes. Mais parecendo um armazém, as galerias são espaçosas, porém insuficientes para comportar a contento a enorme gama de exposições temporárias do museu. Até pouco tempo, a **Bowery** em si era associada, em todo o país, a pobreza, abandono e alcoolismo. Em seu auge, em 1949, havia aqui cerca de 14 mil sem-tetos que, em sua maioria, se refugiavam em cortiços imundos. Hoje restam apenas oito desses cortiços, e a rua está atraindo cada vez mais jovens bem-sucedidos, que ocupam belos edifícios modernos, lojas e bares.

Lojas

ALLEVA DAIRY

188 Grand St com Mulberry St. Metrô J, Z, nº 6 para Canal St. Seg-sáb 8h30-18h, dom 8h30-15h. MAPA P. 55, MAPA DE BOLSO D20

O *formaggiaio* (queijeiro) e empório italiano mais antigo dos EUA (1892) produz mussarela defumada, provolone e ricota.

DI PALO'S FINE FOODS

200 Grand St com Mott St. Metrô B, D para Grand St. Seg-sáb 9h-18h30, dom 9h-16h. MAPA P. 55, MAPA DE BOLSO D20

Charmoso empório de gestão familiar, em funcionamento desde 1925, vende uma das melhores ricotas da cidade, além de uma seleção criteriosa de vinagres balsâmicos, azeites, e massas caseiras.

INA

21 Prince St entre Elizabeth e Mott sts. Metrô R, N para Prince St. Seg-sáb 12h-20h, dom 12h-19h. MAPA P. 55, MAPA DE BOLSO D19

Loja de consignação repleta de pechinchas, vende encalhes da última estação. Tem uma filial masculina ao lado (19 Prince St, mesmos horários).

KAREN KARCH

240 Mulberry St entre Prince e Spring sts. Metrô R, N para Prince St. Qua-sex 13h-18h. MAPA P. 55, MAPA DE BOLSO D19

Uma das joalherias mais exclusivas da cidade, expõe criações únicas em meio a uma bela ambientação com graciosos móveis de casa de boneca.

MARMALADE VINTAGE

174 Mott St na Broome St. Metrô J para Bowery, nº 6 para Spring St. Ter-dom 13h-19h. MAPA P. 55, MAPA DE BOLSO D20

Esta loja tem fabulosas roupas vintage dos anos 1940 aos 1990. É especialmente boa para peças da década de 1970, como sapatos e xales de vison.

MCNALLY JACKSON

52 Prince St, entre Mulberry e Lafayette sts. Metrô N, R para Prince St. Seg-sáb 10h-22h, dom 10h-21h. MAPA P. 55, MAPA DE BOLSO D19

Esta filial de uma rede canadense de livrarias independentes abriga um ótimo café e eventos literários excelentes. Seus livros são curiosamente organizados por nacionalidade.

ME & RO

241 Elizabeth St entre Houston e Prince sts. Metrô B, D, F, M para Broadway-Lafayette; R, N para Prince St. Seg-sáb 11h-19h, dom 12h-18h. MAPA P. 55, MAPA DE BOLSO D19

A joalheria independente mais original de Manhattan vende peças modernistas de bom gosto, cuja fonte de inspiração são as tradições da China, da Índia e do Tibete.

SIGERSON MORRISON

28 Prince St com Mott St. Metrô R, N para Prince St. Seg-sáb 11h-19h, dom 12h-18h. MAPA P. 55, MAPA DE BOLSO D19

Os calçados femininos de elegância atemporal criados por Kari Sigerson e Miranda Morrison são incontornáveis para as apaixonadas pelo tema.

Cafés e lanchonetes

BIG WONG

67 Mott St entre Bayard e Canal sts. Metrô J, N, Q, R, Z, nº 6 para Canal St. Diariam 7h30-22h. MAPA P. 55, MAPA DE BOLSO D21

Este restaurante e lanchonete em Chinatown serve ótimo pato e congee (cozido de arroz saboroso) de Cantão, tudo por cerca de US$5,25-9,75.

CECI-CELA

55 Spring St entre Mulberry e Lafayette sts. Metrô nº 6 para Spring St. Seg-sáb 7h-22h, dom 8h-20h. MAPA P. 55, MAPA DE BOLSO D19

Minúscula pâtisserie francesa com mesas nos fundos, produz doces e tortas maravilhosos. Os croissants de amêndoas e palmiers desmancham na boca.

CHINATOWN ICE CREAM FACTORY

65 Bayard St entre Mott e Elizabeth sts. Metrô J, N, Q, R, Z, nº 6 para Canal St. Diariam 11h-23h. MAPA P. 55, MAPA DE BOLSO D21

Uma parada obrigatória após jantar em algum lugar por perto, esta sorveteria tem especialidades como os sabores chá verde, gengibre e cookie de amêndoas.

FERRARA CAFÉ

195 Grand St entre Mott e Mulberry sts. Metrô J, N, Q, R, Z, nº 6 para Canal St; B, D para Grand St. Dom-sex 8h-0h, sáb 8h-1h. MAPA P. 55, MAPA DE BOLSO D20

O café mais conhecido de Little Italy é um verdadeiro pilar no bairro e em toda a cidade desde sua inauguração, em 1892. Não deixe de provar o New York cheesecake, o canoli artesanal de chocolate e, no verão, os granite (bebida italiana com gelo, xarope ou café). Há mesas ao ar livre quando a temperatura esquenta.

FERRARA CAFÉ

LAOSHAN SHANDONG GUOTIE

106 Mosco St. Metrô J, Z, nº 6 para Canal St. Diariam 8h-21h. MAPA P. 55, MAPA DE BOLSO D21

Identificado apenas por uma placa com a inscrição "Fried Dumpling", este lugar barateiro é especializado nos bolinhos fritos típicos do norte da China (5 por US$1).

RICE TO RICHES

37 Spring St entre Mott e Mulberry sts. Metrô nº 6 para Spring St. Dom-qui 11h-23h, sex e sáb 11h-1h. MAPA P. 55, MAPA DE BOLSO D19

Este lugar badalado serve pudins de arroz irresistíveis em diversos sabores doces, desde manteiga de amendoim e raspas de chocholate até manga e canela. Tigelas a partir de US$7.

SAIGON VIETNAMESE SANDWICH

369 Broome St com Mott St. Metrô nº 6 para Spring St. Diariam 8h-20h. MAPA P. 55, MAPA DE BOLSO D20

Aqui você encontra alguns dos melhores sanduíches vietnamitas, ou bánh mì, da cidade. O tipo clássico é feito com pão francês recheado com porco, linguiça e picles de legumes. Tudo custa US$4,50.

CHINATOWN, LITTLE ITALY E NOLITA

Restaurantes

ANGELO'S

146 Mulberry St entre Hester e Grand sts. Metrô N, R, nº 6 para Canal St. Ter-qui e dom 12h-23h30, sex 12h-0h30, sáb 12h-1h. MAPA P. 55, MAPA DE BOLSO D20

Os velhos restaurantes de Little Italy caíram no agrado dos turistas, mas este clássico de 1902 é o melhor lugar para ter uma ideia do estilo e dos sabores originais da área.

CAFÉ HABANA

17 Prince St com Elizabeth St. Metrô R para Prince St ☎ 212/625-2001. Diariam 9h-0h. MAPA P. 55, MAPA DE BOLSO D19

Pequeno e sempre lotado, este café cubano-sul-americano prepara uma das melhores fraldinhas grelhadas com bananas fritas fora de Cuba. Em uma janela ao lado é servido um ótimo café con leche.

GREAT N.Y. NOODLETOWN

28 Bowery com Bayard St. Metrô B, D para Grand St; J, Z, nº 6 para Canal St ☎ 212/ 349-0923. Diariam 9h-4h. MAPA P. 55, MAPA DE BOLSO E20.

Apesar do nome, talharim não é o forte deste restaurante singelo. Seus caranguejos sazonais de casca macia são crocantes e deliciosos e há também boas carnes assadas (como leitão), além de sopas.

LOMBARDI'S

32 Spring St com Mott St. Metrô nº 6 para Spring St ☎ 212/941-7994. Dom-qui 11h30-23h, sex e sáb 11h30-0h. MAPA P. 55, MAPA DE BOLSO D19

Desde 1905, a pizzaria mais antiga do país serve as melhores redondas da cidade, destacando uma formidável de marisco. Não é vendida por fatia. Peça alho assado como acompanhamento.

NYONYA

199 Grand St entre Mott e Mulberry sts. Metrô B, D para Grand St; J, Z, nº 6 para Canal St ☎ 212/334-3669. Dom-qui 11h- 23h30, sex e sáb 11h-0h. MAPA P. 55, MAPA DE BOLSO D20

Ótima comida da Malásia a preços bem acessíveis. Boas pedidas são o curry de frango, a lula apimentada e o talharim. Pagamento só em dinheiro.

PEASANT

194 Elizabeth St entre Prince e Spring sts. Metrô R, N para Prince St; J, Z para Bowery; nº 6 para Spring St ☎ 212/965-9511. Ter-dom 18h-2h. MAPA P. 55, MAPA DE BOLSO D19

Frequentado de madrugada por chefs da cidade, aqui você gasta em torno de US$22-39 pela divina comida italiana de Frank De Carlo, como porchetta arrosto (leitão ao forno) ou US$11-14 pelas pizzas.

PHO BANG

157 Mott St entre Grand e Broome sts. Metrô B, D para Grand St J, Z, nº 6 para Canal St ☎ 212/966-3797. Diariam 10h-22h. MAPA P. 55, MAPA DE BOLSO D20

Um dos restaurantes vietnamitas mais populares da cidade, costuma lotar no fim de semana. A atração é a sopa pho, preparada basicamente com carne e talharim, porém em

PING'S SEAFOOD

Este restaurante italiano moderno é ótimo para esbanjar dinheiro (sem reservas, US$60 preço fixo), enquanto o *Parm*, ao lado (diariam 11h-24h) prepara deliciosos sanduíches.

Bares

MULBERRY STREET BAR

176-1/2 Mulberry St entre Broome e Grand sts. Metrô J, M, Z para Bowery; nº 6 para Canal St. Diariam 11h30-2h. MAPA P. 55, MAPA DE BOLSO D20

O filme *Donnie Brasco* e o seriado *Família Soprano* tiveram cenas filmadas neste bar tradicional situado no coração de Little Italy. Inaugurado em 1908 com o nome de *Mare Chiaro*, conserva o balcão de madeira, o piso azulejado e o longo teto de estanho originais.

RANDOLPH AT BROOME

349 Broome St, entre Elizabeth St e a Bowery. Metrô J, Z para Bowery; B, D para Grand St. Seg-sex 7h-4h, sáb e dom 8h-4h. MAPA P. 55, MAPA DE BOLSO D20

Café europeu acolhedor que serve drinques artesanais e café gourmet da Brooklyn Roasting Company (até 17h). Happy hour diariam 12h-20h e um convidativo pátio ao ar livre na frente.

SWEET & VICIOUS

5 Spring St entre Bowery e Elizabeth St. Metrô J, Z para Bowery. Diariam 15h-4h. MAPA P. 55, MAPA DE BOLSO D19

Este bar favorito no bairro é o suprassumo do chique rústico, com tijolos e madeira aparentes e lustres antigos. A tentadora carta de coquetéis apresenta opções deliciosas como cosmopolitan de frutas vermelhas e martíni com gotas de limão. O jardim nos fundos e a atmosfera aconchegante contribuem para seu charme.

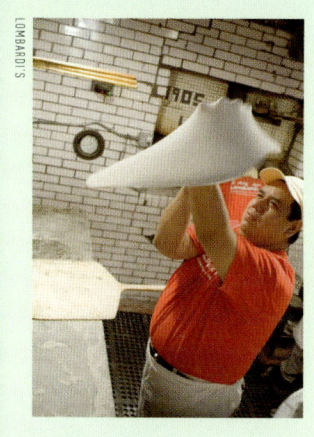

diferentes versões. Os rolinhos primavera e o frango ao curry também são excelentes pedidas.

PING'S SEAFOOD

22 Mott St entre Chatham Square e Pell St. Metrô R, N, J, Z, nº 6 para Canal St ☎ 212/602-9988. Diariam 10h30-0h. MAPA P. 55, MAPA DE BOLSO E21

Embora este restaurante de frutos do mar de Hong Kong seja sempre bom, é melhor vir no fim de semana por causa do dim sum, quando a cada 30 segundos circulam carrinhos com essas iguarias. Este lugar oferece ótima relação custo-benefício.

TASTY HAND-PULLED NOODLES

1 Doyers St na Bowery. Metrô J, N, Q, R, Z, nº 6 para Canal St ☎ 212/791-1817. Diariam 10h30-22h30. MAPA P. 55, MAPA DE BOLSO E21

Noodles são preparados na hora e feitos à mão segundo os pedidos. Escolha entre sete tipos, fritos ou cozidos, com porco, peixe, carne, frango, camarão e diversas outras combinações.

TORRISI ITALIAN SPECIALTIES

250 Mulberry St, entre Prince e Spring sts. Metrô N, R para Prince St ☎ 212/965-0955. Seg-qua e dom 17h30-23h, qui-sáb 12-14h e 17h30-23h. MAPA P. 55, MAPA DE BOLSO D19

Lower East Side

Historicamente o maior exemplo do caldeirão étnico dos EUA, o Lower East Side acolhe imigrantes desde os anos 1830, quando aqui chegaram levas de irlandeses e alemães. A segunda onda veio do sul da Itália, ao passo que judeus do Leste Europeu chegaram nos anos 1880. Em 1915, os judeus eram a maior comunidade estrangeira no Lower East Side, totalizando mais de 320 mil. Embora hoje em dia exista uma grande proporção de latinos e asiáticos da classe trabalhadora, também se veem estudantes, tipos artísticos endinheirados e outros refugiados da especulação imobiliária do SoHo e do East Village por perto, uma mistura que faz deste bairro um dos mais fascinantes da cidade e uma das áreas mais badaladas para fazer compras, beber, dançar e comer bem.

ORCHARD STREET

Metrô F, J, M, Z para Delancey St/Essex St; B, D para Grand St. MAPA P. 63, MAPA DE BOLSO E19

É melhor visitar o centro do Bargain District no Lower East Side nos fins de semana, quando vitrines e barracas vendem roupas e bolsas de estilistas com descontos, embora muitas lojas de judeus fechem no sábado. Os cômodos em cima das lojas eram ocupados por sweatshops, fabriquetas assim chamadas porque, independentemente do clima, mantinham um fogão aceso para passar as roupas que produziam. Há muito tempo grande parte dessas confecções se mudou para outro bairro, e agora esses cômodos são menos insalubres; muitos até se tornaram apartamentos caros.

Lower East Side

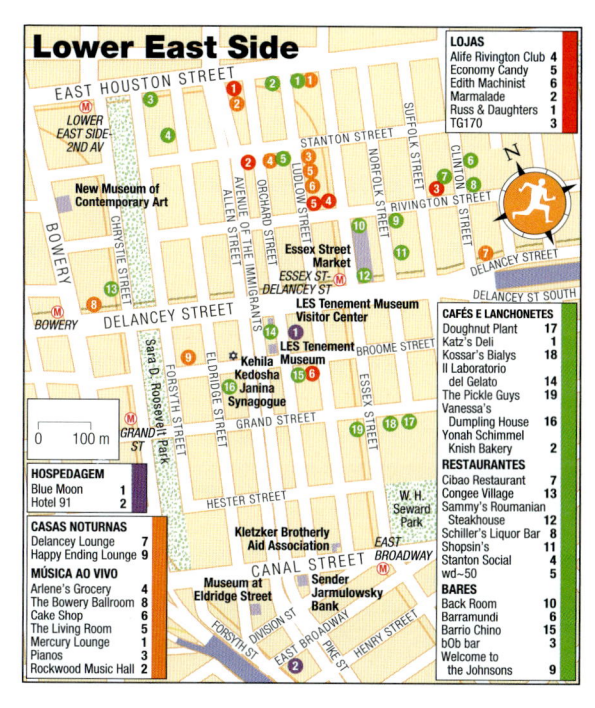

LOJAS	
Alife Rivington Club	4
Economy Candy	5
Edith Machinist	6
Marmalade	2
Russ & Daughters	1
TG170	3

CAFÉS E LANCHONETES	
Doughnut Plant	17
Katz's Deli	1
Kossar's Bialys	18
Il Laboratorio del Gelato	14
The Pickle Guys	19
Vanessa's Dumpling House	16
Yonah Schimmel Knish Bakery	2
RESTAURANTES	
Cibao Restaurant	7
Congee Village	13
Sammy's Roumanian Steakhouse	12
Schiller's Liquor Bar	8
Shopsin's	11
Stanton Social	4
wd~50	5
BARES	
Back Room	10
Barramundi	6
Barrio Chino	15
bOb bar	3
Welcome to the Johnsons	9

HOSPEDAGEM	
Blue Moon	1
Hotel 91	2

CASAS NOTURNAS	
Delancey Lounge	7
Happy Ending Lounge	9
MÚSICA AO VIVO	
Arlene's Grocery	4
The Bowery Ballroom	8
Cake Shop	7
The Living Room	6
Mercury Lounge	1
Pianos	3
Rockwood Music Hall	2

LOWER EAST SIDE TENEMENT MUSEUM

97 Orchard St entre Broome e Delancey sts. Metrô B, D para Grand St; F, J, M, Z para Delancey St/Essex St ☎ 212/982-8420, Ⓦ www.tenement.org. $22; para ingressos vá ao visitor centre na 103 Orchard St (diariam 10h-18h). MAPA P. 63, MAPA DE BOLSO E20

Este museu fascinante mostra como era o interior esfacelado e claustrofóbico de um prédio de apartamentos de 1863, com saguão de entrada pretensamente elegante, porém fantasmagórico, e dois banheiros comunitários para cada quatro famílias. Os guias do museu explicam bem o passado e o presente do edifício por meio de documentos, fotos e artefatos achados no local, e enfocam os legados de diferentes etnias na área.

Vários apartamentos foram reformados com móveis de época para refletir a vida dos inquilinos de meados do século XIX a meados do século XX, quando muitas famílias trabalhavam em casa.

Para conhecer o Tenement Museum é preciso entrar com uma **visita guiada temática** (1h, a cada 15-30min, diariam 10h30-17h). Entre os temas, há "Hard Times", com foco nas famílias italianas e judias-alemãs nas depressões econômicas de 1863 e 1935, "Irish Outsiders", que examina a vida difícil da família irlandesa Moore entre 1868-69, e "Sweatshop Workers", uma visita à tecelagem da família Levine e à mesa de shabbat dos Rogarshevskys na virada do século XX. "Foods of the Lower East Side" (US$45) é um passeio de duas horas pelo bairro (somente sex-sáb).

ESSEX STREET MARKET

120 Essex St com Delancey St. Metrô F, J, M, Z para Delancey St/Essex St ☎212/388-0449, ⓦwww.essexstreetmarket.com. Seg-sáb 8h-19h. MAPA P. 63, MAPA DE BOLSO E19

No lado norte da Delancey Street se espalha o **Essex Street Market**, erguido na gestão do prefeito LaGuardia, nos anos 1930. Aqui você encontra todos os tipos de frutas, peixes e legumes frescos, além de chocolates e queijos artesanais e o restaurante *Shopsin's* (p. 67).

MUSEUM AT ELDRIDGE STREET

12 Eldridge St entre Canal e Division sts. Metrô B, D para Grand St; F para East Broadway ☎212/219-0302, ⓦwww.eldridgestreet.org. Visitas seg-qui e dom 10h-17h, sex 10h-15h a cada 30min (1h); US$10. MAPA P. 63, MAPA DE BOLSO E20

Construída em 1887, esta sinagoga belamente restaurada é uma das joias do bairro: uma mistura de influências mouras e góticas em tijolos e terracota, com ricos madeirames e vitrais, incluindo a rosácea com uma espetacular estrela de Davi na ala oeste. A sinagoga continua funcionando, mas as visitas passam pelo santuário principal no andar de cima e veem mostras que dão noção da história do edifício e da área.

Como explorar o Jewish Lower East Side

Embora sua população judaica tenha diminuído, o Lower East Side conserva um rico legado de culinária, comércio e edifícios judaicos. Há muitas sinagogas bem conservadas e a maioria aceita visitas de dom a qui. O Museu na Eldridge St (acima) é extremamente bem preservado, mas visite também **Kehila Kedosha Janina Synagogue and Museum** de 1927 (☎212/431-1619, ⓦwww.kkjsm.org. Dom 11h-16h; grátis; mapa p. 63, mapa de bolso E20) no nº 280 da Broome St (com Allen St), de judeus romaniotas da Grécia, um ramo obscuro do judaísmo com raízes na era romana. Voluntários entusiasmados discorrem sobre arte judaica e há várias exposições. Mais ao sul, nos nºs 54-58 da Canal St, veja a fachada ornamentada do **Sender Jarmulowsky Bank**, datado de 1912. Fundado em 1873 por um mascate russo que fez fortuna revendendo passagens de navios, o banco atendia os imigrantes não fluentes em inglês da área. Com sua falência em 1914, milhares de pessoas perderam suas parcas economias. Na esquina da rua Canal com a Ludlow, o edifício do **Kletzker Brotherly Aid Association** no nº 41 (hoje uma funerária chinesa) é uma relíquia do tempo em que cidades judaicas montavam alojamentos (nesse caso, a cidade era Kletzk na atual Bielorrússia) para prestar serviços como atendimento médico e enterros. Para visitas mais informativas, entre em contato com a Lower East Side Jewish Conservancy (☎212/374-4100, ⓦwww.nycjewishtours.org).

Lojas

ALIFE RIVINGTON CLUB

158 Rivington St com Clinton St. Metrô J, M, Z para Essex St; F para Delancey St. Seg-sáb 12h-19h, dom 12h-18h. MAPA P. 63, MAPA DE BOLSO F19

Um santuário para fãs de grifes, tem edições especiais da Nike por US$900, óculos escuros por US$150 e outros acessórios em liquidação. As camisetas saem por "apenas" US$35.

BLUESTOCKINGS

172 Allen St, entre Rivington e Stanton sts. Metrô F para Lower East Side-Second Ave. Diariam 11h-23h. MAPA P. 63, MAPA DE BOLSO E19

A Bluestockings vende livros novos e usados de estudos sobre gays, gênero, feminismo, polícia e prisões, democracia e liberação dos negros.

ECONOMY CANDY

108 Rivington St entre Essex e Ludlow sts. Metrô J, M, Z para Essex St; F para Delancey St. Seg 10h-18h, ter-sex e dom 9h-18h, sáb 10h-17h. MAPA P. 63, MAPA DE BOLSO E19

Antiga doceria que vende centenas de tipos de chocolates, doces, nozes, frutas secas e halvah.

EDITH MACHINIST

104 Rivington St com Ludlow St. Metrô J, M, Z para Essex St; F para Delancey St. Seg-sex 13h-20h, sáb 12h-20h, dom 12h-19h. MAPA P. 63, MAPA DE BOLSO E19

Este brechó elegante tem alguns achados excepcionais (sobretudo sapatos e peças de estilistas) por uma fração do preço cobrado na Fifth Avenue.

RUSS & DAUGHTERS

179 E Houston St entre Allen e Orchard sts. Metrô F para Lower East Side-Second Ave. Seg-sex 8h-20h, sáb 9h-19h, dom 8h-17h30. MAPA P. 63, MAPA DE BOLSO E19

A primeira delicatessen de Manhattan foi inaugurada em 1914 para saciar o apetite de judeus saudosos de casa, com peixe defumado, picles de legumes, queijo e deliciosos bagels com salmão defumado; esta última iguaria, porém, custa US$11,25.

TG170

77 Ludlow St, na Broome St. Metrô F para Lower East Side-Second Ave. Diariam 12h-20h. MAPA P. 63, MAPA DE BOLSO E20

A butique de moda feminina de Terri Gillis é um ímã para fashionistas, pois oferece criações de estilistas independentes e emergentes de Nova York.

Cafés e lanchonetes

DOUGHNUT PLANT

379 Grand St entre Essex e Norfolk sts. Metrô J, M, Z para Essex St; F para Delancey St. Ter-dom 6h30-18h30. MAPA P. 63, MAPA DE BOLSO F20

Deliciosos doughnuts no capricho, inclusive com recheios sazonais com sabores como abóbora e maracujá.

IL LABORATORIO DEL GELATO

188 Ludlow St, na Houston St. Metrô J, Z para Essex St; F para Delancey St. Seg-ter 7h30-22h, sex 7h30-24h, sáb 10h-24h, dom 10h-22h. MAPA P. 63, MAPA DE BOLSO E19

Santuário do sorvete, tem mais de 230 sabores (48 a cada semana; US$4,25-6,75), como mel de lavanda com gergelim torrado e estragão com pimenta-rosa.

KATZ'S DELI

205 E Houston St com Ludlow St. Metrô F para Lower East Side-Second Ave. Dom, qua, qui 8h-22h45, seg e ter 8h-21h45, sex e sáb 8h-2h45. MAPA P. 63, MAPA DE BOLSO E19

Delicatessen judaica fundada em 1888 no Lower East Side, serve sanduíches fartamente recheados de pastrami e de carne-seca, o maravilhoso sanduíche Ruebens (por US$16,95), bagels e cachorros-quentes. Aqui foi rodada uma cena famosa do filme *Harry e Sally – Feitos um para o outro*.

KOSSAR'S BIALYS

367 Grand St entre Essex e Norfolk sts. Metrô J, M, Z para Essex St; F para Delancey St. Seg-qui, dom 6h-20h, sex 6h-15h. MAPA P. 63, MAPA DE BOLSO F20

Este tesouro kosher há gerações não serve álcool, mas tem os melhores bagels e bialys (US$0,90) da cidade. Bialy é uma saborosa rosca achatada tradicionalmente coberta com cebola ou alho.

THE PICKLE GUYS

49 Essex St com Grand St. Metrô R, N, J, Z, nº 6 para Canal St. Diariam 10h30-24h. MAPA P. 63, MAPA DE BOLSO E20

Venha aqui para comprar picles caseiros, azeitonas e outros itens gostosos para um piquenique, os quais ficam em enormes barris de salmoura com alho.

VANESSA'S DUMPLING HOUSE

118A Eldridge St entre Grand e Broome sts. Metrô B, D para Grand St. Seg-sáb 7h30-22h30, dom 7h30-22h. MAPA P. 63, MAPA DE BOLSO E20

Sempre lotado, este restaurante chinês prepara várias combinações de porco frito ou no vapor. A porção de quatro bolinhos de camarão e legumes custa apenas US$1.

YONAH SCHIMMEL KNISH BAKERY

137 E Houston St entre First e Second aves. Metrô F para Lower East Side-Second Ave. Dom-qui 9h-19h, sex e sáb 9h-22h. MAPA P. 63, MAPA DE BOLSO E19

Este lugar faz e vende alguns dos melhores knishes (US$3,50-4) de Nova York desde 1910: roscas de legumes ou com recheio de carne feitas na hora, assim como maravilhosos bagels.

Restaurantes

CIBAO RESTAURANT

72 Clinton St com Rivington St. Metrô J, M, Z para Essex St; F para Delancey St ☎212/228-0703. Diariam 6h-2h. MAPA P. E20. MAPA DE BOLSO F19

El Cibao é o melhor restaurante dominicano no Lower East Side. Porções fartas de arroz e feijão (US$6) e sanduíches grandes, sobretudo o Cubano (US$4,50), são uma pechincha.

CONGEE VILLAGE

100 Allen St com Delancey St. Metrô J, M, Z para Essex St; F para Delancey St ☎212/941-1818. Diariam 10h30-2h. MAPA P. 63. MAPA DE BOLSO E19

Este restaurante cantonês tem o nome do aromático prato à base de arroz e serve uma ampla variedade de favoritos de Hong Kong por menos de US$10.

SAMMY'S ROUMANIAN STEAKHOUSE

157 Chrystie St com Delancey St. Metrô B, D para Grand St; J, Z para Bowery; F para Lower East Side-Second Ave ☎212/673-0330. Seg-qui 16h-22h, sex e sáb 16h-23h, dom 15h-21h30. MAPA P. 63. MAPA DE BOLSO E19

Num porão, este restaurante de carnes judeu tem muito a oferecer: canções piegas, comida deliciosa, pão rugalach caseiro, creme de ovos de sobremesa e vodca gelada.

SCHILLER'S LIQUOR BAR

131 Rivington St com Norfolk St. Metrô F para Delancey St; J, M, Z para Essex St ☎212/260-4555. Seg-qui 11h-1h, sex 11h-3h, sáb 10h-3h, dom 10h-1h. MAPA P. 63. MAPA DE BOLSO F19

Bistrô badalado com clientela bonita. O menu apresenta saladas e bons steaks com molhos clássicos (US$16-31).

SHOPSIN'S

Banca 16, Essex St Market, 120 Essex St. Metrô F para Delancey St; J, M, Z para Essex St. (sem telefone). Qua-sáb 9h-14h, dom 10h-14h. MAPA P. 63. MAPA DE BOLSO F19

Uma instituição em Nova York, Kenny Shopsin tinha há anos seu lugar idiossincrático no West Village, mas o aluguel alto o forçou a vir para cá. Suas criações viciantes – como panquecas recheadas de manteiga de amendoim – têm clientela fiel.

STANTON SOCIAL

99 Stanton St, entre Ludlow e Orchard sts. Metrô F para Lower East Side-Second Ave ☎212/995-0099. Seg-sex 17h-1h, sáb 11h30-1h, dom 11h30-23h. MAPA P. 63. MAPA DE BOLSO F19

Lustres, banquetas com pele de lagarto e bancos reservados retrô atraem jovens descolados a este restaurante e bar. Entre os pratos para dividir há tacos ao molho de manga.

WD-50

50 Clinton St entre Rivington e Stanton sts. Metrô F para Delancey St; J, M, Z para Essex St ☎212/477-2900. Seg-sáb 18h-22h30, dom 18h-22h. MAPA P. 63. MAPA DE BOLSO F19

O célebre chef Wylie DuFresne atrai multidões de fãs de sua haute cuisine experimental como tartare de cervo com sorvete de favas de edamame (soja verde) e barriga de porco com soja preta e nabo. Somente com reserva.

SCHILLER'S LIQUOR BAR

LOWER EAST SIDE

Bares

BACK ROOM

102 Norfolk St entre Delancey e Rivington sts. Metrô F para Delancey St; J, M, Z para Essex St. Ter-sáb 19h30-4h. MAPA P. 63, MAPA DE BOLSO F19

Com a entrada oculta em uma ruela, este bar era clandestino nos tempos da Lei Seca e frequentado pelo gângster Meyer Lansky. As bebidas são servidas em xícaras de chá.

BARRAMUNDI

67 Clinton St entre Stanton e Rivington sts. Metrô F para Delancey St; J, M, Z para Essex St. Diariam 18h-4h. MAPA P. 63, MAPA DE BOLSO F19

Bar descontraído, com um belo jardim iluminado que é um oásis na área agitada. Venha até as 22h, pois após esse horário o jardim fecha e todos têm de ir para dentro.

BARRIO CHINO

253 Broome St com Orchard St. Metrô B, D para Grand St. Seg 17h30-1h, ter-qui e dom 11h30-1h, sex e sáb 11h30-2h. MAPA P. 63, MAPA DE BOLSO F19

Não se engane com as lanternas chinesas ou os enfeites nos drinques, porque a especialidade daqui é tequila em mais de 50 variações. As doses são servidas com a tradicional sangria, que leva sucos de limão, laranja e tomate.

BOB BAR

233 Eldridge St entre Houston e Stanton sts. Metrô F para Lower East Side-Second Ave. Ter-dom 19h-4h. MAPA P. 63, MAPA DE BOLSO F19

Este bar aconchegante vira uma das melhores festas dançantes da cidade após a meia-noite, com DJs tocando hip-hop, reggae e R&B.

WELCOME TO THE JOHNSONS

123 Rivington St entre Essex e Norfolk sts. Metrô F para Delancey St; J, M, Z para Essex St. Seg-sex 15h-4h, sáb e dom 12h-16h. MAPA P. 63, MAPA DE BOLSO E19

Este boteco dos anos 1970 é ideal para ferver e relaxar, e é possível fazer as duas coisas sem problema. Boas cervejas e ótimos barmen.

Casas noturnas

THE DELANCEY

168 Delancey St com Clinton St. Metrô F para Delancey St; J, M, Z para Essex St ⓦ www.thedelancey.com. Diariam 17h-4h. MAPA P. 63, MAPA DE BOLSO F19

O moderno Williamsburg e o chique Lower East Side se cruzam neste bar e clube numa cobertura. O clima ferve no porão, que vibra com música alta e shows ao vivo.

HAPPY ENDING LOUNGE

302 Broome St entre Eldridge e Forsythe sts. Metrô J, Z para Bowery; B, D para Grand St. Ter 22h-4h, qua-sáb 19h-4h. MAPA P. 63, MAPA DE BOLSO E20

Esta antiga casa de massagem erótica (Xie He Health) renasceu como um bar e casa noturna excelente, que transformou as salas azulejadas de sauna no andar de baixo em bancos reservados.

HAPPY ENDING LOUNGE

Música ao vivo

ARLENE'S GROCERY

95 Stanton St entre Ludlow e Orchard sts.
Metrô F para Lower East Side-Second Ave
☎ 212/358-1633, 🌐 www.arlenesgrocery.net.
Diariam 17h-2h. MAPA P. 63, MAPA DE BOLSO E19

Toda noite neste lugar intimista acontecem shows gratuitos com talentos locais. A noite de segunda é de "Rock and Roll Karaoke", e você pode cantar o que quiser com uma banda ao vivo. Couvert ter-dom US$8-10.

THE BOWERY BALLROOM

6 Delancey St com a Bowery. Metrô J, Z para Bowery; B, D para Grand St ☎ 212/533-2111, 🌐 www.boweryballroom.com. Diariam a partir de 19h. MAPA P. 63, MAPA DE BOLSO E19

A ótima acústica deste lugar o torna ideal para ver bandas de rock independentes. Os shows custam entre US$15-55. Pague à vista na bilheteria do *Mercury* (ao lado), na porta ou através da Ticketweb.

CAKE SHOP

152 Ludlow St entre Rivington e Stanton sts. Metrô F para Delancey St; J, M, Z para Essex St ☎ 212/253-0036 🌐 www.cake-shop.com. Dom-qui 9h-2h, sex e sáb 9h-4h. MAPA P. 63, MAPA DE BOLSO E19

Na maioria das noites, este modesto café e loja de discos vira um templo de indie rock – o couvert varia entre US$7-10.

THE LIVING ROOM

154 Ludlow St entre Stanton e Rivington sts. Metrô F para Delancey St; J, M, Z para Essex St ☎ 212/533-7235, 🌐 www.livingroomny.com. Dom-qui 18h-2h, sex e sáb 18h-4h. MAPA P. 63, MAPA DE BOLSO E19

Sofás confortáveis e um balcão descontraído criam um cenário agradável para ouvir música folk e rock acústico com artistas locais. Em geral, os shows são grátis (basta uma doação de US$10 e consumo mínimo de um drinque).

MERCURY LOUNGE

217 E Houston St entre Ludlow e Essex sts. Metrô F para Lower East Side-Second Ave ☎ 212/260-4700, 🌐 www.mercuryloungenyc.com. Diariam shows a partir de 19h. MAPA P. 63, MAPA DE BOLSO E19

Escuro e de tamanho médio, tem bandas de pop e rock locais, nacionais e estrangeiras a preços entre US$10-25. Pague à vista na bilheteria, na porta ou através da Ticketweb.

PIANOS

158 Ludlow St com Rivington St. Metrô F para Delancey St; J, M, Z para Essex St ☎ 212/505-3733, 🌐 www.pianosnyc.com. Diariam 15h-4h. MAPA P. 63, MAPA DE BOLSO E19

Esta antiga fábrica de pianos apresenta principalmente bandas de rock (umas quatro por noite) na sala dos fundos (US$8-10) e DJs excelentes a partir das 22h.

ROCKWOOD MUSIC HALL

196 Allen St entre Houston e Stanton sts. Metrô F, V para Lower East Side-Second Ave ☎ 212/614-2494, 🌐 rockwoodmusichall.com. Seg-sex 18h-4h, sáb e dom 15h-4h. MAPA P. 63, MAPA DE BOLSO E19

Chegue cedo a este lugar pequeno e disputado, onde há música ao vivo sete noites na semana.

East Village

Outrora um reduto de imigrantes da classe trabalhadora, o East Village, que vai do leste da Broadway até a Avenue D entre as ruas Houston e 14th, se tornou o lar da *intelligentsia* inconformista de Nova York no início do século XX. Nos anos 1950, abrigava as principais concentrações dos poetas beat – Kerouac, Burroughs e Ginsberg. Nos anos 1980, havia aqui artistas radicais, como Keith Haring, Jeff Koons e Jean-Michel Basquiat, e o ícone gay Quentin Crisp morou na East 3rd St de 1981 até a morte, em 1999. Na década de 1990, os aluguéis em alta fizeram muitos moradores se mudarem, e o East Village deixou de ser sinônimo de espírito artístico. No entanto, ainda é um dos bairros mais vibrantes no centro de Manhattan, com butiques, lojas de discos, bares e restaurantes, com população de imigrantes ucranianos, estudantes, punks, artistas e pessoas cansadas da rotina urbana.

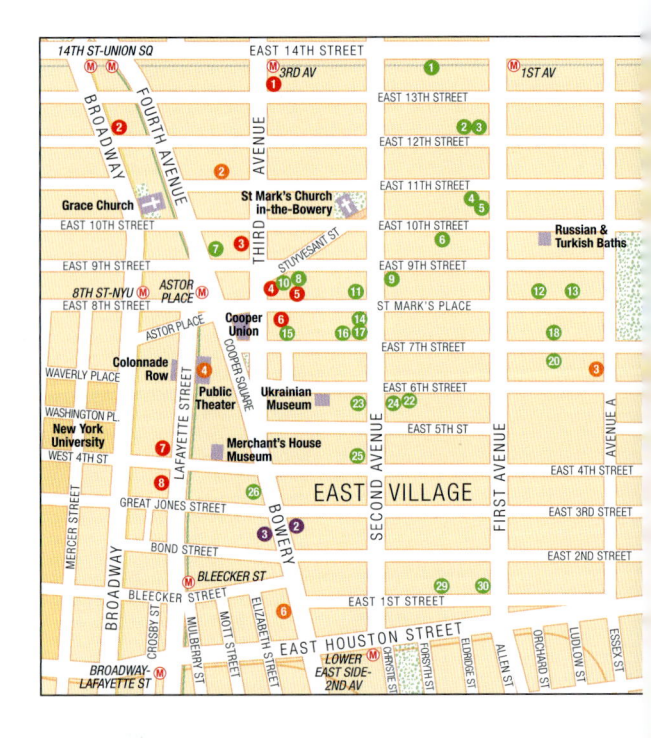

ASTOR PLACE

Metrô N, R para 8th St; nº 6 para Astor Place. MAPA PP. 70-1, MAPA DE BOLSO D18

A **Astor Place**, que marca a orla oeste do East Village, tem esse nome devido ao magnata da área imobiliária John Jacob Astor. Famoso pela ganância, Astor era a pessoa mais rica do país (com o equivalente a US$115 bilhões atuais) quando morreu, em 1848. Sob a réplica de um velho quiosque da estação de metrô da Astor Place, as paredes da plataforma exibem castores em relevo evocando as primeiras matanças de Astor para vender peles. Adolescentes se reúnem no cubo preto de aço *Alamo* (1967), de Tony Rosenthal, que fica no meio do cruzamento. Nos anos 1830, a **Lafayette St**, que sai da Astor Place para o sul, era o endereço da elite da cidade; a **Colonnade Row**, uma sequência de quatro casas de 1833 em estilo grego com colunas coríntias, é tudo o que resta.

O edifício atarracado de arenito pardo e tijolos do outro lado da Lafayette abrigava a **Astor Library**. Construída com uma doação de Astor entre 1853 e 1881, esta foi a primeira biblioteca pública da cidade e se tornou o Public Theater em 1967. A **Astor Place Opera House**, erguida na esquina da Astor Place com a East 8th Street em 1847, foi palco de uma revolta dois anos depois. Os que apoiavam o ator local Edwin Forrest tentaram interromper a apresentação do ator shakespeariano inglês William Macready, o que levou à morte de 22 pessoas. O teatro fechou suas portas em 1850.

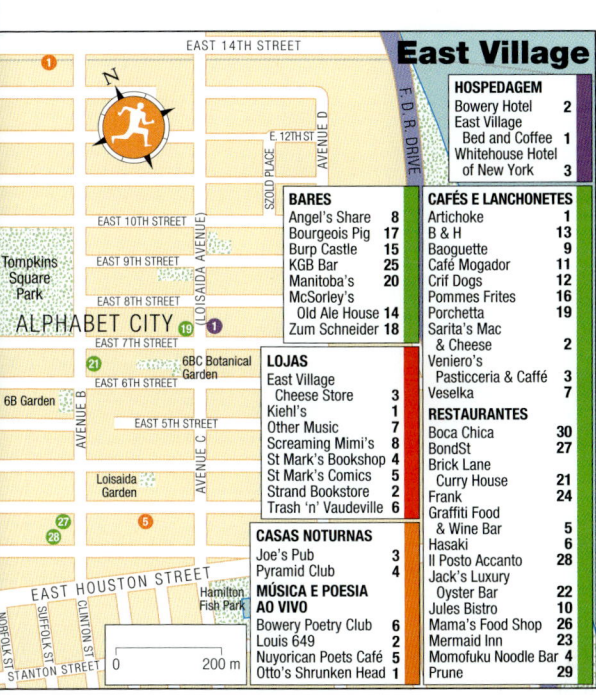

East Village

HOSPEDAGEM
Bowery Hotel	2
East Village Bed and Coffee	1
Whitehouse Hotel of New York	3

BARES
Angel's Share	8
Bourgeois Pig	17
Burp Castle	15
KGB Bar	25
Manitoba's	20
McSorley's Old Ale House	14
Zum Schneider	18

LOJAS
East Village Cheese Store	3
Kiehl's	1
Other Music	7
Screaming Mimi's	8
St Mark's Bookshop	4
St Mark's Comics	5
Strand Bookstore	2
Trash 'n' Vaudeville	6

CASAS NOTURNAS
Joe's Pub	3
Pyramid Club	4

MÚSICA E POESIA AO VIVO
Bowery Poetry Club	6
Louis 649	2
Nuyorican Poets Café	5
Otto's Shrunken Head	1

CAFÉS E LANCHONETES
Artichoke	1
B & H	13
Baoguette	9
Café Mogador	11
Crif Dogs	12
Pommes Frites	16
Porchetta	19
Sarita's Mac & Cheese	2
Veniero's Pasticceria & Caffé	3
Veselka	7

RESTAURANTES
Boca Chica	30
BondSt	27
Brick Lane Curry House	21
Frank	24
Graffiti Food & Wine Bar	5
Hasaki	6
Il Posto Accanto	28
Jack's Luxury Oyster Bar	22
Jules Bistro	10
Mama's Food Shop	26
Mermaid Inn	23
Momofuku Noodle Bar	4
Prune	29

GRACE CHURCH

802 Broadway com E 10th St. Metrô N, R para 8th St ☎212/254-2000, Ⓦwww.gracechurchnyc.org. Diariam 12h-17h. Grátis.
MAPA PP. 70-1, MAPA DE BOLSO D17

O mármore rendilhado da **Grace Church** de 1846 foi projetado por James Renwick (famoso pela St Patrick's Cathedral) em delicado estilo neogótico. Imponente, escura e com um teto de abóbada entrelaçada, essa era a igreja da elite na época. Hoje em dia é um dos refúgios mais secretos da cidade, e, com frequência, oferece abrigo aos menos afortunados.

MERCHANT'S HOUSE MUSEUM

29 E 4th St entre Lafayette St e a Bowery. Metrô B, D, F, M para Broadway-Lafayette; N, R para 8th St; nº 6 para Astor Place ☎212/777-1089, Ⓦwww.merchantshouse.com. Qui-seg 12h-17h. US$10. MAPA PP. 70-1, MAPA DE BOLSO D18

Construído em 1832, este elegante edifício federalista oferece um raro panorama sobre a vida cotidiana em Nova York na década de 1850. A casa foi comprada por Seabury Tredwell, um rico negociante de metais, em 1835, quando a área já era um subúrbio promissor de classe média. Grande parte do interior da casa de meados do século XIX permanece intocado, devido sobretudo ao empenho da filha de Seabury, Gertrude, que morou aqui até 1933. Três anos depois, a casa tornou-se um museu, onde estão expostos móveis feitos pelos melhores marceneiros de Nova York, as camas de mogno com dossel e os sininhos de latão no porão, usados para chamar os criados.

COOPER UNION – FOUNDATION BUILDING

7 E 7th St, Cooper Square, entre Third e Fourth aves. Metrô N, R para 8th St; nº 6 para Astor Place ☎212/353-4100, Ⓦwww.cooper.edu. MAPA PP. 70-1, MAPA DE BOLSO D18

Erguido em 1859 pelo rico industrial Peter Cooper (1791-1883) como um colégio para os pobres, a **Foundation Building of Cooper Union** é mais conhecida como o lugar onde Abraham Lincoln, em 1860, empolgou uma plateia formada pela elite local com um discurso de que "a justiça faz o poder", no qual criticou com veemência as políticas escravagistas dos estados sulistas – um evento fundamental para levá-lo à Casa Branca ainda nesse ano. Em 1909, a fundação foi palco da primeira reunião aberta da Associação Nacional pelo Progresso das Pessoas de Cor, presidida por W.E.B. Du Bois. Hoje em dia, a Cooper Union é uma prestigiosa escola de arte, engenharia e arquitetura, cuja glória no século XIX é evocada por uma estátua do mecenas Cooper, feita por Augustus Saint-Gaudens, diante do saguão. Os guardas desse local normalmente permitem o acesso ao Great Hall, onde uma galeria realiza mostras históricas.

GRACE CHURCH

ST MARK'S PLACE

Metrô N, R para 8th St; nº 6 para Astor Place. MAPA PP. 70-1, MAPA DE BOLSO D18-E18

A principal via do East Village tem nome em vez de número (o qual poderia ser East 8th Street). A **St Mark's Place** se estende do leste da Cooper Union até o Tompkins Square Park. Entre a Third Avenue e a Avenue A, a rua é repleta de bancas de suvenires, lojas de roupas punks e hippie-chics e restaurantes de rede recém-inaugurados, sinalizando o final de um ambiente cheio de personalidade que dominou esta área por anos.

ST MARK'S CHURCH IN-THE-BOWERY

131 E 10th St com Second Ave. Metrô N, R para 8th St; nº 6 para Astor Place ☎212/674-6377, Ⓦwww.stmarksbowery.org. MAPA PP. 70-1, MAPA DE BOLSO D17

Em 1660, o diretor-geral de Nova Amsterdã, Peter Stuyvesant, construiu aqui uma pequena capela próxima à sua fazenda, na qual foi sepultado, em 1672 (agora sua lápide fica numa parede externa). A igreja episcopal que hoje ocupa esse espaço foi concluída em 1799 acima de sua sepultura e exibe um pórtico neoclássico que foi acrescentado meio século depois. A igreja continua sediando cultos e normalmente fica trancada – vá ao escritório no segundo andar (porta lateral) e alguém o deixará entrar para ver os belos vitrais. Na década de 1950, os poetas beat faziam leituras aqui, e mais tarde, na década de 1960, teve início o **St Mark's Poetry Project** (Ⓦwww.poetryproject.com), com o intuito de promover mudanças artísticas e sociais. A igreja ainda é um importante polo cultural, com leituras de poesia às segundas, quartas e sextas a partir das 20h, apresentações de dança dentro do Danspace Project (Ⓦwww.danspaceproject.org) e peças do Incubator Arts Project (Ⓦwww.incubatorarts.org)

UKRAINIAN MUSEUM

222 E 6th St entre Second e Third aves. Metrô N, R para 8th St; nº 6 para Astor Place ☎212/228-0110, Ⓦwww.ukrainianmuseum.org. Qua-dom 11h30-17h. US$8. MAPA PP. 70-1, MAPA DE BOLSO D18

Especializado na história da comunidade de imigrantes da Ucrânia, o museu tem em seu acervo itens étnicos como trajes e muitos dos famosos ovos pintados ucranianos. O museu também promove palestras.

RUSSIAN & TURKISH BATHS

268 E 10th St entre First Ave e Ave A. Metrô L para First Ave ☎212/674-9250, Ⓦwww.russianturkishbaths.com. Seg, ter, qui, sex 12h-22h, qua 10h-22h, sáb 9h-22h, dom 8h-22h. US$35. MAPA PP. 70-1, MAPA DE BOLSO E17

Ainda um marco no bairro, esta casa de banhos tem uma piscina gelada, sauna russa (alimentada por rochas incandescentes), uma sauna moderna com madeira de cerejeira e uma sauna a vapor turca, além de salas de massagem e um restaurante. Sabonete, toalha, roupão e chinelos são grátis. Veja os horários de sessões mistas e separadas por sexo no site.

TOMPKINS SQUARE PARK

Metrô L para First Ave; N, R para 8th St; nº 6 para Astor Place. MAPA PP. 70-1.
MAPA DE BOLSO F17-F18

Cercado pelas avenidas A e B e pelas ruas East 7th e East 10th, o **Tompkins Square Park** foi um dos pontos mais usados para protestos políticos com ideias radicais. Nos anos 1960, havia manifestações regularmente por aqui. Na década de 1980, o parque tornou-se um refúgio de sem-tetos, que foram expulsos em 1991. Hoje, possui playground, pista para cães e um festival de jazz no verão. O famoso saxofonista e compositor Charlie "Bird" Parker morou no nº 151 da Avenue B, uma casa de 1849, caiada de branco e com entrada gótica (fechada ao público). Bird viveu aqui de 1950 até 1954, quando morreu de hemorragia causada por uma pneumonia.

ALPHABET CITY

Metrô L para First Ave; N, R para 8th St; nº 6 para Astor Place. MAPA PP. 70-1.
MAPA DE BOLSO F18

Com nome inspirado nas avenidas A-D, onde a ilha se estende para o leste além do traçado estrutural da cidade, **Alphabet City** até pouco tempo era notoriamente perigosa, com edifícios decadentes onde havia pontos de venda de heroína. Hoje em dia é uma das áreas mais fortemente revitalizadas de Manhattan: a criminalidade diminuiu, muitos terrenos vazios viraram jardins comunitários e as ruas atraem jovens endinheirados na faixa de 20 anos e turistas mais ousados. A **Avenue D** continua sem graça, mas as outras avenidas têm bares, cafés e lojas que estão entre os mais interessantes da cidade.

COMMUNITY GARDENS

Metrô L para First Ave; N, R para 8th St; nº 6 para Astor Place. MAPA PP. 70-1.
MAPA DE BOLSO F18

Na década de 1970, partes enormes do East Village foram devastadas por incêndios, pois cortes orçamentários da Prefeitura levaram ao fechamento de muitos postos de bombeiros. Fundado por moradores em 1978, o Green Thumb ajudou a transformar terrenos vagos em vibrantes áreas verdes, que embelezam a Lower Manhattan. Confira o jardim na **East 6th Street com Avenue B**, repleto de flores silvestres, rosas, árvores e legumes. Outros jardins dignos de nota são o sereno **6 B/C Botanical Garden**, na East 6th Street entre B e C, e o **Loisaida Garden**, situado na East 4th Street entre B e C.

TOMPKINS SQUARE PARK

Lojas

EAST VILLAGE CHEESE STORE

40 Third Ave entre E 9th e 10th sts. Metrô R, W para 8th St; nº 6 para Astor Place. Diariam 8h30-18h30. MAPA PP. 70-1, MAPA DE BOLSO D17

A loja de queijos mais acessível da cidade expõe em sua vitrine peças inteiras de aroma penetrante e vende fatias por poucos dólares (somente em dinheiro).

KIEHL'S

109 Third Ave com E 13th St. Metrô L para Third Ave St. Seg-sáb 10h-20h, dom 11h-18h. MAPA PP. 70-1, MAPA DE BOLSO E17

Com 150 anos, esta farmácia exclusiva vende sua própria linha de cremes, sabonetes e óleos clássicos à base de ingredientes naturais.

OTHER MUSIC

15 E 4th St entre Broadway e Lafayette St. Metrô nº 6 para Astor Place. Seg-sex 11h-21h, sáb 12h-20h, dom 12h-19h.
MAPA PP. 70-1, MAPA DE BOLSO D18

Com a maior variedade de indie-rock e vanguarda da cidade, aqui os discos ficam divididos nas categorias "In", "Out" e "Then".

SCREAMING MIMI'S

382 Lafayette St com E 4th St. Metrô nº 6 para Bleecker St ou Astor Place. Seg-sáb 12h-20h, dom 13h-19h. MAPA PP. 70-1, MAPA DE BOLSO D18

Um dos brechós mais consolidados de Manhattan, o *Screaming Mimi's* oferece roupas, bolsas, sapatos e itens para casa a preços razoáveis.

ST MARK'S BOOKSHOP

31 Third Ave com E 9th St. Metrô nº 6 para Astor Place. Seg-sáb 10h-0h, dom 11h-0h. MAPA PP. 70-1, MAPA DE BOLSO D18

Fundada em 1977 para atender o pessoal erudito da NYU, esta livraria tem obras de teoria cultural, design gráfico, poesia, cinema e imprensa estrangeira.

ST MARK'S BOOKSHOP

ST MARK'S COMICS

11 St Mark's Place entre Second e Third aves. Metrô nº 6 para Astor Place. Seg e ter 10h-23h, qua 9h-1h, qui-sáb 10h-1h, dom 11h-23h. MAPA PP. 70-1, MAPA DE BOLSO D18

Local de peregrinação para fãs do mundo inteiro de gibis, mangás e graphic novel, possui raridades antigas.

STRAND BOOKSTORE

828 Broadway com E 12th St. Metrô N, R, Q, L, nº 4, nº 5, nº 6 para Union Square. Seg-sáb 9h30-22h30, dom 11h-22h30. MAPA PP. 70-1, MAPA DE BOLSO D17

Com cerca de 28km de livros e um estoque de mais de 2,5 milhões de obras, este é indiscutivelmente o maior sebo em funcionamento em Nova York. Há também obras novas e reedições recentes.

TRASH 'N' VAUDEVILLE

4 St Mark's Place entre Second e Third aves. Metrô nº 6 para Astor Place. Seg-qui 12h-20h, sex 11h30-20h30, sáb 11h30-21h, dom 13h-19h30. MAPA PP. 70-1, MAPA DE BOLSO D18

Formada por duas lojas sobrepostas, esta é uma meca dos estilos gótico e punk desde a década de 1970. Aqui você encontra ótimas roupas novas e "antigas" no verdadeiro espírito do East Village.

Cafés e lanchonetes

ARTICHOKE

328 E 14th St entre First e Second aves. Metrô L para First Ave. Diariam 11h-17h. MAPA PP. 70-1, MAPA DE BOLSO E17

Vende até de madrugada quatro opções fabulosas de pizza em fatias para viagem: a suntuosa Sicilian (US$4) de queijo, a Margarita (US$4), de caranguejo (US$4,50) e a de alcachofra e espinafre com um molho cremoso (US$4,50). Aberto até 5h sex-sáb.

B & H

127 Second Ave entre E 7th St e St Mark's Place. Metrô nº 6 para Astor Place. Diariam 7h-23h. MAPA PP. 70-1, MAPA DE BOLSO E18

Com boas opções vegetarianas, esta lanchonete minúscula serve sopa caseira, challah e latkes. Os clientes podem criar combinações de suco para tomar na hora ou para viagem.

BAOGUETTE

37 St Mark's Place com Second Ave. Metrô nº 6 para Astor Place. Dom-qui 11h-0h, sex e sáb 11h-2h. MAPA PP. 70-1, MAPA DE BOLSO E18

Pequeno e moderno, este lugar faz sanduíches banh mi do Vietnã por US$6,50 para viagem, assim como um ótimo bagre apimentado (US$7,50), talharins fritos e pratos à base de arroz (a partir de US$9).

CAFÉ MOGADOR

101 St Mark's Place entre First Ave e Ave A. Metrô nº 6 para Astor Place. Dom-qui 9h-1h, sex e sáb 9h-14h. MAPA PP. 70-1, MAPA DE BOLSO E18

Jovens bem-sucedidos são os principais clientes deste romântico café marroquino. É sempre cheio e o atendimento é lento, mas a comida compensa a espera. Peça a charmoulla com frango ou cordeiro. O brunch (sáb-dom 9h-16h) é especialmente bom, com pratos principais delicados, como eggs champignon (ovos, cogumelos e queijo), servidos com suco de laranja, café ou chá por apenas US$12.

CRIF DOGS

113 St Mark's Place entre First Ave e Ave A. Metrô nº 6 para Astor Place. Dom-qui 12h-2h, sex e sáb 12h-4h. MAPA PP. 70-1, MAPA DE BOLSO E18

Os fãs de cachorro-quente adoram essas salsichas fritas reluzentes e saborosas (a partir de US$2,75) no estilo Philly e cobertas com queijo ou guarnecidas com abacate e bacon.

POMMES FRITES

123 Second Ave entre E 7th St e St Mark's Place. Metrô nº 6 para Astor Place. Dom-qui 11h30-1h, sex e sáb 11h30-3h30. MAPA PP. 70-1, MAPA DE BOLSO E18

Consideradas por muitos como as melhores batatas fritas de Nova York, podem ser pedidas com molhos belgas bem pegajosos. Imagine opções como maionese de alecrim e alho ou ketchup com curry (US$4,50-7,75).

VENIERO'S

PORCHETTA

110 E 7th St, entre First Ave e Ave A. Metrô nº 6 para Astor Place. Dom-qui 11h30-22h, sex e sáb 11h30-23h. MAPA PP. 70-1, MAPA DE BOLSO E18

Lojinha de pedidos para viagem (com alguns bancos e um balcão) que conquistou uma clientela fiel graças aos sanduíches de porchetta da Toscana (US$10) e aos de ciabatta com recheio de porco assado e maturado.

SARITA'S MAC & CHEESE

345 E 12th St entre Second e First aves. Metrô L para First Ave. Diariam 11h-23h. MAPA PP. 70-1, MAPA DE BOLSO E17

Mate a vontade de comer macarrão com queijo neste lugar caseiro, que oferece dez variedades do prato, mesclando cheddar, gruyère, brie e queijo de cabra com ervas e carnes. As porções vêm em três tamanhos: nosh, major munch ou mongo (US$4,75-19).

VENIERO'S PASTICCERIA & CAFFÉ

342 E 11th St entre First e Second aves. Metrô L para First Ave; nº 6 para Astor Place. Dom-qui 8h-0h, sex e sáb 8h-1h. MAPA PP. 70-1, MAPA DE BOLSO E17

Uma instituição no East Village, desde 1894 seduz o bairro com cheesecakes (US$4,50), tiramisu (US$5,25) e doces italianos. A torta de amêndoas (US$4,75) é o doce mais famoso. Pegue uma mesa sobre o velho piso de mármore ou peça para viagem.

VESELKA

144 Second Ave com E 9th St. Metrô nº 6 para Astor Place. Diariam 24h. MAPA PP. 70-1, MAPA DE BOLSO E17

Esta conhecida lanchonete ucraniana é parte do East Village desde os anos 1960. Oferece borscht caseiro a partir de US$4,75, linguiça kielbasa (US$15,95), pierogi (US$6,95) e ótimos búrgueres.

VESELKA

Restaurantes

BOCA CHICA

13 First Ave com E 1st St. Metrô F para Lower East Side-Second Ave. Seg-qui 17h-23h, sex e sáb 17h-23h30, dom 12h-23h. MAPA PP. 70-1, MAPA DE BOLSO E19

A comida autêntica da América Latina é farta e acompanhada de cerveja preta e drinques tropicais. Tudo é bom, mas os pratos com camarão são excepcionais.

BRICK LANE CURRY HOUSE

306 E 6th St entre First e Second aves. Metrô nº 6 para Astor Place ☎ 212/979-8787. Dom-qui 12h-23h, sex e sáb 12h-1h. MAPA PP. 70-1, MAPA DE BOLSO E18

Renda-se ao melhor indiano no East Village, que oferece uma ampla seleção de favoritos tradicionais (US$14-20).

GRAFFITI FOOD & WINE BAR

244 E 10th St entre First e Second aves. Metrô L para First Ave; nº 6 para Astor Place ☎ 212/677-0695. Ter e dom 17h30-22h30, qua-sáb 17h30-23h45. MAPA PP. 70-1, MAPA DE BOLSO E17

O chef Jehangir Mehta aposta numa fusão de sabores da China, dos EUA e da Índia neste espaço bonito com quatro mesas e pratos na faixa de US$7-15, que incluem bolinhos de porco picantes e foie gras com crostini de framboesa.

EAST VILLAGE

HASAKI

210 E 9th St com Stuyvesant St. Metrô nº 6 para Astor Place ☎ 212/473-3327. Seg e ter 17h30-23h, qua-sex 12h-15h e 17h30-23h, sáb e dom 13h-16h e 17h30-23h30. MAPA PP. 70-1, MAPA DE BOLSO D17

Este lugar apertado serve sushis muito famosos na cidade. Sente-se no balcão e os chefs o farão cair em sucessivas tentações com iguarias improvisadas (cinco pedaços a partir de US$23).

HECHO EN DUMBO

354 Bowery entre Great Jones e E 4th sts. Metrô nº 6 para Astor Place ☎ 212/937-4245. Seg-qui 11h30-16h e 17h30-24h, sex e sáb 11h30-16h e 17h30-2h, dom 11h30-16h e 17h30-23h. MAPA PP. 70-1, MAPA DE BOLSO D18

Este autêntico diner mexicano migrou do outro lado do rio East em 2010, mas continua a servir deliciosos pratos pequenos (US$8-12) e culinária contemporânea da Cidade do México, como carne curada, confit de perna de cordeiro e uma criativa seleção de tacos e burritos (US$9-13).

IL POSTO ACCANTO

190 E 2nd Street entre aves A e B. Metrô F para Lower East Side-Second Ave ☎ 212/228-3562. Seg 17h30-3h, ter-sex 12h-3h, sáb e dom 12h-3h30 e 17h30-3h. MAPA PP. 70-1, MAPA DE BOLSO E18

Tente conseguir uma mesa de madeira elevada neste pequeno restaurante e bar de vinhos que serve diversos tintos italianos na taça. Dá para comer muito bem pedindo as excelentes massas (US$12-15), paninis (US$8) e pratos do gênero. Pode ficar lotado, assim como o popular restaurante afiliado ao lado (*Il Bagatto*).

IPPUDO

65 Fourth Ave, entre E 9th e E 10th sts. Metrô nº 6 para Astor Place ☎ 212/228- 3562. 212/388-0088. Seg-sex 11h-15h30 e 17h-23h30, sáb-dom 11h-0h30.
MAPA PP. 70-1, MAPA DE BOLSO D17

O primeiro restaurante no exterior do "rei do rámen" de Fukuoka, Shigemi Kawahara, este popular estabelecimento especializado em noodles oferece tigelas fumegantes do clássico macarrão em estilo *tonkotsu* por US$15, assim como deliciosos bolinhos de porco.

JACK'S LUXURY OYSTER BAR

101 Second Ave com 6th St. Metrô nº 6 para Astor Place ☎ 212/979-1012. Seg-qui 18h-23h, sex e sáb 18h-24h. MAPA PP. 70-1, MAPA DE BOLSO E18

Ideal para um encontro romântico, este lugar intimista de apenas 24 lugares serve pratos desconstruídos, como pasta de polvo, e porções de ostras afrodisíacas.

MAMA'S FOOD SHOP

200 E 3rd St entre aves A e B. Metrô F para Lower East Side-Second Ave ☎ 212/777-4425. Ter-sex 16h-23h, sáb e dom 16h-23h.
MAPA PP. 70-1, MAPA DE BOLSO F18

A soul food saborosa, caseira e barata vem em porções enormes, a exemplo do frango frito e da tilápia salteada a partir de US$12,50 com batatas-doces ou mac and cheese. Outras especialidades são bolo de carne e legumes ao forno.

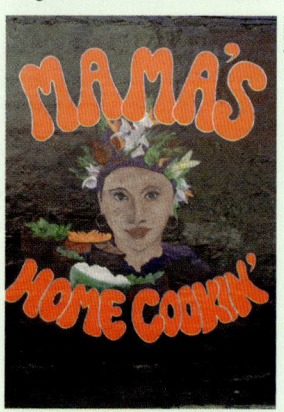

EAST VILLAGE

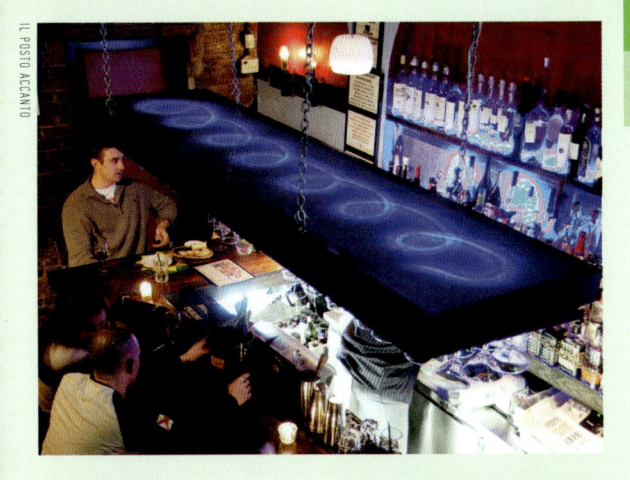

MERMAID INN

96 Second Ave entre E 5th e 6th sts. Metrô nº 6 para Astor Place ☎ 212/674-5870. Seg 17h30-22h, ter-qui 17h30-23h, sex e sáb 17h-23h30, dom 17h-22h. MAPA PP. 70-1, MAPA DE BOLSO E18

Restaurante de frutos do mar com pratos simples e uma atmosfera que lembra o Maine. Há um balcão excelente de opções cruas e os pratos do dia dependem dos fornecedores. Os destaques incluem os saborosos moluscos (US$10) e o sanduíche de lagosta (US$26).

MOMOFUKU NOODLE BAR

171 First Ave entre E 10th e E 11th sts. Metrô L para First Ave; nº 6 para Astor Place ☎ 212/777-7773. Seg-qui e dom 12-16h30 e 17h30-23h, sex e sáb 12h-16h30 e 15h30-2h. MAPA PP. 70-1, MAPA DE BOLSO E17

No primeiro restaurante do célebre chef David Chang a grande pedida são suas criações mais simples: trouxinhas de porco no vapor, finalizadas com molho hoisin e conserva de pepino (US$10), ou tigelas fumegantes de talharim com frango e porco (US$16). Confira os outros empreendimentos de Chang no bairro: o *Momofuku Bakery & Milk Bar* (251 E 13th St, na Second Ave; diariam 9h-24h) serve doces.

MOTORINO

349 E 12th St, perto da First Ave. Metrô L para First Ave ☎ 212/777-2644. Seg-qui e dom 11h-24h, sex e sáb 11h-1h. MAPA PP. 70-1, MAPA DE BOLSO E17

Entre as melhores pizzas da cidade, oferece uma stracciatella de dar água na boca (manjericão, azeite e sal marinho) e uma obra-prima com mariscos.

PRUNE

54 E 1st St entre First e Second aves. Metrô F para Lower East Side-Second Ave ☎ 212/677-6221. Seg-sex 11h30-15h30 e 17h30-23h, sáb e dom 10h-15h30 e 17h30-23h. MAPA PP. 70-1, MAPA DE BOLSO E19

Apertado e sempre surpreendente, este moderno bistrô americano é uma das grandes aventuras gastronômicas da cidade. Há pratos como miúdos de vitela envoltos em bacon, robalo salteado com temperos berberes e sorvete de coalhada com bomba de pistache. No fim de semana, o brunch é animado por mais de dez variedades de Bloody Mary.

Bares

ANGEL'S SHARE

8 Stuyvesant St entre E 9th St e Third Ave. Metrô nº 6 para Astor Place. Dom-qua, 18h-2h30, qui 18h-2h, sex e sáb 18h-1h30. MAPA PP. 70-1, MAPA DE BOLSO D17

Este sereno recanto japonês é ótimo para paquerar e serve drinques famosos na cidade. Fica, porém, um tanto escondido no andar de cima do restaurante *Yokocho*.

BOURGEOIS PIG

111 E 7th St entre First Ave e Ave A. Metrô L para First Ave; nº 6 para Astor Place. Dom-qui 17h-2h, sex e sáb 17h-3h. MAPA PP. 70-1, MAPA DE BOLSO E18

O tema decadente de Versailles neste bar de vinhos, repleto de paredes espelhadas e sofás de tom carmim, é reforçado pela extensa carta de drinques (a partir de US$12).

BURP CASTLE

41 E 7th St entre Second e Third aves. Metrô nº 6 para Astor Place. Seg-sex 17h-4h, sáb e dom 16h-4h. MAPA PP. 70-1, MAPA DE BOLSO D18

Os barmen usam hábitos de monge, a trilha é de música coral e você acaba sendo impelido a sussurrar. Há, porém, mais de 550 tipos de cerveja.

KGB BAR

85 E 4th St com Second Ave. Metrô F para Lower East Side-Second Ave; nº 6 para Astor Place. Diariam 19h-4h. MAPA PP. 70-1, MAPA DE BOLSO E18

Bar escuro no segundo andar, era o clube social de socialistas ucranianos na década de 1950, mas agora é conhecido pelas leituras sob a marquise.

MANITOBA'S

99 Ave B entre E 6th e 7th sts. Metrô L para First Ave; nº 6 para Astor Place. Diariam 14h-4h. MAPA PP. 70-1, MAPA DE BOLSO F19

Dirigido por Dick Manitoba, vocalista da banda punk The Dictators, tem um jukebox vibrante e um clima descontraído, apreciados por quem sai para beber.

MCSORLEY'S OLD ALE HOUSE

15 E 7th St entre Second e Third aves. Metrô nº 6 para Astor Place. Seg-sáb 11h-1h, dom 13h-1h. MAPA PP. 70-1, MAPA DE BOLSO D18

Apesar de repleto de turistas e de estudantes da NYU, você fica imerso em história neste bar lendário aberto em 1854 – o mais antigo da cidade. Hoje, serve apenas sua própria cerveja – clara ou preta.

ZUM SCHNEIDER

107 Ave C com E 7th St. Metrô L para 1st Ave; nº 6 para Astor Place. Seg-qui 17h-1h, sex 16h-4h, sáb 13h-4h, dom 13h-1h. MAPA PP. 70-1, MAPA DE BOLSO F18

Típica cervejaria alemã com jardim interno, tem uma megalista de cervejas e salsichas.

Casas noturnas

JOE'S PUB

Public Theater, 425 Lafayette St entre Astor Place e E 4th St. Metrô nº 6 para Astor Place ☎212/539-8770. MAPA PP. 70-1, MAPA DE BOLSO D18

A palavra "pub" fica aquém

deste lugar noturno que apresenta grande variedade de musicais, cabarés e peças teatrais. Shows todas as noites às 19h30, 21h30 e 23h (couvert US$6-50).

PYRAMID CLUB

101 Ave A entre E 6th e 7th sts. Metrô L para First Ave; nº 6 para Astor Place ☎212/228-4888. Ter e qui-sáb 8h-16h, dom 9h-13h. MAPA PP. 70-1, MAPA DE BOLSO E18

Este pequeno clube é um pilar no East Village há anos. A noite de sábado é de new wave e britpop (US$6), terça é de concurso musical aberto (US$10), mas o destaque é a concorrida noite dançante dos anos 1980 todas as quintas-feiras (US$7).

WEBSTER HALL

125 E 11th St, entre Third e Fourth aves. Metrô N, Q, R, L, nº 4, nº 5, nº 6 para Union Square. ☎ 212/353-1600, www.websterhall.com. Casa noturna qui-sáb 22h-4h. Couvert US$10-35. MAPA PP. 70-1, MAPA DE BOLSO F17

Em quatro andares, o público jovem e descolado que vem ouvir electro mash-up sex-sáb garante as noitadas.

Música e poesia ao vivo

BOWERY POETRY CLUB

308 Bowery com Bleeker St. Metrô F para Lower East Side-Second Ave; nº 6 para Bleecker St ☎212/614-0505, www.bowerypoetry.com. Seg-sex 16h-4h, sáb e dom 12h-4h. MAPA PP. 70-1, MAPA DE BOLSO D19

Com uma iluminação muito aconchegante, realiza o evento Urbana Poetry Slam toda terça-feira à noite às 19h (US$7), o que propicia conhecer as vozes mais inovadoras da poesia na cidade.

NUYORICAN POETS CAFÉ

236 E 3rd St entre aves B e C. Metrô F para Lower East Side-Second Ave ☎212/505-8183, www.nuyorican.org. Shows ter-dom a partir de 19h. MAPA PP. 70-1, MAPA DE BOLSO F18

Pioneiro dos bares de improviso, volta e meia apresenta astros da poesia que aparecem sem avisar. SlamOpen na quarta às 21h (exceto na primeira quarta do mês) e na sexta é a Night Slam (22h), que custam respectivamente US$7 e US$10.

OTTO'S SHRUNKEN HEAD

538 E 14th St, entre aves A e B. Metrô L para First Ave ☎212/228-2240, www.ottosshrunkenhead.com. Seg-sex 12h-4h, sáb e dom 16h-4h. MAPA PP. 70-1, MAPA DE BOLSO F17

Não há como ignorar este bar no East Village, que recebe bandas indie e punk rock ao vivo, e oferece algumas das noitadas dançantes mais conhecidas da ilha. Nos fins de semana também faz festas de rock e punk. Em geral, não cobra couvert.

West Village

Para muitos turistas o West Village, em Greenwich Village – ou simplesmente "the Village" – é o bairro mais querido de Nova York. Com refinadas casas nos estilos federalista e grego revival, é movimentado até tarde da noite e tem restaurantes, bares e cafés aconchegantes em cada esquina – o que atraiu boêmios para cá por volta do início da Primeira Guerra Mundial. A área foi um solo fértil para artistas e intelectuais combativos num tempo de aluguéis baratos, e as casas noturnas e os teatros off-Broadway do bairro passaram a definir a vida no Village, abrindo caminho para grupos e músicos da contracultura na década de 1960; John Coltrane, Bob Dylan e Jimmy Hendrix iniciaram a carreira aqui. Hoje, a parte central do Village é dominada pelo vasto campus da New York University, o que dá um vigor juvenil a este recanto badalado, histórico e cada vez mais caro de Manhattan.

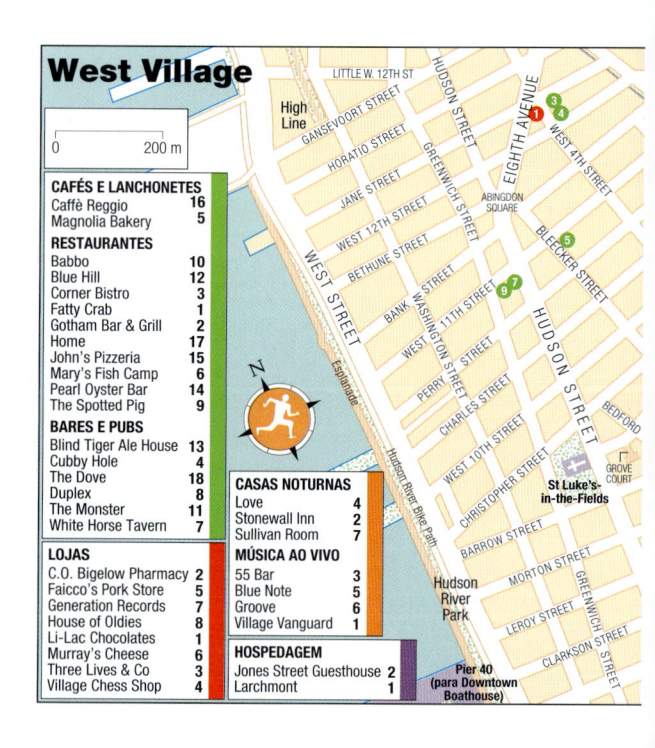

West Village

CAFÉS E LANCHONETES
Caffè Reggio	16
Magnolia Bakery	5

RESTAURANTES
Babbo	10
Blue Hill	12
Corner Bistro	3
Fatty Crab	1
Gotham Bar & Grill	2
Home	17
John's Pizzeria	15
Mary's Fish Camp	6
Pearl Oyster Bar	14
The Spotted Pig	9

BARES E PUBS
Blind Tiger Ale House	13
Cubby Hole	4
The Dove	18
Duplex	8
The Monster	11
White Horse Tavern	7

LOJAS
C.O. Bigelow Pharmacy	2
Faicco's Pork Store	5
Generation Records	7
House of Oldies	8
Li-Lac Chocolates	1
Murray's Cheese	6
Three Lives & Co	3
Village Chess Shop	4

CASAS NOTURNAS
Love	4
Stonewall Inn	2
Sullivan Room	7

MÚSICA AO VIVO
55 Bar	3
Blue Note	5
Groove	6
Village Vanguard	1

HOSPEDAGEM
Jones Street Guesthouse	2
Larchmont	1

WASHINGTON SQUARE PARK

Metrô A, B, C, D, E, F para West 4th St; N, R para 8th St. MAPA PP. 82-3, MAPA DE BOLSO C18

O centro natural do Village é o **Washington Square Park**, citado no romance *Washington square*, de 1880, de Henry James. A cidade concluiu uma reforma ampla do parque em 2012, mas apenas a fileira de elegantes mansões em estilo grego revival em sua orla norte – as "sólidas e honradas moradias" descritas por James – relembra aos visitantes o passado mais ilustre da área. Hoje, todas essas mansões pertencem à New York University (NYU). O monumento mais imponente no parque é o **Arco Triunfal** de Stanford White, feito em 1892 para comemorar o centenário da posse do presidente George Washington. Nos meses com clima mais agradável, na primavera e no verão, a praça se torna uma mescla de pista de corrida, lugar de apresentações e de grandes torneios de xadrez, e polo da vida social. A atmosfera é fervilhante, enquanto skatistas fazem acrobacias, cães correm e ouve-se o som de violões em meio a artistas querendo chamar a atenção das massas.

CHURCH OF THE ASCENSION

Fifth Ave com W 10th St. Metrô N, Q, R, L, nº 4, nº 5, nº 6 para Union Square; F, L na 14th St ☎ 212/254-8620, Ⓦ www.ascensionnyc.org. Seg-sáb 12h-13h, cultos dom às 9h, 11h e 18h. Grátis. MAPA PP. 82-3, MAPA DE BOLSO C17

Construída em 1841 por Richard Upjohn (arquiteto da Trinity Church), a pequena **Church of the Ascension** foi redecorada por Stanford White e posteriormente restaurada. Vale a pena entrar para ver a pintura com matizes graciosos de La Farge no altar, além de alguns vitrais.

FORBES GALLERIES

62 Fifth Ave com W 12th St. Metrô N, Q, R, L, nº 4, nº 5, nº 6 para Union Square; F, L na 14th St ☎ 212/206-5548, Ⓦ www.forbesgalleries.com. Ter, qua, sex e sáb 10h-16h. Grátis. MAPA PP. 82-3, MAPA DE BOLSO C17

Este museu abriga uma coleção extravagante de tesouros acumulados pela família Forbes, dona do império editorial. Aqui estão 10 mil soldadinhos de chumbo, mais de 500 maquetes de barcos e antigos tabuleiros do jogo de estratégia Monopoly, que encantam tanto aficionados quanto crianças. O museu também realiza exposições temporárias de diversos tipos de obras de arte em suas galerias, desde histórias em quadrinhos até joias art déco.

JEFFERSON MARKET COURTHOUSE E PATCHIN PLACE

425 Sixth Ave com W 10th St. Metrô A, B, C, D, E, F, M para West 4th St; nº 1 para Christopher St-Sheridan Sq ☎ 212/243-4334. Biblioteca seg, qua 9h-20h, ter e qui 9h-19h, sex e sáb 10h-17h. MAPA PP. 82-3, MAPA DE BOLSO B17

Conhecido por sua inconfundível torre do relógio, o imponente **Jefferson Market Courthouse**, do século XIX, é um edifício em estilo vitoriano adornado com gárgulas. Inicialmente foi um mercado coberto, mas teve encarnações como posto do corpo de bombeiros, cadeia e centro de detenção feminino até se tornar a atual biblioteca pública. Vizinho a ele e abrindo-se para a 10th Street, o **Patchin Place** (fechado ao público) é um minúsculo retiro construído em 1848, cujas fileiras ordenadas de casas geminadas tiveram entre os moradores a reclusa Djuna Barnes por mais de 40 anos, assim como os escritores e.e. cummings, Ezra Pound e Eugene O'Neill, e o ator Marlon Brando.

BLEECKER STREET

Metrô A, B, C, D, E, F, M para West 4th St; nº 1 para Christopher St-Sheridan Sq. MAPA PP. 82-3, MAPA DE BOLSO B18

Atravessando a Bowery até a Hudson Street, a **Bleecker**

BLEECKER STREET

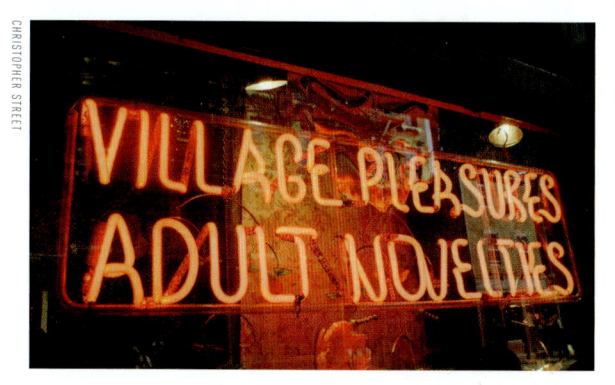

Street, com sua concentração de lojas, bares e restaurantes de apelo turístico, equivale de certo modo à Main Street do Village. A rua dá numerosos motivos para você vir até aqui: cafés abertos o dia todo, bares funcionando até de madrugada, lojas de discos baratas, padarias e empórios tradicionais, e bons restaurantes e pizzarias.

Na Sixth Avenue, a **Our Lady of Pompeii Church**, construída em estilo renascentista italiano em 1929, evoca o passado italiano da área; o açougue *Faicco's*, o *Rocco's* (conhecido pelo delicioso canoli) e a célebre delicatessen *Murray's Cheese* (p. 87) continuam lá. Bob Dylan morou no nº 161 da West 4th St, e a capa de seu disco de 1963 *Freewheelin'* foi fotografada na Jones St, a poucos passos da Bleecker.

mente, porém, a área é conhecida por um dos piores e mais sangrentos levantes de Nova York, no qual uma multidão de saqueadores se reuniu aqui em 1863 e atacou membros da comunidade negra. Outro confronto violento se deu aqui em 1969 entre policiais e gays no bar Stonewall. O episódio histórico motivou o **Monumento da Libertação Gay**, de George Segal, inaugurado em 1992. Mais ao norte, o nº 66 da Perry St, entre a Bleecker e a West 4th Street, foi usado como fachada do apartamento de Carrie em *Sex and the city*, e a elogiada *Magnolia Bakery*, na Bleecker com West 11th St (p. 88) é outra atração. Diz a lenda que a histórica *White Horse Tavern*, na West 11th Street com Hudson, é onde Dylan Thomas tomou seu último drinque (p. 90).

SHERIDAN SQUARE E CHRISTOPHER PARK

Metrô nº 1 para Christopher St-Sheridan Sq.
MAPA PP. 82-3, MAPA DE BOLSO B18

Confusamente, o **Christopher Park** tem uma estátua pomposa do general Sheridan, comandante de cavalaria na Guerra Civil, mas a **Sheridan Square** fica logo abaixo, na confluência da West 4th Street com a Washington Place. Historica-

CHRISTOPHER STREET

Metrô nº 1 para Christopher St-Sheridan Sq.
MAPA PP. 82-3, MAPA DE BOLSO B18

A principal artéria gay do Village se estende da Sixth Avenue até a West Street e concentra uma profusão de bares gays, sex shops e cafés. No fim de semana, o clima de paquera na rua continua forte, embora não se restrinja mais ao segmento gay como no passado.

BEDFORD STREET

BEDFORD STREET

Metrô nº 1 para Christopher St-Sheridan Sq.
MAPA PP. 82-3, MAPA DE BOLSO B18

A **Bedford Street**, que parte da Seventh Avenue para o oeste, é um dos endereços mais tranquilos e cobiçados do Village. Edna St Vincent Millay, a jovem poeta e dramaturga, morou no nº 75 1/2. Com apenas 2,7m de largura, esta é uma das casas mais estreitas da cidade. A seu lado, no nº 77, a **Isaacs-Hendricks House**, construída em 1799 com tijolos e ripas, é a casa mais antiga no Village. O prédio no nº 90, na esquina com a Grove Street (acima da *Little Owl*), serviu de fachada do apartamento de Monica em *Friends*, embora o seriado de TV fosse totalmente filmado em estúdios em L.A. Em frente, no nº 17 da Grove Street, a casa emoldurada em madeira e datada de 1822 é uma das mais preservadas da cidade.

GROVE STREET

Metrô nº 1 para Christopher St-Sheridan Sq.
MAPA PP. 82-3, MAPA DE BOLSO B18

Na *Little Owl* vire à esquerda na **Grove Street** e você logo verá a Grove Court, um dos pequenos retiros mais atraentes e exclusivos do bairro. Na direção da Seventh Avenue na Grove Street, fique de olho no *Marie's Crisis Café* no nº 59. Hoje um piano-bar gay, aqui havia quartos de aluguel onde o revolucionário escritor e filósofo inglês Thomas Paine morreu, em 1809. Paine, execrado na Inglaterra por seu apoio às revoluções americana e francesa, foi o autor dos três panfletos mais vendidos no século XVIII; *Senso Comum*, publicado em 1776, teve o mérito de tornar a opinião pública favorável à independência dos EUA. O edifício atual é datado de 1839 e o nome do café se inspira parcialmente no primoroso ensaio de Paine *The American Crisis*.

ST LUKE'S PLACE

Metrô nº 1 para Christopher St-Sheridan Sq.
MAPA PP. 82-3, MAPA DE BOLSO B18

Uma quadra ao sul da Bedford Street há uma parte da Leroy Street, conhecida como **St. Luke's Place**; o nº 10 foi usado como fachada da casa de Cosby (do famoso seriado de TV dos anos 1980), e o nº 6 foi residência de Jimmy Walker, um extravagante prefeito de Nova York na década de 1920.

DOWNTOWN BOATHOUSE

Pier 40, no final da Houston St. ☎ 212/229-2114. Ⓦ www.downtownboathouse.org. Meados mai-meados out. MAPA PP. 82-3, MAPA DE BOLSO A19

No fim de semana, esta entidade voluntária oferece passeios grátis de caiaque no **rio Hudson**, junto ao West Village. Só se pode remar em torno dos píeres próximos, mas a vista sensacional e a chance de se exercitar tornam esta opção fabulosa. Menores de 16 anos devem estar na companhia de um adulto.

Lojas

C.O. BIGELOW PHARMACY

414 Sixth Ave entre W 8th e 9th sts. Metrô A, B, C, D, E, F, M para W 4th St; nº 1 para Christopher St. Seg-sex 7h30-21h, sáb 8h30-19h, dom 8h30-17h30. MAPA PP. 82-3, MAPA DE BOLSO C17

Fundada em 1882, esta é a botica mais antiga do país – e sua aparência deixa isso claro, com as prateleiras vitorianas originais ainda em uso. Sua especialidade são remédios homeopáticos.

FAICCO'S PORK STORE

260 Bleecker St entre Morton e Leroy sts. Metrô A, B, C, D, E, F, M para W 4th St. Ter-sex 8h30-18h, sáb 8h-18h, dom 9h-14h. MAPA PP. 82-3, MAPA DE BOLSO B18

Este antigo açougue italiano é conhecido na cidade por vender carnes, produtos da Itália e sanduíches a preço justo.

GENERATION RECORDS

210 Thompson St entre Bleecker e W 3rd sts. Metrô A, B, C, D, E, F, M para W 4th St. Dom-qui 11h-22h, sex e sáb 11h-23h. MAPA PP. 82-3, MAPA DE BOLSO C18

Aqui a preferência é por hardcore, metal e punk, mas também há indie rock. Vende CDs novos e discos de vinil.

HOUSE OF OLDIES

35 Carmine St entre Bleecker St e Bedford St. Metrô A, B, C, D, E, F, M para W 4th St; nº 1 para Houston St. Ter-sáb 10h-17h. MAPA PP. 82-3, MAPA DE BOLSO B18

Esta loja é especializada em discos de vinil raros e fora de catálogo dos anos 1950, 1960 e 1970.

LI-LAC CHOCOLATES

40 Eighth Ave com Jane St. Metrô A, C, E, L, nº 1, nº 2, nº 3 para 14th St. Seg-sáb 12h-20h, dom 12h-17h. MAPA PP. 82-3, MAPA DE BOLSO B17

Aqui são feitos deliciosos chocolates artesanais desde 1923, incluindo calda e miniaturas da Estátua de Liberdade e do Empire State.

MURRAY'S CHEESE

254 Bleecker St com Cornelia St. Metrô A, B, C, D, E, F, M para W 4th St; nº 1 para Christopher St. Seg-sáb 8h-20h, dom 10h-19h. MAPA PP. 82-3, MAPA DE BOLSO B18

A equipe exuberante desta meca de apreciadores de queijo torna a visita mais prazerosa.

THREE LIVES & CO.

154 W 10th St com Waverly Place. Metrô A, B, C, D, E, F, M para W 4th St; nº 1 para Christopher St. Dom 12h-19h, seg-ter 12h-20h, qua-sáb 11h-20h30. MAPA PP. 82-3. MAPA DE BOLSO B18

Excelente livraria com boa seleção de obras de e para mulheres e de literatura em geral.

VILLAGE CHESS SHOP

230 Thompson St entre W 3rd e Bleecker sts. Metrô A, B, C, D, E, F, M para W 4th St. Diariam 24h. MAPA PP. 82-3, MAPA DE BOLSO C18

Kits de xadrez para todos os bolsos desde 1972. Fica lotada de jogadores concentrados.

Cafés e lanchonetes

CAFFÈ REGGIO

119 MacDougal St entre Bleecker e W 3rd sts. Metrô A, B, C, D, E, F para W 4th St. Seg-qui 8h-3h, sex e sáb 8h-16h30, dom 9h-3h. MAPA PP. 82-3, MAPA DE BOLSO C18

Datado de 1927, o café mais antigo no Village exibe uma bela decoração composta de pinturas, antiguidades e esculturas italianas.

MAGNOLIA BAKERY

401 Bleecker St na W 11th St. Metrô nº 1 para Christopher St. Seg-qui e dom 9h-23h30, sex e sáb 9h-12h30. MAPA PP. 82-3, MAPA DE BOLSO B18

Há muitas delícias nesta conhecida padaria, incluindo os famosos cupcakes citados em *Sex and the city*. A unidade custa US$3.

NUM PANG

21 e 12th St com University Place. Metrô L, N, Q, R, nº 4, nº 5, nº 6 para Union Square ☎ 212/255-3271. Seg-sáb 11h-22h, dom 12h-21h. MAPA PP. 82-3, MAPA DE BOLSO C17

Sanduíches excelentes em estilo cambojano são servidos em baguetes de semolina frescas com pimenta chili mayo e picles caseiros. Experimente o porco duroc (US$7,75).

Restaurantes

BABBO

110 Waverly Place entre MacDougal St e Sixth Ave. Metrô A, B, C, D, E, F, M para W 4th St; nº 1 para Christopher St ☎ 212/777-0303. Seg-sáb 17h30-23h30, dom 17h-23h. MAPA PP. 82-3, MAPA DE BOLSO C18

Um dos melhores lugares de massas da cidade, este restaurante de Mario Batali é imperdível para fãs de comida italiana. Peça as "love letters" de menta ou o ravióli de fígado de ganso – embora caros, valem cada centavo.

BLUE HILL

75 Washington Place entre Sixth Ave e Washington Square Park. Metrô A, B, C, D, E, F para W 4th St; nº 1 para Christopher St ☎ 212/539-1776. Seg-sáb 17h30-23h, dom 17h30-22h. MAPA PP. 82-3, MAPA DE BOLSO C18

Opções rústicas dos EUA e da Nova Inglaterra, incluindo sopa de pastinaca e bacalhau no bafo, feitos com excelentes ingredientes sazonais. Prove o rico pudim de pão e chocolate.

CORNER BISTRO

331 W 4th St com Jane St. Metrô A, C, E, L para 14th St ☎ 212/242-9502. Seg-sáb 11h30-4h, dom 12h-4h. MAPA PP. 82-3, MAPA DE BOLSO B17

Taverna despojada e popular, serve cerveja barata e búrgueres (US$6,75) famosos na cidade. Um lugar excelente para relaxar em um clima cordial.

GOTHAM BAR & GRILL

12 E 12th St entre Fifth Ave e University Place. Metrô L, N, Q, R, nº 4, nº 5, nº 6 para Union Sq ☎ 212/620-4020. Seg-qui 12h-14h15 e 17h30-22h, sex 12h-14h15 e 17h30-23h, sáb 17h-23h, dom 17h-22h. MAPA PP. 82-3, MAPA DE BOLSO C17

Um dos melhores restaurantes da cidade, o *Gotham* oferece maravilhosa comida americana. Venha nem que seja só para um drinque no bar, enquanto observa a bonita clientela.

MAGNOLIA BAKERY

HOME

20 Cornelia St entre Bleecker e W 4th sts.
Metrô A, B, C, D, E, F, M para W 4th St; nº 1
para Christopher St ☎ 212/243-9579. Seg-sex
11h30-23h, sáb 10h30-23h, dom 10h30-22h.
MAPA PP. 82-3, MAPA DE BOLSO B18

Um desses restaurantes raros que alia charme e aconchego. A comida americana criativa a preço razoável é sempre saborosa. O almoço (cerca de US$20) sai mais em conta do que o jantar (US$30-40).

JOHN'S PIZZERIA

278 Bleecker St entre Sixth e Seventh aves.
Metrô A, B, C, D, E, F, M para W 4th St; nº 1
para Christopher St ☎ 212/243-1680. Diariam
11h30-23h30. MAPA PP. 82-3, MAPA DE BOLSO B18

Esta pizzaria serve algumas das pizzas em forno a lenha mais apreciadas na cidade devido à massa fina e à crosta torradinha (US$13,75). É preciso entrar na fila por uma mesa. O local não serve fatias.

MARY'S FISH CAMP

64 Charles St com W 4th St.
Metrô nº 1 para Christopher St
☎ 646/486-2185. Seg-sáb 12h-15h e 18h-23h.
MAPA PP. 82-3, MAPA DE BOLSO B18

Bolo de lagosta, bouillabaisse e legumes sazonais figuram no menu deste lugar intimista, com destaque para os frutos do mar. Vá cedo, pois a fila sempre é grande (não faz reservas).

PEARL OYSTER BAR

18 Cornelia St entre Bleecker e W 4th sts.
Metrô A, B, C, D, E, F, M para W 4th St; nº 1
para Christopher St ☎ 212/691-8211.
Seg-sex 12h-14h30 e 18h-23h, sáb 18h-23h.
MAPA PP. 82-3, MAPA DE BOLSO B18

Versão elegante de uma barraca de peixe da Nova Inglaterra, é conhecida por seu bolo de lagosta com toque cítrico. A luta por uma mesa é muito acirrada, mas os pratos primorosos de frutos do mar valem a pena.

PEARL OYSTER BAR

THE SPOTTED PIG

314 W 11th St com Greenwich St. Metrô nº 1
para Christopher St ☎ 212/620-0393. Seg-sex
12h-2h, sáb e dom 11h-2h. MAPA PP. 82-3,
MAPA DE BOLSO A18

Primeiro gastropub da cidade, foi criado pelo chef Mario Batali. Bem superior ao de pubs comuns, o menu tem sopa de hadoque defumado e gnudi de ricota de ovelha. A carta de vinhos é excelente. Entradas a US$17-31 e pratos no almoço por menos de US$20.

THE SPOTTED PIG

Bares e pubs

BLIND TIGER ALE HOUSE
281 Bleecker St com Jones St. Metrô A, B, C, D, E, F, M para W 4th St; nº 1 para Christopher St. Diariam 11h30-4h. MAPA PP. 82-3, MAPA DE BOLSO B18

Este pub revestido com painéis de madeira atrai conhecedores de cerveja oferecendo 28 chopes alternados (de marcas dos EUA como Sixpoint e Smuttynose por cerca de US$6,50), duas de barril e muitas na garrafa, além de servir porções de queijo do Murray's. Bem localizado, costuma lotar.

CUBBY HOLE
281 W 12th St com W 4th St. Metrô A, C, E, L para 14th St. Seg-sex 16h-4h, sáb e dom 14h-4h. MAPA PP. 82-3, MAPA DE BOLSO B17

Este pequeno bar de lésbicas é muito acolhedor. O clima é animado e a clientela, bem despretensiosa.

THE DOVE PARLOUR
288 Thompson St entre Bleecker e W 3rd sts. Metrô A, B, C, D, E, F, M para W 4th St. Diariam 16h-4h. MAPA PP. 82-3, MAPA DE BOLSO C18

Descontraído bar subterrâneo, atrai universitários após as aulas, com happy hours que se estendem até de madrugada.

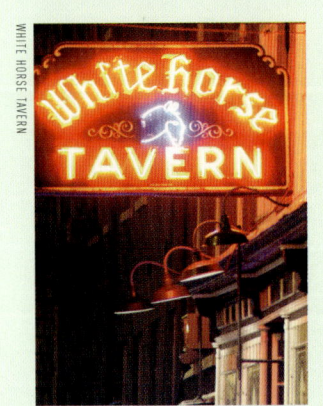

DUPLEX
61 Christopher St com Seventh Ave S. Metrô A, B, C, D, E, F, M para W 4th St; nº 1 para Christopher St. Diariam 16h-4h. MAPA PP. 82-3, MAPA DE BOLSO B18

Uma instituição no Village, este piano-bar e cabaré eleva a cultura noturna gay a um novo patamar e é um lugar divertido para gays e héteros tomarem um drinque.

THE MONSTER
80 Grove St entre Waverly Place e W 4th St. Metrô A, B, C, D, E, F, M para W 4th St; nº 1 para Christopher St ☎ 212/924-3558, Ⓦ manhattan-monster.com. Seg-sex 16h-4h, sáb e dom 14h-4h. MAPA PP. 82-3, MAPA DE BOLSO B18

Bar gay espaçoso e extravagante com cabaré de drags, piano e pista de dança no andar de baixo. Muito popular, inclusive entre turistas, mantém um clima de bairro. Couvert a US$4-8.

WHITE HORSE TAVERN
567 Hudson St com W 11th St. Metrô nº 1 para Christopher St. Diariam 11h-3h. MAPA PP. 82-3, MAPA DE BOLSO A18

Aberta em 1880, é um pilar no Village: Dylan Thomas bebeu aqui pela última vez antes de ser levado para o hospital com intoxicação alcoólica. A cerveja e a comida são boas e baratas, e há mesas ao ar livre no verão.

Casas noturnas

(LE) POISSONROUGE
158 Bleecker St com Thompson St. Metrô A, B, C, D, E, F, M para W 4th St ☎ 212/505-3474, Ⓦ www.lepoissonrouge.com. Diariam 17h-2h, sex e sáb 17h-4h. Couvert US$5 (qua)-$20 (sex). MAPA PP. 82-3, MAPA DE BOLSO C18

Casa noturna e de shows (rock, folk, pop e eletrônica), com noites dançantes nas quartas, sextas e domingos ("Freedom Party", às sextas-feiras, é a festa dançante semanal mais longeva da cidade).

STONEWALL INN

53 Christopher St entre Seventh Ave e Waverly Place. Metrô A, B, C, D, E, F, M para W 4th St; nº 1 para Christopher St ☎212/488-2705, ⓦ www.thestonewallinnnyc.com. Diariam 14h-4h. MAPA PP. 82-3, MAPA DE BOLSO B18

O movimento gay por direitos civis começou diante deste bar/clube no final dos anos 1960 e, apesar de alguns toques novos, desde então ele pouco mudou. Predominam turistas e homens, mas todos são bem-vindos.

SULLIVAN ROOM

218 Sullivan St com Bleecker St. Metrô A, B, C, D, E, F, M para W 4th St ☎ 212/252-2151, ⓦ www.sullivanroom.com. Qui-sáb 22h-5h. MAPA PP. 82-3, MAPA DE BOLSO C18

Clube escondido em um porão, onde todos dançam para valer. Sexta e sábado são de house music e atraem estudantes da vizinha NYU. O único inconveniente é que há somente dois banheiros. Couvert US$10-15.

Música ao vivo

55 BAR

55 Christopher St com Seventh Ave. Metrô nº 1 para Christopher St. Diariam 16h30-4h. MAPA PP. 82-3, MAPA DE BOLSO B18

Excelente bar subterrâneo de jazz em funcionamento desde a época da Lei Seca. Tem um jukebox genial, clientela simpática e jazz ao vivo todas as noites.

BLUE NOTE

131 W 3rd St entre Sixth Ave e MacDougal St. Metrô A, B, C, D, E, F, M para W 4th St; nº 1 para Christopher St ☎ 212 475 8592, ⓦ www.bluenote.net. Dom-qui 18h-1h, sex e sáb 18h-3h. MAPA PP. 82-3, MAPA DE BOLSO C18

Aberto em 1981 e sem relação com a gravadora homônima, este templo do jazz recebe grandes músicos internacionais. Astros como Sarah Vaughan, Dizzy Gillespie e Oscar Peterson fizeram apresentações memoráveis ao longo dos anos (US$15-25).

GROOVE

125 MacDougal St com W 3rd St. Metrô A, B, C, D, E, F, M para W 4th St ☎212/254-9393, ⓦwww.clubgroove.com. Diariam 16h-4h. MAPA PP. 82-3, MAPA DE BOLSO C18

Este lugar animado apresenta rhythm & blues e soul music ao vivo todas as noites, a preços muito acessíveis. Shows às 19h e às 21h30. Não cobra couvert de dom-qui.

VILLAGE VANGUARD

178 Seventh Ave S entre W 11th e Perry sts. Metrô nº 1, nº 2, nº 3 para 14th St. ☎ 212/255-4037, ⓦ www.villagevanguard.com. Diariam 20h-1h. MAPA PP. 82-3, MAPA DE BOLSO B17

Um pilar jazzístico em Nova York, o *Village Vanguard* comemorou 70 anos de existência em 2005. Sonny Rollins fez uma gravação lendária aqui em 1957, John Coltrane seguiu o exemplo em 1961 e ainda há apresentações de astros. O couvert custa US$25, incluindo consumo mínimo de drinques de (US$5-16).

Chelsea e Meatpacking District

Formado por prédios de apartamentos, casas geminadas e armazéns a oeste da Sixth Avenue entre as ruas West 14th e 30th, Chelsea ganhou vida com a chegada da comunidade gay na virada da década de 1970. Nos anos 1990, a cena artística de Nova York transformou o bairro com uma explosão de galerias entre as avenidas Tenth e Twelfth. Megalojas de varejo ficam na Sixth Avenue, e a Eighth reúne cafés e bares. O triângulo criado pelas ruas Fourteenth, Gansevoort e West, ou seja, o Meatpacking District, sendo um bom destino para compras e baladas. Ao norte de Chelsea, na altura do número 30 da rua West, o cada vez menor Garment District desperta pouco interesse.

HIGH LINE

Gansevoort St com W 30th St, seguindo na Tenth Ave; entradas na Gansevoort, 14th, 16th, 18th, 20th, 23rd, 26th, 28th e 30th sts. Metrô A, C, E para 14th St; C, E para 23rd St ⓦ www.thehighline.org. Diariam: abr, mai, out e nov 7h-22h; jun-set 7h-23h; dez-mar 7h-19h. MAPA P. 93, MAPA DE BOLSO B10

Um ambicioso projeto de revitalização urbana abrangendo o Meatpacking District e o West Chelsea, a **High Line** foi inaugurada em 2009. Ela fica no local onde antes havia uma ferrovia, que escoava produtos para Lower Manhattan, depois foi desativada e passou anos ameaçada de demolição.

Basicamente um calçadão e parque público elevado, a High Line mantém trechos com vegetação e honra sua história – trilhos de aço podem ser entrevistos no solo e a pavimentação e as madeiras evocam as linhas dos trilhos de trem. O primeiro trecho, da Gansevoort à 20th St, tem uma misteriosa fonte entre a 14th e a 15th e um anfiteatro alguns quarteirões ao norte. Entre a 20th e a 30th a calçada se estreita e em um ponto se eleva sobre as árvores em uma passarela.

HIGH LINE

Chelsea e Meatpacking District

CHELSEA E MEATPACKING DISTRICT

CASAS NOTURNAS E MÚSICA AO VIVO
Cielo	5
G Lounge	2
Highline Ballroom	4
The Joyce	3
Upright Citizens Brigade Theatre	1

CAFÉS E LANCHONETES
Billy's Bakery	5
Café Grumpy	8
Lobster Place	12

RESTAURANTES
Co.	2
Colicchio & Sons	13
Cookshop	7
Gascogne	11
La Lunchonette	10
La Nacional	15
The Old Homestead	14
The Red Cat	3
Rocking Horse	9

BARES
Barracuda	6
El Quinto Pino	1
Half King	4

LOJAS E GALERIAS
The Antiques Garage Flea Market	2
Chelsea Market	5
Gagosian Gallery	3
Macy's	1
Matthew Marks Gallery	4

HOSPEDAGEM
Chelsea Hostel	3
Chelsea Lodge	4
Chelsea Pines Inn	5
Colonial House Inn	2
Hôtel Americano	1

93

RUBIN MUSEUM OF ART

150 W 17th St, entre Sixth e Seventh aves. Metrô nº 1 para 18th St, F, M para 14th St ☎ 212/620-5000, Ⓦ www.rmany.org. Seg e qui 11h-17h, qua 11h-19h, sex 11h-22h, sáb e dom 11h-18h, fecha ter. US$10, grátis sex 18h-22h. MAPA P. 93, MAPA DE BOLSO D10

O sereno **Rubin Museum**, uma das joias negligenciadas da cidade, tem um acervo de 2 mil pinturas, esculturas e tecidos do Himalaia e de regiões próximas. As mostras permanentes no segundo e terceiro andares são criteriosamente organizadas e etiquetadas, o que é essencial no caso de um tema pouco familiar para a maioria. Algumas peças se destacam, mas a ênfase do museu é menos em artistas e objetos em si, e mais em mostrar como e por que a arte é criada. No piso térreo, o elegante café *K2 Lounge* tem apresentações sextas-feiras à noite.

CHELSEA HOTEL

222 W 23rd St entre Seventh e Eighth aves. Metrô C, E para 23rd St Ⓦ www.hotelchelsea.com. MAPA P. 93, MAPA DE BOLSO C10

Construído como um luxuoso edifício residencial em 1884 e transformado em hotel em 1903, o **Chelsea Hotel** tem sido o lar de grandes escritores e de músicos rebeldes da cidade. Eugene O'Neill, Arthur Miller e Tennessee Williams moraram aqui, e Brendan Behan e Dylan Thomas sempre apareciam quando estavam em Nova York. Diz a lenda que Jack Kerouac datilografou *Pé na estrada* de uma só vez em um rolo de papel de 36m aqui, embora a maioria concorde que isso ocorreu no 454 W 20th Street, em um período de seis semanas (e a partir de anotações prévias, e não só por inspiração). Bob Dylan compôs canções aqui e sobre o hotel, e Sid Vicious esfaqueou Nancy Spungen até a morte em 1978 na suíte do casal, poucos meses antes de ele mesmo morrer de overdose de heroína.

O futuro do Chelsea é incerto. Comprado por um investidor secreto no final de 2011, o hotel parou de aceitar hóspedes e passa por uma reforma que está colocando abaixo o saguão repleto de obras de arte. Verifique no site ou pesquise os últimos acontecimentos antes de fazer qualquer plano que vá além de olhar a fachada de tijolos vermelhos.

HISTORIC CHELSEA ROWHOUSES

GENERAL THEOLOGICAL SEMINARY

440 W 21st St entre Ninth e Tenth aves. Metrô C, E para 23rd St ☎ 212 243-5150, Ⓦ www.gts.edu. Seg-sáb 10h-15h; mais tarde no verão, mas ligue antes. MAPA P. 93, MAPA DE BOLSO C10

Fundado em 1817, este segredo de Chelsea consiste em um conjunto harmonioso de estruturas góticas que parece integrar um campus universitário. Embora os edifícios ainda abriguem um seminário episcopal – o mais antigo dos EUA –, é possível explorar o parque e a pequena capela. É preciso obter um passe para ver a coleção de Bíblias em latim, uma das maiores do mundo.

LONDON TERRACE APARTMENTS

405 e 465 W 23rd St entre Ninth e Tenth aves. Metrô C, E para 23rd St. MAPA P. 93, MAPA DE BOLSO C10

Em torno de um jardim particular, estas duas fileiras de edifícios residenciais dos anos 1930 têm esse nome porque a administração fazia os porteiros usarem uniformes iguais aos dos policiais de Londres. Posteriormente, ganharam o apelido de "The Fashion Projects" devido aos estilistas, fotógrafos e modelos residentes (incluindo Isaac Mizrahi, Annie Leibovitz e Deborah Harry) e à sua proximidade com os reais condomínios de Chelsea.

CHELSEA PIERS

W 17th para W 23rd St ao longo do rio Hudson. Metrô C, E para 23rd St ☎ 212 336-6666, Ⓦ www.chelseapiers.com. Horários variam conforme a atividade. MAPA P. 93, MAPA DE BOLSO B11

Abertos em 1910, era aqui que os passageiros dos grandes transatlânticos desembarcavam. O *Titanic* afundou em 1912 a caminho dos **Chelsea Piers**, os quais caíram no ostracismo nos anos 1960, sendo reabertos somente em 1995. O trecho entre os píeres 59 e 62 agora é um complexo com rinques de patinação ao ar livre e no gelo, pista de skate, raias de boliche e até campo de golfe. Há uma ótima passarela diante das águas no fim do **Pier 62**.

GENERAL POST OFFICE

421 Eighth Ave com W 33rd St. Metrô A, C, E para 34th St ☎ 212/330-3296. Seg-sex 7h-22h, sáb 9h-21h, dom 11h-19h. MAPA P. 93, MAPA DE BOLSO C9

O **General Post Office** de 1913, oficialmente James A Farley Station (nome de um admirado diretor dos correios), é uma relíquia do tempo em que o orgulho municipal era baseado em declarações. Vinte colunas enormes ficam sob a famosa inscrição: "Nem neve, nem chuva, nem calor, nem a escuridão da noite impedem estes mensageiros de cumprirem suas tarefas". O edifício de McKim, Mead e White passa por uma reforma para transformar a antiga agência dos correios na Moynihan Station, que servirá de porta de entrada para linhas da Amtrak e da LIRR na Penn Station. Por ora, entre para ver algumas exposições postais históricas.

Lojas e galerias

THE ANTIQUES GARAGE FLEA MARKET

112 W 25th St entre Sixth e Seventh aves. Metrô F, M, nº 1 para 23rd St. Sáb e dom 9h-17h. MAPA P. 93, MAPA DE BOLSO D10

Em uma garagem em dois níveis, vendedores oferecem velhas bugigangas, joias antigas, itens emoldurados, brinquedos, isqueiros e mais.

CHELSEA MARKET

75 Ninth Ave entre W 15th e 16th sts. Metrô A, C, E para 14th St. Seg-sáb 7h-22h, dom 8h-20h. MAPA P. 93, MAPA DE BOLSO A17

Há boa variedade de empórios no piso térreo deste antigo depósito da fábrica da Nabisco. Você encontra pad thai, panini, pães, brownies, além de artigos para casa.

GAGOSIAN GALLERY

555 W 24th St entre Tenth e Eleventh aves. Metrô C, E para 23rd St, outras filiais na 522 W 21st St e 980 Madison Ave ☎ 212/741-1111, Ⓦ www.gagosian.com. Ter-sáb 10h-18h. MAPA P. 93, MAPA DE BOLSO B10

Esta galeria de arte de renome mundial expõe pesos pesados como Richard Serra e Damien Hirst.

MACY'S

151 Broadway com W 34th St na Herald Square. Metrô B, D, F, M, N, Q, R para 34th St. Seg-sáb 10h-21h30, dom 11h-20h30. MAPA P. 93, MAPA DE BOLSO D9

Uma das maiores lojas de departamentos do mundo, a Macy's estoca marcas bem comuns, com exceção do excelente departamento Cellar de artigos para casa. Turistas estrangeiros devem ir ao visitor center (no andar do terraço) para receber 10% de desconto. É preciso apresentar o passaporte.

MATTHEW MARKS GALLERY

522 W 22nd St entre Tenth e Eleventh aves, com três filiais em Chelsea. Metrô C, E para 23rd St. ☎ 212/243-0200, Ⓦ www.matthewmarks.com. Ter-sáb 11h-18h. MAPA P. 93, MAPA DE BOLSO B10

Expoente na cena artística de Chelsea, expõe obras de artistas como Cy Twombly e Ellsworth Kelly.

Cafés e lanchonetes

BILLY'S BAKERY

184 Ninth Ave entre 21st e 22nd sts; duas outras filiais. Metrô C, E e nº 1 para 23rd St.

Seg-qui 8h30-23h, sex e sáb 8h30-0h, dom 9h-22h. MAPA P. 93, MAPA DE BOLSO C10

Esta padaria retrô e tranquila é uma excelente alternativa à lotada *Magnolia Bakery* (p. 88), onde o dono aprendeu o ofício. Há cupcakes divinos e a saborosa Key Lime Pie.

CAFÉ GRUMPY

224 W 20th St entre Seventh e Eighth aves; em mais três outras cidades. Metrô C, E para 23rd St. Seg-qui 6h30-20h, sáb 7h30-20h, dom 7h-19h30. MAPA P. 93, MAPA DE BOLSO C10

O ideal é vir aqui sem pressa para escolher alguma das numerosas opções de café – descritas minuciosamente como se fossem vinhos – e saboreá-lo, pois cada dose é feita sob pedido. Uma boa ideia é experimentar vários tipos, já que todos são de altíssima qualidade. O *Grumpy* original fica em Greenpoint, no Brooklyn.

LOBSTER PLACE

75 Ninth Ave, entre 15th e 16th sts. Metrô A, C, E para 14th St. Seg-sáb 9h30-20h, dom 10h-19h. MAPA P. 93, MAPA DE BOLSO C11

Peixaria no Chelsea Market com uma janela nos fundos onde você compra sopa de lagosta (pequena porção US$3,50), sushi fresco ou uma caixa de piquenique (US$10,95-19,95) para o almoço.

Restaurantes

CO.

230 Ninth Ave com W 24th St. Metrô C, E para 23rd St T212/243-1105. Seg 17h-23h, ter-sáb 11h30-23h, dom 11h-22h. MAPA P. 93, MAPA DE BOLSO C10

Pizzaria da moda. Comece com um crostini (US$4) e uma salada de escarola (US$8), então divida uma das pizzas com formato inusitado e coberturas como shitake e alecrim (US$16) ou almôndegas (US$18).

COLICCHIO & SONS

85 Tenth Ave com W 15th St. Metrô A, C, E para 14th St; L para Eighth Ave T212/400-6699. Tap Room seg-qui 12h-15h e 17h30-22h, sex 12h-15h e 17h30-23h, sáb 11h-15h e 17h-23h, dom 11h-15h e 17h-22h; sala de jantar seg-qui 18h-22h, sex 17h30-23h, sáb 17h-23h, dom 17h-21h. MAPA P. 93, MAPA DE BOLSO C11

O chef-celebridade Tom Colicchio ataca de novo, oferecendo um menu de combinações incomuns e deliciosas, como ostras na manteiga com massa de raiz de aipo e caviar, em um salão um tanto exagerado. *The Tap Room*, na frente, oferece um excelente almoço a preço fixo (US$25), opções mais informais e um ambiente mais caloroso.

COOKSHOP

156 Tenth Ave com 20th St. Metrô C, E para 23rd St T 212/924-4440. Seg-sex 8h-16h e 17h30-23h30, sáb 11h-16h e 17h30-23h30, dom 11h-15h e 17h30-22h. MAPA P. 93, MAPA DE BOLSO C10

Pertencente a Marc Meyer, tem mesas disputadas na calçada e um menu sazonal de comida americana contemporânea. Os pratos têm sempre sua origem citada; há entradas como massa com faisão, coelho grelhado do Hudson Valley e leitão de Vermont (a maioria por US$25-30); o brunch também é interessante, assim como os bloody marys.

GASCOGNE

158 Eighth Ave entre 17th e 18th sts. Metrô A, C, E para 14th St, nº 1 para 18th St T212/675-6564. Ter-qui 12h-15h e 17h30-22h30, sex 12h-15h e 17h30-23h, sáb 12h-23h, dom 12h-22h30. MAPA P. 93, MAPA DE BOLSO C11

O belo jardim nos fundos é o cenário perfeito para pratos do sudoeste da França, como cassoulet e foie gras (por cerca de US$25). Há vários menus de preço fixo, com destaque para o de segunda à noite, composto de quatro pratos (US$30).

LA LUNCHONETTE

130 Tenth Ave com W 18th St. Metrô A, C, E para 14th St ☎ 212/675-0342. Seg-qui e dom 11h30-3h30 e 17h30-22h30, sex-sáb 23h30-15h30 e 17h30-23h30.
MAPA P. 93. MAPA DE BOLSO C11

Bistrô francês despretensioso e confortável em um velho bar polonês. Peça as deliciosas linguiças de cordeiro ou asa de arraia.

LA NACIONAL

239 W 14th St entre Seventh e Eighth aves. Metrô A, C, E, L, nº 1, nº 2, nº 3 para 14th St ☎ 212/243-9308. Seg-qua e dom 12h-22h, qui-sáb 12h-23h. MAPA P. 93, MAPA DE BOLSO B17

Sede da Sociedade Beneficente Espanhola, *La Nacional* parece um clube, embora aberto ao público. Tem boas opções como *croquetas*, camarão ao molho de alho e uma excelente *paella*.

THE OLD HOMESTEAD

56 Ninth Ave entre W 14th e 15th sts. Metrô A, C, E para 14th St ☎ 212/242-9040. Seg-qui 12h-22h45, sex 12h-23h45, sáb 13h-23h45, dom 13h-21h45. MAPA P. 93, MAPA DE BOLSO A17

Nada além de steak, porém realmente excepcional, é a especialidade deste restaurante revestido de nogueira e curiosamente antiquado, com garçons de colete preto. Porções fartas, porém caras – um bife custa US$45.

THE RED CAT

227 Tenth Ave entre W 23rd e 24th sts. Metrô C, E para 23rd St ☎ 212/242-1122. Seg 17h-23h, ter-qui 12h-14h30, 17h-23h, sex e sáb 12h-14h30 e 17h-0h, dom 17h-22h.
MAPA P. 93, MAPA DE BOLSO B10

Atendimento impecável, fina cozinha americana com toque mediterrâneo, carta de vinhos extensa e atmosfera aconchegante garantem uma experiência gastronômica memorável.

ROCKING HORSE

182 Eighth Ave entre W 19th e 20th sts. Metrô C, E para 23rd St; nº 1 para 18th St. ☎ 212/463-9511. Seg-qui 12h-23h, sex 12h-24h, sáb 11h-0h, dom 11h-23h. MAPA P. 93, MAPA DE BOLSO C11

Os sofisticados pratos mexicanos servidos aqui primam pela criatividade – salmão salteado Napoleon, carne de peito com pimenta-jalapenho. Os mojitos e margaritas são potentes.

Bares

BARRACUDA

275 W 22nd St entre Seventh e Eighth aves. Metrô C, E, nº 1 para 23rd St. Diariam 16h-4h.
MAPA P. 93, MAPA DE BOLSO C10

Um dos bares gays mais frequentados de Nova York, com clima bem descontraído para Chelsea. Os shows de drags e os DJs esquentam o ambiente até de madrugada.

EL QUINTO PINO

401 W 24th St com Ninth Ave. Metrô C, E para 23rd St. Seg-qui 17h-0h, sex e sáb 17h-1h, dom 17h-23h. MAPA P. 93, MAPA DE BOLSO C10

Não há muitas mesas neste elegante bar de tapas, então venha cedo para saborear torresmo (US$6) e um formidável sanduíche de ouriço-do-mar (US$15), com algum dos bons vinhos espanhóis.

HALF KING

505 W 23rd St entre Tenth e Eleventh aves. Metrô C, E para 23rd St. Seg-sex 11h-2h, sáb e dom 9h-2h. MAPA P. 93, MAPA DE BOLSO B10

Este popular pub irlandês, que é de escritores e artistas, oferece comida decente e promove eventos literários.

Casas noturnas e música ao vivo

CIELO

18 Little W 12th St com Ninth Ave. Metrô A, C, E para 14th St ☎ 212/645-5700 ⓦ www.cieloclub.com. Seg e qua-sáb 22h-4h. US$10-25. MAPA P. 93, MAPA DE BOLSO A17

É preciso reservar para entrar neste clube exclusivo que comporta 250 pessoas. O destaque são as DeepSpace Mondays, uma festa de reggae e dub com o DJ francês François K.

G LOUNGE

225 W 19th St entre Seventh e Eighth aves. Metrô nº 1 para 18th St ☎ 212/929-1085, ⓦ glounge.com. Diariam 16h-4h. MAPA P. 93, MAPA DE BOLSO C11

No clube gay mais simpático de Chelsea, martínis e modelitos caprichados reinam. Vá durante a semana, quando o clima é menos frenético.

HIGHLINE BALLROOM

431 W 16th St entre Ninth e Tenth aves. Metrô A, C, E para 14th St. ☎ 212/414-5994, ⓦ www.highlineballroom.com. US$10 no mínimo para ter mesa durante shows. MAPA P. 93, MAPA DE BOLSO C11

Uma das novas opções da cidade, reserva mesas (e serve jantar) para shows que variam de indie rock a hip-hop, reggae e big band. Há também DJs.

JOYCE

175 Eighth Ave com W 19th St. Metrô nº 1 para 18th St; C, E para 23rd St ☎ 212/691-9740, ⓦ www.joyce.org. MAPA P. 93, MAPA DE BOLSO C11

Criado por dançarinos em 1982, o *Joyce* apresenta dança a cargo do Feld Ballet, que é residente, e de outras companhias. Empresas de turismo locais e de todo o mundo mantêm este teatro art déco em evidência.

UPRIGHT CITIZENS BRIGADE THEATRE

307 W 26th St entre Eighth e Ninth aves. Metrô C, E para 23rd St ☎ 212//366-9176, ⓦ www.ucbtheatre.com. Couvert US$10. MAPA P. 93, MAPA DE BOLSO C10

Há esquetes hilariantes e comédia de improviso nas sete noites da semana. Às vezes, membros do *Saturday Night Live* aparecem por lá.

Union Square, Gramercy Park e Flatiron District

Para conhecer uma parte bem preservada da Nova York do século XIX, certamente vale a pena visitar os trechos mais refinados de bairros no leste que circundam a Union Square e o Gramercy Park. O Madison Square Park e o esguio Flatiron Building ancoram a área amorfa do Flatiron District, o qual serpenteia pela Broadway e abrange algumas fachadas elegantes. O panorama muda bastante e ganha um ar mais central à medida que você se aproxima do Empire State Building. Alguns dos melhores e mais caros restaurantes da cidade ficam por aqui; ande para o leste na altura do número 20 em torno da Lexington Avenue, uma pequena área indiana chamada Curry Hill, onde você gasta pouco nos restaurantes kosher vegetarianos e nos cafés *chaat* frequentados por taxistas.

UNION SQUARE

Limitada pela Broadway, Park Avenue S, 14th e 17th sts. Metrô L, N, Q, R, nº 4, nº 5, nº 6 para Union Square. MAPA P. 101, MAPA DE BOLSO D11

Fundada como um parque em 1813, a **Union Square** fica entre as ruas E 14th e E 17th, interrompendo o trecho diagonal da Broadway. O parque foi palco de muitos protestos políticos e manifestações de trabalhadores entre a Guerra Civil e o início do século XX. Posteriormente, a área se tornou um polo elegante de teatros e comércio. Verdejante e com bancos, a praça também é conhecida por sediar o **Farmers' Market** às segundas, quartas, sextas e aos sábados, das 8h às 18h, o qual tem toneladas de

Union Square, Gramercy Park e Flatiron District

CAFÉS E LANCHONETES
- City Bakery 13
- Eisenberg's Sandwich Shop 9
- No.7 Sub 3
- Roomali 7
- Shake Shack 4
- Stumptown Coffee Roasters 2

RESTAURANTES
- 15 East 18
- Aldea 14
- Arirang 1
- Gramercy Tavern 12
- I Trulli Enoteca e Ristorante 7
- Maialino 11
- Union Square Café 17

BARES
- 230 Fifth 5
- Birreria 8
- Molly's 10
- Old Town Bar & Restaurant 16
- Pete's Tavern 15

HOSPEDAGEM
- Ace 2
- Gershwin 3
- Giraffe 4
- Gramercy Park 5
- Roger Williams 1
- Seventeen 6

LOJAS
- ABC Carpet and Home 4
- Academy Records 6
- Books of Wonder 3
- Eataly 5
- Kalustyan's 2
- The Old Print Shop 1

CASAS NOTURNAS E MÚSICA AO VIVO
- Blue Smoke: Jazz Standard 1
- Irving Plaza 2

---

produtos locais, queijos, carnes e até vinhos. Vendedores de artesanatos nada especiais instalam-se no lado sudoeste, mas em dezembro dão lugar a um popular mercado natalino.

IRVING PLACE

Metrô L, N, Q, R, nº 4, nº 5, nº 6 para Union Square. MAPA P. 101, MAPA DE BOLSO E11

O nome deste gracioso trecho de seis quadras homenageia o autor Washington Irving, embora as alegações de que ele tenha morado no nº 49 não sejam confiáveis; a única certeza é de que ele de fato visitava com frequência um sobrinho que morava na região. O importante é fazer uma caminhada encantadora saindo do edifício Con Ed na extremidade sul até o Gramercy Park; o cruzamento com a 19th Street e a rua em si são especialmente evocativos.

LOCAL DE NASCIMENTO DE THEODORE ROOSEVELT

28 E 20th St entre Park Ave S e Broadway. Metrô N, R, nº 6 para 23rd St ☎ 212/260-1616. Ter-sáb 9h-17h, visitas das 10h-16h (exceto 12h). Grátis. MAPA P. 101, MAPA DE BOLSO D10

Uma restauração realizada em 1923 devolveu ao lugar a aparência que tinha em 1958, ano em que Theodore Roosevelt nasceu; quando ele tinha 14 anos, a família se mudou. A mansão sombria conserva a maioria dos móveis originais, entre eles um lustre brilhante na sala de visitas e a caminha com grades que pertencia a "Teedie". Tudo isso pode ser visto em uma visita guiada que dura quinze minutos. Reserve algum tempo para dar uma olhada nas galerias adjacentes, onde estão expostos troféus de caça e documentos de Roosevelt.

GRAMERCY PARK

Irving Place entre 20th e 21st sts. Metrô nº 6 para 23rd St. MAPA P. 101, MAPA DE BOLSO E10

Originalmente um "pequeno pântano curvo", o **Gramercy Park** é uma das praças mais bonitas da cidade. Último parque privado de Nova York, só é acessível aos ricos e afortunados que moram aqui ou a quem se hospeda no vizinho *Gramercy Park Hotel* (p. 177). Dentro dos portões há uma estátua do ator Edwin Booth, irmão do assassino de Lincoln, John Wilkes Booth. O privado **Players Club**, no nº 15 da Gramercy Park, foi fundado por Booth e fica ao lado do prestigioso **National Arts Club** no nº 16, outro clube exclusivo, no qual se pode entrar à tarde para ver mostras de arte grátis. A estrutura de tijolos vermelhos no nº 34 foi um dos primeiros edifícios residenciais da cidade.

FLATIRON BUILDING

Na Broadway, Fifth Ave com 23rd St. Metrô N, R para 23rd St.
MAPA P. 101, MAPA DE BOLSO D10

Construído em um terreno triangular, o imponente e elegante 1902 **Flatiron Building** é coberto de cabeças de Medusa de terracota e outros incríveis ornamentos. O formato incomum cônico e estreito deste arranha-céu de Daniel Burnham (alto para a época, 93m) causou preocupação por sua estabilidade, mas não só sobreviveu aos anos como se transformou em um dos símbolos de Nova York.

MADISON SQUARE PARK

Entre 23rd e 26th sts, e Madison Ave e Broadway. Metrô N, R para 23rd St.
MAPA P. 101, MAPA DE BOLSO D10

Talvez devido à imponência de seus edifícios e ao parque no meio, a **Madison Square** exibe uma grandiosidade que a Union Square perdeu há muito tempo.

Ao lado do edifício art déco da Metropolitan Life Company e da torre do relógio no lado leste, a fachada com colunas coríntias de mármore da Appellate Division da **New York State Supreme Court** exibe as estátuas da Justiça, da Sabedoria e da Paz, enquanto a câmara na qual os argumentos são ouvidos (ter-qui 14h) tem detalhes rococó. Estrutura grandiosa atrás da Division, o **New York Life Building**, de 1928, foi projetado pelo arquiteto Cass Gilbert, também criador do Woolworth Building (p. 42). Há muitos lugares onde as pessoas podem se sentar e relaxar no parque e no entorno, além de um triângulo exclusivo para pedestres em seu lado oeste; no canto sudeste fica o popular *Shake Shack* (p. 105), posto original de Danny Meier, e na esquina a noroeste da 23rd com a Broadway, o *Eataly*, de um chef famoso (p. 104).

FLATIRON BUILDING

69TH REGIMENT ARMORY

68 Lexington Ave entre 25th e 26th sts. Metrô nº 6 para 23rd ou 28th sts. www.sixtyninth.net. MAPA P. 101, MAPA DE BOLSO E10.

O conhecido edifício do **69th Regiment Armory**, com telhado de mansarda e salão de treinamento em arco, sediou o famoso Armory Show de 1913, que introduziu a arte moderna em Nova York, e foi também, por um breve período, a sede do então novo time de basquete Knicks. Hoje em dia, cumpre sua função original como quartel do "Fighting Sixth-Ninth" da Guarda Nacional, mas o salão de treinamento ainda é usado para eventos e exposições.

CHURCH OF THE TRANSFIGURATION

1 E 29th St entre Fifth e Madison aves. Metrô N, R, W, nº 6 para 28th St. MAPA P. 101, MAPA DE BOLSO D10

Feita de tijolos marrons e com teto de cobre, a diminuta e rústica **Church of the Transfiguration** episcopal foi uma estação da Underground Railroad e posteriormente sede do coro de rapazes mais velhos da cidade, formado em 1881. Há muito tempo tem famosos do ramo do entretenimento entre seus fiéis. Sua capela intimista fica em um jardim verdejante. O interior é revestido de madeira, e a luz suave de velas ilumina as figuras de atores famosos presentes nos vitrais.

EMPIRE STATE BUILDING

Fifth Ave com 34th St. Metrô B, D, F, M, N, Q, R para 34th St ☎ 212/736-3100. www.esbnyc.com. Diariam 8h-2h, última subida 1h15. US$22, US$16 para crianças de 6 a 12 anos, mais US$15 de ingresso para o Observatório no 102º andar. MAPA P. 101, MAPA DE BOLSO D10

O **Empire State Building**, de 1931, é facilmente o símbolo mais evocativo de NovaYork. Foi o arranha-céu mais alto da cidade por muitos anos, até ser ultrapassado pelo World Trade Center. Depois dos ataques de 11 de setembro de 2001, voltou a ser o edifício mais alto, mas perdeu o lugar novamente para o novo One World Trade Center, em 2012. Com 102 andares e 443m – da base ao mastro de TV –, vai subindo em camadas imponentes marcadas pela impetuosidade. Estando embaixo, na Quinta Avenida, é fácil passar pelo edifício sem perceber sua existência. No entanto, de outros pontos ele parece onipresente, sobretudo à noite, quando fica iluminado com várias cores.

Admire o lobby e teto art déco impecavelmente restaurados e pegue um elevador até o principal **Observatório no 86º andar**. Dali, a vista descortinada pelas passarelas externas é absolutamente estupenda e, em dias com boa visibilidade, alcança até 130km. Outros elevadores levam ao **Observatório** menor no **102º andar**, na base das antenas de rádio e TV; o preço restringe essa aventura aos mais abonados.

EMPIRE STATE BUILDING

UNION SQUARE, GRAMERCY PARK E FLATIRON DISTRICT

Lojas

ABC CARPET AND HOME

888 Broadway com E 19th St. Metrô N, R para 23rd St. Seg-sáb 10h-19h, dom 11h-18h30. MAPA P. 101, MAPA DE BOLSO D11

Seis andares de antiguidades, móveis em estilo campestre, roupas de cama, bugigangas e, é claro, tapetes. Metade da diversão é apreciar a ambientação grandiosa da loja.

ACADEMY RECORDS

12 W 18th St entre 5th e 6th sts. Metrô F, M para 14th St. Seg-qua e dom 11h-19h, qui-sáb 11h-20h. MAPA P. 101, MAPA DE BOLSO D11

Discos usados raros e fora de catálogo são a especialidade, e há também uma seleção ótima de música clássica.

BOOKS OF WONDER

18 W 18th St entre Fifth e Sixth aves. Metrô nº 1 para 18th St; F, M para 14th St; L, N, Q, R, nº 4, nº 5, nº 6 para Union Square. Seg-sáb 10h-19h, dom 11h-18h. MAPA P. 101, MAPA DE BOLSO D11

O melhor lugar da cidade para livros infantis. Equipe solícita, contadores de histórias, leituras com autores, e uma filial do *Cupcake Café* (p. 128) tornam a visita mais agradável.

EATALY

200 Fifth Ave com W 23rd St. Metrô N, R para 23rd St; nº 6 para Astor Place. Feira diariam 10h-23h. MAPA P. 101, MAPA DE BOLSO D10

Este empreendimento muito popular de Mario Batali é em parte um complexo de café e restaurante italiano e em parte um mercado de comidas. Conta com incrível variedade de vinhos, queijos, carnes, pães e frutos do mar de produtores locais ou importados da Itália, além de muitas opções de lugares para parar e fazer uma boquinha com as tentações oferecidas.

KALUSTYAN'S

123 Lexington Ave entre E 28th e 29th sts. Metrô nº 6 para 28th St. Seg-sáb 10h-20h, dom 11h-19h. MAPA P. 101, MAPA DE BOLSO E10

Esta loja com aroma divino vende uma variedade de produtos alimentícios e especiarias da Índia, e outros ingredientes raros desde 1944. Hoje em dia, oferece alimentos do mundo inteiro.

THE OLD PRINT SHOP

150 Lexington Ave entre 29th e 30th sts. Metrô nº 6 para 28th St. Set-mai ter-sex 9h-17h, sáb 9h-16h; jun-ago seg-qui 9h-17h, sex 9h-16h. MAPA P. 101, MAPA DE BOLSO E10

Esta loja antiga e fascinante é de longe o melhor lugar para você achar um mapa antigo de um bairro de Nova York, a edição original rara de um livro de arte ou a gravura histórica de uma velha edição da *Harper's Weekly* para pendurar e apreciar quando chegar em casa.

Cafés e lanchonetes

CITY BAKERY

3 W 18th St entre Fifth e Sixth aves.
Metrô F, M para 14th St. Seg-sex 7h30-19h,
sáb 7h30-18h30, dom 9h-18h. MAPA P. 101,
MAPA DE BOLSO D11

Pare aqui para almoçar bem ou só comer um doce. A vasta oferta de folhados é muito superior à da concorrência. Peça um cookie ou um croissant-pretzel com chocolate quente.

EISENBERG'S SANDWICH SHOP

174 Fifth Ave entre E 22nd e 23rd sts.
Metrô N, R para 23rd St. Seg-sex
6h30-20h, sáb 6h30-18h, dom 6h30-16h.
MAPA P. 101, MAPA DE BOLSO D10

Colorida lanchonete que faz parte do cotidiano de Nova York, serve ótimos sanduíches de atum, sopa de almôndegas e pão ázimo, além de sorvetes e refrescos à moda antiga.

NO. 7 SUB

1177 Broadway entre 28th e 29th sts, no Ace Hotel. Metrô N, R para 28th St ☎ 212/532-1680. Seg-sex 8h-10h30 e 11h30-17h.
MAPA P. 101, MAPA DE BOLSO D10

Parte da incrível variedade de locais para comer no Ace hotel, esta loja de sanduíches oferece combinações incomuns que fazem jus à lista de ingredientes (como brócolis, lichia, salada de ricota, pinhão). O cardápio é variável, mas você pode escolher o recheio que quiser (a maioria dos sanduíches custa US$9).

ROOMALI

97 Lexington Ave com 27th St. Metrô nº 6
para 28th St. Seg-sáb 12h-23h, dom 13h-23h.
MAPA P. 101, MAPA DE BOLSO E10

Há muitos restaurantes indianos decentes e baratos na área, mas, se você estiver em busca de um lanche rápido para viagem, aqui, apesar do atendimento caótico, você pode pedir um ou dois wraps assados bem saborosos. Há várias opções vegetarianas preparadas com uma quantidade moderada de especiarias.

SHAKE SHACK

Madison Square Park, perto da Madison Ave
e da E 23rd St; outras filiais pela cidade.
Metrô N, R, W para 23rd St. Diariam 11h-23h.
MAPA P. 101, MAPA DE BOLSO D10

O verdejante quiosque de lanches de Danny Meyer virou um fenômeno e quase sempre há uma longa espera por mesas (tente evitar a hora do almoço e as horas de pico à noite). Danny abriu filiais no Upper West Side, no SoHo e também no Mets' Citi Field. Os carros-chefe são os búrgueres grelhados com perfeição e frapês gelados, tudo por menos de US$7.

STUMPTOWN COFFEE ROASTERS

20 W 29th St entre Broadway e Fifth Ave, no
Ace Hotel. Metrô N, R para 28th St. Diariam
6h-20h. MAPA P. 101, MAPA DE BOLSO D10

Um dos mais renomados torrefadores de café do país trouxe sua expertise para um hotel elegante. Os baristas vestem-se como dândis dos anos 1920.

EISENBERG'S SANDWICH SHOP

Restaurantes

15 EAST

15 E 15th St entre Fifth Ave e Broadway. Metrô L, N, Q, R, W, nº 4, nº 5, nº 6 para 14th St-Union Square ☎ 212/647-0015. Seg-sex 12h-13h45, sáb 17h30-23h. MAPA P. 101, MAPA DE BOLSO C17

A atenção dada a pratos cozidos (polvo escaldado e risoto de ouriço-do-mar) e a sushis e sashimis (seleção do chef a US$55-60) diferencia este elegante restaurante japonês.

ALDEA

31 W 17th St entre Fifth e Sixth aves. Metrô F, M para 14th St ☎ 212/675-7223. Seg 11h30-14h e 17h30-22h, ter-qui 11h30-14h e 17h30-23h30, sex 11h30-14h e 17h30-0h, sáb 17h30-24h. MAPA P. 101, MAPA DE BOLSO D11

Em um salão bonito e descontraído, serve saborosos pratos portugueses feitos com refinamento. Os preços são muito razoáveis (entradas a US$21-28) e há um menu de preço fixo com três pratos que sai por US$20 no almoço.

ARIRANG

32 W 32nd St, entre Fifth e Sixth aves. Subway B, D, F, M, N, Q, R to 34th St-Herald Square ☎ 212/967-5088. Diariam 10h-24h. MAPA P. 101, MAPA DE BOLSO D9

Este restaurante é um pouco difícil de achar (fica três lances de escada acima da rua), mas vale a pena pelas sopas de frango com torradinhas caseiras (US$9,45) e ginseng (US$17,95) ou, se você estiver com amigos, pelo frango cozido na caçarola (US$49,95).

GRAMERCY TAVERN

42 E 20th St entre Broadway e Park Ave S. Metrô N, R, nº 6 para 23rd St ☎ 212/477-0777. Salão principal: seg-qui 12h-14h, 17h30-22h, sex 12h-14h e 17h30-23h, sáb 17h30-23h, dom 17h30-22h; Taverna: 12h-23h, até mais tarde nos fins de semana. MAPA P. 101, MAPA DE BOLSO D10

Um dos melhores restaurantes da cidade, tem decoração neo-colonial, refinada cozinha americana moderna e atendimento impecável. Uma refeição aqui é memorável e os menus de degustação sazonais compensam os preços altos (US$116). Você também pode vir para um drinque e pratos mais baratos no animado salão da frente.

I TRULLI ENOTECA E RISTORANTE

122 E 27th St entre Lexington e Park aves. Metrô nº 6 para 28th St ☎ 212/481-7372. Seg-qui 12h-15h e 17h30-22h30, sex 12h-15h e 17h30-23h, sáb 17h-23h, dom 15h-22h, Enoteca seg-sáb 15h-22h30 (comida para viagem seg-qui 11h-15h). MAPA P. 101, MAPA DE BOLSO E10

Escolha entre o restaurante encantador com ótima comida do sul da Itália e o belo bar de vinho ao lado, com menu menor.

MAIALINO

Gramercy Park Hotel, 2 Lexington Ave. Metrô nº 6 para 23rd St ☎ 212/777-2410. Seg-qui 7h30-10h, 12h-14h e 17h30-22h30, sex 7h30-22h, 12h-14h e 17h30-23h, sáb 10h-14h e 17h30-23h, dom 10h-14 e 17h30-22h30. MAPA P. 101, MAPA DE BOLSO E10

Se um lugar pode ser ao mesmo tempo rústico e refinado, é a bela trattoria romana de Danny Meier, com vista para o Gramercy Park. Grande parte do cardápio é dedicada à carne de porco (que dá nome ao restaurante: "maiale" é porco, em italiano), e a especialidade é o leitão assado. Essencial reservar.

UNION SQUARE CAFÉ

21 E 16th St entre Fifth Ave e Union Square W. Metrô L, N, Q, R, nº 4, nº 5, nº 6 para 14th St ☎ 212/243-4020. Seg-qui 12h-21h45, sex 12h-22h45, sáb 11h-22h45, dom 11h-21h45. MAPA P. 101, MAPA DE BOLSO D11

Cozinha ao estilo da Califórnia, atmosfera de classe e muito conforto. Duas pessoas gastam mais de US$100, sem bebidas, mas o menu criativo e a clientela interessante compensam.

Bares

230 FIFTH

230 Fifth Ave. Metrô N, R, nº 6 para 23rd St. Seg-sex 16h-4h, sáb e dom 11h-4h. MAPA P. 101, MAPA DE BOLSO D10

Lounge bar de classe com as melhores vistas de Midtown e o maior terraço da cidade, com cobertores e aquecedores para o inverno. Os drinques e petiscos têm preços razoáveis (martínis a partir de US$14, sem couvert). Não é permitido entrar de tênis e camiseta.

BIRRERIA

Eataly, 200 Fifth Ave com 23rd St. Metrô N, R, nº 6 para 23rd St. ☎ 212/937-8910. Diariam 11h30-22h30 (última mesa, embora o bar funcione até mais tarde). MAPA P. 101, MAPA DE BOLSO D10

Bar espalhado por um terraço, o Birreria é a versão moderna do *beer garden*, com cervejas e salsichas caseiras no cardápio.

MOLLY'S

287 Third Ave entre E 22nd e 23rd sts. Metrô nº 6 para Joyce 23rd St. Diariam 11h-4h. MAPA P. 101, MAPA DE BOLSO E10

Embora as últimas tendências sejam gastropubs e coquetéis elaborados, os simpáticos barmen do *Molly's* continuam servindo canecas de Guinness.

OLD TOWN BAR & RESTAURANT

45 E 18th St entre Broadway e Park Ave S. Metrô L, N, Q, R, nº 4, nº 5, nº 6 para 14th St-Union Square. Seg-sex 11h30-2h, sáb 12h-2h, dom 13h-2h. MAPA P. 101, MAPA DE BOLSO D11

Este bar interessante e espaçoso é frequentado por gente do ramo editorial, modelos e fotógrafos. Ótimos búrgueres.

PETE'S TAVERN

129 E 18th St com Irving Place. Metrô L, N, Q, R, nº 4, nº 5, nº 6 para 14th St-Union Square. Diariam 11h-2h30. MAPA P. 101, MAPA DE BOLSO E11

PETE'S TAVERN

Aberto em 1864 e bar outrora clandestino, afirma ser o mais antigo de Nova York e capitaliza em cima de sua história. Seu balcão desgastado e as mesas ao ar livre são bem convidativos.

Casas noturnas e música ao vivo

BLUE SMOKE: JAZZ STANDARD

116 E 27th St entre Park e Lexington aves. Metrô nº 6 para 28th St ☎ 212/576-2232, Ⓦ www.jazzstandard.com. Shows às 19h30 e às 21h30 seg-qui e dom, e show extra às 23h30 sex e sáb. Couvert US$20-35. MAPA P. 101, MAPA DE BOLSO D10

Este clube gourmet serve um churrasco sublime e apresenta todos os tipos de jazz.

IRVING PLAZA

17 Irving Place com 15th St. Metrô L, N, Q, R, nº 4, nº 5, nº 6 para 14th St-Union Square ☎ 212/777-6800. MAPA P. 101, MAPA DE BOLSO E11

Outrora sede de um musical da Broadway (do qual restam os lustres e a cor vermelha), o *Irving Plaza* é uma casa de shows de porte mediano dedicada ao rock'and'roll.

Midtown

Amplamente empresarial e comercial nas décadas de 1940 e 1950, Midtown é a área que fica a leste da Sexta Avenida ao longo do rio. Aqui estão as butiques mais esnobes, as melhores fachadas art déco e os arranha-céus modernistas, sobretudo na extensão das ruas E 42nd e E 57th e das avenidas Quinta, Madison e Park. A Quinta Avenida é uma visão grandiosa e polo do comércio chique de Manhattan; as calçadas ficam quase paralisadas no Natal devido à profusão de pessoas olhando as vitrines decoradas. A estação de trem beaux-arts Grand Central Terminal, de Cornelius Vanderbilt, domina a Park Avenue, enquanto os grandes museus e símbolos da cidade como o Museum of Modern Art, o Rockefeller Center e a ONU marcam o resto da paisagem.

THE MORGAN LIBRARY AND MUSEUM

225 Madison Ave entre E 36th e 37th sts. Metrô nº 6 para 33rd St ☎ 212/685-0008, ⓦ www.themorgan.org. Ter-qui 10h30-17h, sex 10h30-21h, sáb 10h-18h, dom 11h-18h. US$15, grátis sex 19h-21h. MAPA P. 109, MAPA DE BOLSO D9

A inspiradora **Morgan Library** em Murray Hill foi originalmente construída para abrigar as peças reunidas pelo banqueiro J. P. Morgan durante suas viagens frequentes ao exterior; ele dizia ter um interesse pulsante por "todas as coisas belas do mundo", neste caso, manuscritos com iluminuras, pinturas, gravuras e móveis. Um incrível ponto de encontro projetado por Renzo Piano unifica a Morgan's Library, o anexo e a construção de arenito do século XIX.

A coleção de cerca de 10 mil desenhos e gravuras, incluindo obras de Da Vinci, Degas e Dürer, é complementada pelos raros manuscritos literários de Dickens, Jane Austen e Thoreau,

GRAND CENTRAL TERMINAL

pela correspondência mantida entre Hemingway e George Plimpton, e pelos rascunhos musicais de luminares que vão de Haydn a Dylan. A biblioteca e sala de estudos de Morgan, parte do recém-restaurado edifício McKim, no centro do complexo, também estão à mostra.

GRAND CENTRAL TERMINAL

E 42nd St entre Lexington e Vanderbilt aves. Metrô S nº 4, nº 5, nº 6, nº 7 para 42nd St-Grand Central ☎ 212/935-3960 ou ☎ 212/883-2420 para visitas. Ⓦ www.grandcentralterminal.com. MAPA P. 109, MAPA DE BOLSO E8

Construído em 1871 sob a direção de Cornelius Vanderbilt, o **Grand Central Terminal** foi uma obra-prima de planejamento urbano na época. Com estrutura básica de ferro e revestimento beaux-arts, o saguão principal da estação de trem é uma visão inesquecível. Com 143m de extensão e 45,7m de altura, exibe um teto abobadado cilíndrico que, como uma igreja barroca, tem uma pintura representando o céu noturno de inverno. A estação também tem um saguão no andar inferior com opções de comida para viagem e o icônico *Oyster Bar and Restaurant* (p. 120). Quarta (aceita-se contribuições; 90min) começam às 12h30 no guichê de informações principal; a visita pela estação às 12h30 de sexta (90min) se inicia do outro lado da rua, no átrio de vidro em 120 Park Avenue. Também há audioguias (diariam 9h-18h; US\$7) disponíveis nos guichês marcados "GCT Tour", no pátio principal.

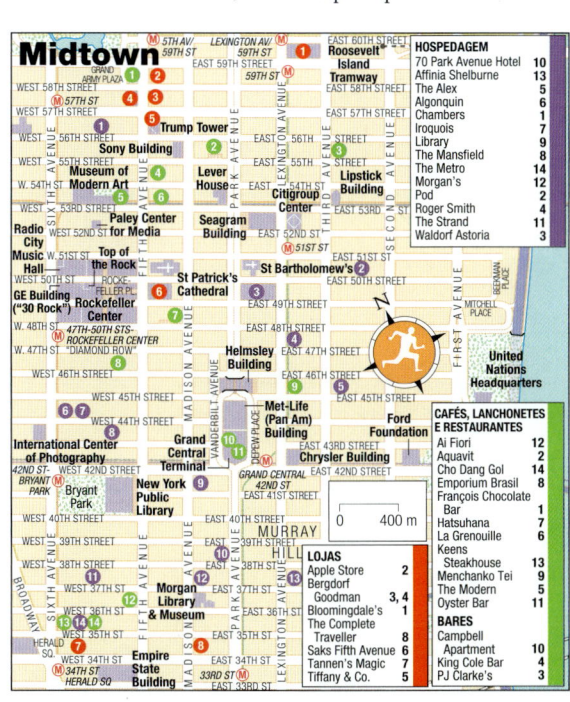

HOSPEDAGEM	
70 Park Avenue Hotel	10
Affinia Shelburne	13
The Alex	5
Algonquin	6
Chambers	1
Iroquois	7
Library	9
The Mansfield	8
The Metro	14
Morgan's	12
Pod	2
Roger Smith	4
The Strand	11
Waldorf Astoria	3

CAFÉS, LANCHONETES E RESTAURANTES	
Ai Fiori	12
Aquavit	2
Cho Dang Gol	14
Emporium Brasil	8
François Chocolate Bar	1
Hatsuhana	7
La Grenouille	6
Keens Steakhouse	13
Menchanko Tei	9
The Modern	5
Oyster Bar	11

LOJAS	
Apple Store	2
Bergdorf Goodman	3, 4
Bloomingdale's	1
The Complete Traveller	8
Saks Fifth Avenue	6
Tannen's Magic	7
Tiffany & Co.	5

BARES	
Campbell Apartment	10
King Cole Bar	4
PJ Clarke's	3

CHRYSLER BUILDING

CHRYSLER BUILDING

405 Lexington Ave entre E 42nd e E 43rd sts. Metrô S nº 4, nº 5, nº 6, nº 7 para 42nd St-Grand Central. MAPA P. 109, MAPA DE BOLSO E8

Um dos elementos-chave de Manhattan, o **Chrysler Building** é de uma época (1928-30) em que os arquitetos conciliavam prestígio com graça e estilo. Os frisos com motivos de carros, as gárgulas e o pináculo de aço inoxidável com arcos dão um toque de fantasia ao solene skyline de Midtown. O público só tem acesso ao saguão, onde havia um showroom de carros. Entre para apreciar as paredes com mármore africano, as portas com marchetaria dos elevadores e os murais mostrando aviões, máquinas e operários que construíram a torre.

ORGANIZAÇÃO DAS NAÇÕES UNIDAS (ONU)

First Ave com E 46th St. Metrô S nº 4, nº 5, nº 6, nº 7 para 42nd St-Grand Central ☎212/963-8687, ⊕www.un.org. Visitas guiadas (45min) Seg-sex 9h30-16h45, sáb e dom visitas com audioguia 10h-16h15. US$16, US$11 crianças 5-12. US$16. MAPA P. 109, MAPA DE BOLSO E8

Grande atração para interessados em questões mundiais, o **complexo da ONU** abrange o Secretariado com fachada de vidro, a amplidão sinuosa da Assembleia Geral e a Ala de Conferências mais abaixo. Visitas – mediante apresentação de documento de identidade – passam pelas câmaras de conferência e seus anexos. Ainda mais interessantes são os belos espaços expositivos e obras de arte doadas por outras nações.

MET LIFE BUILDING

200 Park Ave entre E 44th e E 45th sts. Metrô S nº 4, nº 5, nº 6, nº 7 para 42nd St-Grand Central. MAPA P. 109, MAPA DE BOLSO E8

O volumoso **Met Life Building**, que paira acima da ponta sul da Park Avenue antes de sua interrupção pelo Grand Central, tira o impacto dos numerosos edifícios mais delicados ao seu redor. Walter Gropius, guru da Bauhaus, deu uma mão no projeto, e o consenso geral é de que ele podia ter se esmerado mais. Como sede da hoje extinta empresa aérea Pan Am, o perfil do edifício devia evocar a asa de um avião. Sua massa cinza-azulada por certo se distingue na paisagem, embora esconda a avenida na 44th Street.

WALDORF ASTORIA HOTEL

301 Park Ave entre E 49th e E 50th sts. Metrô 6 para 51st St. MAPA P. 109, MAPA DE BOLSO E8

A massa sólida do **Waldorf Astoria Hotel**, de 1931, contribui para a riqueza ostensiva da Park Avenue. Mesmo que não se hospede nele (é uma sorte poder fazer isso; ver detalhes na p. 180), entre no longo saguão para apreciar sua grandiosidade e luxo art déco com mármore em profusão, que se

SEDE DA ONU

estende pelo andar de baixo no balcão curvo do *Bull and Bear*.

ST BARTHOLOMEW'S CHURCH

325 Park Ave com E 50th St. Metrô nº 6 para 51st St Ⓦ www.stbarts.org. Seg, ter e qui-sáb 9h-18h, qua 9h-19h, dom 8h-18h, coral dom 11h. MAPA P. 109, MAPA DE BOLSO E8

A **igreja episcopal de S. Bartolomeu** é uma construção baixa com toques românicos e portais projetados por McKim, Mead e White. Uma grande contribuição à rua, a igreja proporciona um necessário senso de escala aos arranha-céus exagerados. Como está em um dos terrenos mais valorizados da cidade, a igreja luta há anos contra incorporadores imobiliários e acabou abrindo um precedente para a lei de tombamento de patrimônios de Nova York.

SEAGRAM BUILDING

375 Park Ave entre E 52nd e E 53rd sts. Metrô E, M, V Lexington Ave/53rd St; nº 6 para 51st St. MAPA P. 109, MAPA DE BOLSO E7

Projetado por Mies van der Rohe e Philip Johnson, o **Seagram Building**, de 1958, foi o arranha-céu seminal com fachada de vidro. Seus andares com sustentação interna possibilitaram o revestimento de vidro esfumaçado e bronze em tons ocre. Todos os detalhes internos – desde as luminárias às inscrições nas caixas de correspondência – têm design exclusivo. A plaza, uma quadra aberta que separa o edifício de seus vizinhos, fez tanto sucesso que a cidade mudou as leis de zoneamento para que outras construtoras fizessem espaços públicos semelhantes.

Outros monumentos de Midtown

A cidade, sobretudo Midtown, tem tantos edifícios marcantes, inovadores ou apenas incomuns que é impossível citar todos neste guia. Caso se interesse por arquitetura, tente visitar outros além dos descritos neste capítulo: o **Ford Foundation Building**, no nº 320 da E 43rd St entre as avenidas First e Second, cujo átrio é uma das grandes experiências cobertas/ao ar livre de Nova York; o **Lipstick Building**, de Phillip Johnson, no nº 885 da Third Ave entre as ruas E 53rd e 54th, conhecido por seu formato curvado e telescópico; e as lajes de aço e vidro em ângulo reto da **Lever House**, no nº 390 da Park Ave, também entre as ruas E 53rd e 54th.

CITIGROUP CENTER

601 Lexington Ave entre E 53rd e E 54th sts. Metrô nº 6 para 51st St. MAPA P. 109, MAPA DE BOLSO E7

Inaugurado em 1978 e com o topo cortado, o **Citigroup Center** (antigo Citicorp Center) é um dos marcos de Manhattan. O teto inclinado se deveu à instalação de painéis solares que geram energia para o edifício e acabou sendo adotado como logotipo do Citigroup. No interior do edifício, a pequena **St Peter's Church** é chamada de "a igreja do jazz" por abrigar o velório de muitos músicos do gênero.

SONY BUILDING

550 Madison Ave entre E 55th e E 56th sts. Metrô E, M para 5th Ave/53rd St ou Lexington Ave/53rd St. MAPA P. 109, MAPA DE BOLSO D9

Com projeto de Philip Johnson e 38 andares, o **Sony Building** (1978-84) segue a teoria pós-moderna da apropriação eclética de estilos históricos: um arranha-céu modernista espremido entre um topo Chippendale e uma base renascentista. Embora o primeiro andar mereça uma olhada devido à sua grandiosidade, alguns acham que Johnson deveria ter seguido o conselho de seu mestre, Mies van der Rohe: "É melhor construir um edifício bom do que um original". Se você tiver crianças, reserve com antecedência uma visita ao **Sony Technology Wonderlab** (grátis; ☎212/833-8100).

NEW YORK PUBLIC LIBRARY

E 42nd St e Fifth Ave. Metrô B, D, F, M, nº 4, nº 5, nº 6 para 42nd St ☎212/930-0830, ⓦwww.nypl.org. Seg e qui-sáb 10h-20h, ter e qua 10h-21h, dom 13h-17h, visitas ao prédio às 11h e 14h. MAPA P. 109, MAPA DE BOLSO D8

Este monumental edifício beaux-arts, com uma reluzente fachada de mármore (recentemente restaurada para o centenário da instituição), é a sede

NEW YORK PUBLIC LIBRARY

do maior sistema de bibliotecas públicas do mundo. Muita gente se encontra para fazer hora na escadaria da **NYPL**, guardada por dois majestosos leões deitados. Entre na biblioteca para explorá-la por conta própria ou faça um passeio guiado gratuito para conhecer todo o prédio, passando pelo **Map Room** e pelo evocativo **Periodicals Room**, com seu incrível teto de madeira falsa e pinturas da Nova York antiga. O destaque, sem dúvida, é a ampla **Reading Room**, com 636 assentos, no terceiro andar. Os escritores Norman Mailer e E.L. Doctorow trabalharam aqui, assim como León Trótsky durante sua breve permanência em Nova York nas vésperas da Revolução Russa, em 1917. Também foi aqui que Chester Carlson teve a ideia para a copiadora Xerox. Há planos para modernizar o sistema, mudar de lugar livros nas prateleiras subterrâneas e permitir empréstimos. Atualmente, qualquer pedido requer trabalho em um sistema arcaico que ainda funciona com tubos pneumáticos.

BRYANT PARK

Sixth Ave entre W 40th e 42nd sts. Metrô B, D, F, M para 42nd St ☎212/768-4242, 🌐www.bryantpark.org. MAPA P. 109, MAPA DE BOLSO D8

Bem atrás da biblioteca pública, o **Bryant Park** ocupa um quarteirão gramado repleto de árvores esguias, canteiros de flores, um pequeno carrossel e bancos convidativos. A restauração do parque é um dos grandes sucessos da cidade, pois até 1922 o lugar era repulsivo. Somente em 1847 tornou-se oficialmente um parque e, como a Greeley Square ao sul, seu nome homenageia William Cullen Bryant, editor do *New York Post*, também famoso como poeta e mentor do Central Park. O Bryant Park sediou a primeira Feira Mundial dos EUA, em 1853, em um palácio de cristal inspirado no Crystal Palace de Londres, o qual acabou incendiado em 1858.

No verão a animação no parque é contagiante e há aulas grátis de jazz e ioga, mesa de tênis e filmes ao ar livre nas noites de segunda.

DIAMOND ROW

W 47th St entre Fifth e Sixth aves. Metrô B, D, F, M para 47-50th St-Rockefeller Center. MAPA P. 109, MAPA DE BOLSO D8

Você reconhece **Diamond Row** pelas luminárias em forma de diamante montadas em pilonos nas duas extremidades. Este trecho, onde você pode comprar joias a preços razoáveis, se formou nos anos 1920. Boa parte das joalherias no atacado e no varejo são administradas por judeus hassídicos, e o clima em dias normais mais parece o do Garment District e o do velho Lower East Side do que o de uma parte da turística Midtown.

ROCKEFELLER CENTER

Da Fifth à Sixth aves entre W 48th e W 51st sts. Metrô B, D, F, M para 47-50th St/Rockefeller Center ☎ 212/332-6868, Ⓦ www.rockefellercenter.com. Visitas diariam 10h-16h, US$15 (☎ 212/332-6621).
MAPA P.109, MAPA DE BOLSO D8

Centro do glamour de Midtown, o **Rockefeller Center** foi construído entre 1932 e 1940 por John D. Rockefeller Jr., filho do magnata do petróleo. Exemplo atemporal de planejamento urbano, equilibra com rara inteligência e graça espaços de escritórios com cafés, galerias subterrâneas e jardins no topo. Na **Lower Plaza**, em seu centro, um restaurante rebaixado funciona no verão, sendo ótima opção para drinques à tarde debaixo da escultura dourada de Prometeu, de Paul Manship. No inverno esta área se torna um rinque de gelo no qual os patinadores se exibem para consumidores de passagem. Desde 1931, uma árvore imensa é montada acima da estátua na época de Natal; sua iluminação, acompanhada de música, atrai multidões no início de dezembro.

GE BUILDING

30 Rockefeller Plaza entre W 49th e W 50th sts. Metrô B, D, F, V para 47-50th St/Rockefeller Center. Visitas ao NBC Studio seg-sáb 8h30-17h30, dom 9h15-17h30; reservas no NBC Experience Store Tour Desk ☎ 212/664-7174. Ⓦ www.nbcstudiotour.com. US$24, 6-18 anos US$21; ingresso grátis para gravação de um programa no saguão no mezanino ou na rua. MAPA P.109, MAPA DE BOLSO D8

Suprassumo do estilo art déco e com 259m, o **GE Building** (ou **30 Rock**) tem linhas simétricas monumentais que se equiparam à escala de Manhattan. No saguão do GE, os murais *American Progress* e *Time*, de José Maria Sert, se harmonizam com a ambientação art déco dos anos 1930, mas as pinturas de Diego Rivera foram raspadas após o artista se recusar a eliminar uma imagem glorificando Lênin. Em meio às empresas presentes no edifício, os **NBC Studios** produzem o duradouro programa de sucesso *Saturday Night Live*. Visitas de uma hora nos bastidores de alguns programas têm início a cada 30 minutos seg-sex, e a cada 15 minutos nos fins de semana.

Vista da cidade

Top of the Rock e o Empire State Building são as opções óbvias para vistas panorâmicas de Nova York, mas você pode gastar menos e ver ângulos inusitados da cidade nos seguintes locais:
No meio da **ponte do Brooklyn** (p. 42) para ver o Financial District.
A **High Line** (p. 92) para apreciar a Tenth Avenue.
A **General Worth Square**, ao lado do Madison Square Park (p. 102), para visualizar o Flatiron, a torre Metlife, o parque e o trânsito insano.
O **Cantor Rooftop Garden** no Met (p. 145) tem vista do Central Park.
O **Empire-Fulton Ferry Park** em Dumbo (p. 163) mostra as pontes do Brooklyn e de Manhattan.

DEQUE DE OBSERVAÇÃO TOP OF THE ROCK

30 Rockefeller Plaza com W 50th St. Metrô B, D, F, M para 47-50th St-Rockefeller Center ☎ 212/698-2000, ⓦ www.topoftherocnyc.com. Diariam 8h-0h, último elevador às 23h US$25, crianças 6-12 US$16.
MAPA P.109, MAPA DE BOLSO D8

O preço é salgado, mas a vista vale a pena. Tão grandioso quanto o do Empire State Building (com o bônus de abranger o próprio Empire State), o panorama descortinado do topo do **GE Building** permite visualizar o traçado do Central Park, comparar o centro com a área mais alta da cidade, e ter uma vista vertiginosa da St Patrick's Cathedral, da George Washington Bridge e além. O filme sobre a história do Rockefeller Center é dispensável; vá direto para o elevador que leva ao 67º andar e depois vá pela escada aos deques no 69º e no 70º andares.

RADIO CITY MUSIC HALL

1260 Sixth Ave com W 50th St. Metrô B, D, F, M para 47-50th St/Rockefeller Center. Ingressos ☎ 1-866/858-0008, visitas ☎ 212/247-4777, ⓦ www.radiocity.com. Diariam 11h30-15h. Visita US$19,25, crianças até 12 US$12,50, preço dos shows varia.
MAPA P. 109, MAPA DE BOLSO D8

Com uma das marquises mais familiares em Nova York, a mundialmente famosa sala de concertos **Radio City** é a última palavra em luxo dos anos 1930. Caso não possa ver um show – astros como Sinatra costumavam se apresentar aqui, mas atualmente a grande atração é o show natalino "Christmas Spectacular" –, participe de uma das visitas aos bastidores, intituladas "Stage Door", com duração de uma hora. A escadaria deslumbrante exibe um dos maiores lustres do mundo, enquanto o imenso auditório parece uma extravagante concha recortada. As partes móveis do palco também são fascinantes, e há um encontro rápido com uma rockette.

ST PATRICK'S CATHEDRAL

50th St com Fifth Ave. Metrô B, D, F, M para 47-50th St-Rockefeller Center ☎ 212/ 753-2261, ⓦ www.saintpatrickscathedral.org. Diariam 7h-20h30, missas ao longo do dia. MAPA P. 109, MAPA DE BOLSO D8

Projetada por James Renwick e concluída em 1888, a **St Patrick's Cathedral** é resultado de um minucioso apanhado acadêmico das catedrais góticas da Europa. Perfeita nos detalhes, porém desprovida de espírito, sua esterilidade fica evidenciada pela vizinha **Olympic Tower** de vidro preto, um prédio residencial exclusivo onde Jackie Kennedy Onassis morou.

PALEY CENTER FOR MEDIA

25 W 52nd St entre Fifth e Sixth aves. Metrô B, D, F, V para 47-50th St-Rockefeller Center; E, M para Fifth Ave/53rd St ☎ 212/621-6800, ⓦ www.mtr.org. Qua-dom 12h-18h, qui 12h-20h. US$10, até 14 US$5. MAPA P. 109, MAPA DE BOLSO D7

O antigo Museum of Television and Radio ainda mantém seu amplo arquivo de programas de TV e rádio dos EUA. Caso queira ver episódios de séries queridas que duraram pouco como *Freaks and geeks* ou antigos clássicos como *Dragnet* ou *Honeymooners*, este é o lugar certo. Um excelente sistema de referência computadorizada permite achar qualquer programa na hora.

MUSEUM OF MODERN ART

11 W 53rd St entre Fifth e Sixth aves. Metrô B, D, F, M para 47-50th St-Rockefeller Center; E, M para Fifth St/53rd St ☎ 212/708-9400, ⓦ www.moma.org. Seg, qua, qui, sáb e dom 10h30-17h30, sex 10h30-20h. US$25, menores de 16 anos grátis, grátis sex 16h-20h. MAPA P. 109, MAPA DE BOLSO D7

O Museum of Modern Art, ou simplesmente **MoMA**, oferece o panorama mais completo da arte do final do século XIX e do século XX disponível no mundo inteiro. Mais de 100 mil pinturas, esculturas, desenhos, gravuras, fotografias, maquetes arquitetônicas e objetos de design compõem o acervo, além de um arquivo de filmes de nível internacional. Após uma expansão concluída em 2004 que duplicou o espaço expositivo, outra já está em andamento preparando galerias em um arranha-céu projetado por Jean Nouvel ao lado, o qual será um dos mais altos da cidade.

O centro são as **galerias de Pinturas e Esculturas**, e se essa for sua prioridade, vá direto para o quinto andar – a sala Pintura e Escultura 1, que começa com Cézanne, Gauguin e os pós-impressionistas do final do século XIX, abrange Picasso, Braque e Matisse (este último tem uma sala própria que inclui o autorreferencial *Estúdio vermelho* e a perspectiva inusitada de *A dança*), passa por De Chirico, Duchamp e Mondrian, e termina com os surrealistas Miró, Magritte e Dalí.

No quarto andar, a sala Pintura e Escultura 2 exibe obras dos anos 1940 a 1980 e inevitavelmente tem um mais americano, com obras dos expressionistas abstratos Pollock, Rothko e Barnett Newman, além de muitas obras familiares da era moderna – *Bandeira*, de Jasper John, pinturas de Robert Rauschenberg com técnicas mistas, latas de sopa de Warhol e quadrinhos de Roy Lichtenstein.

No terceiro andar, as **galerias de Fotografia** as exposições mudam com frequência, mas sempre incluem fotos de Paris feitas por Cartier-Bresson, e retratos de ícones culturais feitos por Richard Avedon. **Arquitetura e Design**, no mesmo andar, tem mostras temporárias de todos os aspectos do design a partir de meados do século XIX. As **galerias de Desenho**, também nesse andar, expõem grandes artistas do século XX – a exemplo de Lucien Freud, Robert Rauschenberg e seu colega de quarto Willem de Kooning. Por fim, as amplas galerias no segundo andar mostram o acervo do MoMA de arte contemporânea em (dos anos 1980 até hoje) todas as mídias.

Para uma pausa, vá ao *Café 2* no segundo andar, que serve ótima comida italiana. O *Terrace 5*, no quinto andar, é mais formal e tem vista para o jardim de esculturas no piso térreo. O elegantíssimo restaurante *The Modern* fica no primeiro andar.

TRUMP TOWER

725 Fifth Ave entre 56th e 57th sts. Metrô F para 57th St. MAPA P. 109, MAPA DE BOLSO D7

A espalhafatosa **Trump Tower**, do incorporador imobiliário nova-iorquino Donald Trump, causa repulsa a muita gente – menos a quem frequenta as butiques nos andares inferiores. Tudo – o ar perfumado, os revestimentos com painéis de mármore e uma cascata de cinco andares – é calculado para impressionar. O edifício é prático e tem um pequeno jardim elevado em um canto ao ar livre. Os 230 apartamentos acima do átrio dispõem de vista em três direções.

Lojas

APPLE STORE

767 Fifth Ave entre 58th e 59th sts; outras filiais. Metrô N, R para 5th Ave/59th St. Diariam 24h. MAPA P. 109, MAPA DE BOLSO D7

Há quatro lojas da Apple na cidade, mas esta é a mais incrível – e o estabelecimento que mais ganha dinheiro na Quinta Avenida. Um gigantesco cubo de vidro se projeta da calçada para anunciar a entrada da loja; desça a escada interna, em espiral, para ver os últimos lançamentos dessa potência tecnológica.

BERGDORF GOODMAN

754 e 745 Fifth Ave com 58th St. Metrô F para 57th St; N, R para Fifth Ave/59th St. Seg-sex 10h-20h, sáb 10h-19h, dom 12h-18h. MAPA P. 109, MAPA DE BOLSO D7

Esta venerável loja de departamentos atrai os consumidores mais ricos da cidade e ocupa dois edifícios na Quinta Avenida. Ambos têm haute couture, mas um é para homens e o outro, para mulheres.

BLOOMINGDALE'S

1000 Third Ave com E 59th St. Metrô N, R, nº 4, nº 5, nº 6 para 59th St. Seg, ter e qua 10h-20h30, qui-sáb 10h-22h, dom 10h-21h. MAPA P. 109, MAPA DE BOLSO E7

Uma das lojas de departamentos mais famosas de Manhattan, é repleta de peças de estilistas, perfumes em profusão e artigos para casa.

THE COMPLETE TRAVELLER

199 Madison Ave com E 35th St. Metrô nº 6 para 33rd St. Seg-sex 9h30-18h, sáb 10h-18h30, dom 12h-17h. MAPA P. 109, MAPA DE BOLSO D9

Melhor livraria de Manhattan especializada em turismo, tem obras novas e usadas, incluindo uma coleção imensa de *Baedekers*.

SAKS FIFTH AVENUE

611 Fifth Ave com 50th St. Metrô E, M para 53rd St; B, D, F, M para 47-50th St-Rockefeller Center. Seg-sáb 10h-20h, dom 11h-19h. MAPA P. 109, MAPA DE BOLSO D8

Aqui tudo continua tão glamouroso quanto no início em 1922. A Saks se mantém como sinônimo de estilo e qualidade.

TANNEN'S MAGIC

45 W 34th St, Suite 608, entre Fifth e Sixth aves. Metrô B, D, F, M, N, Q, R para 34th St-Herald Square. Seg-sex 11h-18h, sáb e dom 10h-16h. MAPA P. 109, MAPA DE BOLSO D9

Seus filhos nunca vão esquecer a visita à maior loja de mágica do mundo, repleta de truques e kits. Os vendedores são mágicos.

TIFFANY & CO.

727 Fifth Ave com E 57th St. Metrô N, R, W para Fifth Ave/59th St. Seg-sáb 10h-19h, dom 12h-18h. MAPA P.109, MAPA DE BOLSO D7

A melhor descrição da Tiffany, com seu interior de mármore verde e madeira, foi feita pela personagem Holly Golightly, de Truman Capote: "Este lugar me acalma instantaneamente... nada muito ruim pode acontecer aqui".

Cafés e lanchonetes

FRANÇOIS CHOCOLATE BAR

1 W 58th St at The Plaza. Metrô N, Q, R para Fifth Ave-59th St. Seg-sáb 9h30h-18h30, dom 10h30-17h30. MAPA P. 109, MAPA DE BOLSO D7

Os macaroons, musses e chocolates quentes preparados aqui seguem o padrão das melhores pâtisseries parisienses, com verdadeiro chocolate francês e deliciosas tortas.

Restaurantes

AI FIORI

400 Fifth Ave entre 36th e 37th sts, no Setai Hotel. Metrô B, D, F, M, N, Q, R para 34th St-Herald Square; nº 6 para 33rd St ☎ 212/613-8660. Seg-qui 7h-10h30, 11h45-14h30 e 17h30-21h30, sex 7h-10h30, 11h45-14h30 e 17h30-22h30, sáb 8h-10h30, 11h45-14h30 e 17h30-22h30, dom 8h-10h30, 11h45-14h30 e 17h30-21h30. MAPA P. 109, MAPA DE BOLSO D9

A decoração e o ambiente não são dignos de nota, ao contrário dos pratos franco-italianos servidos aqui. Esbalde-se com o menu de preço fixo de quatro pratos (US$89), que permite a escolha (como lagosta na manteiga, por exemplo) a partir do incrível cardápio.

AQUAVIT

65 E 55th St entre Madison e Park aves. Metrô nº 6 para 51st St ☎ 212/307-7311. Seg-sex e dom 11h45-14h30 e 17h30-22h30, sáb 17h30-22h30. MAPA P. 109, MAPA DE BOLSO D7

Vá e se surpreenda com o salão principal ou faça uma refeição bem menos rebuscada e cara no café. Em ambos os casos, você degustará comida escandinava de alto nível: salmão curado, arenque de várias maneiras, truta defumada do Ártico, almôndegas suecas e muito mais. O brunch dominical (US$48) dá chance de comer diversas outras delícias.

CHO DANG GOL

55 W 35th St entre Fifth e Sixth aves. Metrô B, D, F, M, N, Q, R para 34th St ☎ 212/ 695-8222. Diariam 11h30-22h30. MAPA P. 109, MAPA DE BOLSO D9

Há restaurantes coreanos em profusão na 32nd Street entre a Quinta e a Sexta; este, um pouco fora de mão, é especializado em variadas receitas com tofu caseiro. Oferece, porém, outras opções como carne de porco em um wrap de alface apimentado.

EMPORIUM BRASIL

15 W 46th St entre Fifth e Sixth aves. Metrô B, D, F, M, V para 47-50th St-Rockefeller Center ☎ 212/764-4646. Seg-qua 11h30-22h, qui-sáb 11h30-23h, dom 12h-21h30. MAPA P. 109, MAPA DE BOLSO D8

Confira a comida e o clima autênticos do Brasil a preços relativamente razoáveis para Midtown. Nas tardes de sábado, a grande atração é a saborosa feijoada acompanhada de arroz.

HATSUHANA

17 E 48th St entre Fifth e Madison aves. Metrô nº 6 para 51st St ☎ 212/355-3345; filial no nº 237 da Park Ave. Seg-sex 11h45-14h45 e 17h30-22h, sáb 17h-22h. MAPA P. 109. MAPA DE BOLSO D8

Este restaurante é um velho favorito dos habitantes locais que gostam de sushi. Não é um lugar barato, mas não causa um rombo – e o frescor dos peixes compensa o investimento.

KEENS STEAKHOUSE

72 W 36th St entre Fifth e Sixth aves. Metrô B, D, F, M, N, Q, R para 34th St-Herald Square ☎ 212/947-3636. Seg-sex 11h45-22h30, sáb 17h-22h30, dom 17h-21h. MAPA P. 109. MAPA DE BOLSO D9

Esta chophouse de 130 anos é clássica. O movimentado pub é um ótimo lugar para um martíni e uma miniporção de costeletas de carneiro, enquanto as porções grandes são servidas no restaurante anexo.

LA GRENOUILLE

3 E 52nd St entre Fifth e Madison aves. Metrô E, M para Fifth Ave-53rd St ☎ 212/752-1495. Ter-sex 12h-14h30 e 17h-22h30, sáb 17h-22h30. MAPA P.109. MAPA DE BOLSO D7

A haute cuisine francesa servida aqui derrete corações e surpreende paladares desde 1962. Todos os clássicos são feitos com perfeição, e o atendimento é encantador. O almoço a preço fixo custa US$38-52, e o jantar sai entre US$78-95 por pessoa.

MENCHANKO TEI

131 E 45th St entre Lexington e Third aves, filial na 55th St. Metrô nº 6 para 42nd St ☎ 212/986-6805. Seg-qui 11h30-23h30, sex 11h30-0h, sáb 11h30-23h, dom 11h30-22h30. MAPA P. 109. MAPA DE BOLSO E8

Uma das melhores opções de lamen fica fora do East Village. Oferece caldos fumegantes com sabor de soja, talharins gostosos, carne de porco refogada e camarões com cabeça.

THE MODERN

9 W 53rd St. Subway E, M to Fifth Ave-53rd St. Metrô E, M para Fifth Ave-53rd St ☎ 212/333-1220. Seg-qui 12h-14h e 17h-21h30, sex 12h-14h e 17h30-22h30, sáb 17h30-22h30, Bar Room apenas dom 11h30-21h30. MAPA P. 109. MAPA DE BOLSO E8

O restaurante refinado do MoMA é elegante, sem exageros. Ingredientes sazonais são artisticamente combinados produzindo pratos surpreendentes, como bacalhau envolto em chouriço com purê de semente de cacau. Menus fixos a partir de US$98. *The Bar Room at the Modern* oferece opções mais informais.

OYSTER BAR

Nível inferior, Grand Central Terminal na 42nd St e na Park Ave. Metrô S nº 4, nº 5, nº 6, nº 7 para 42nd St-Grand Central ☎ 212/490-6650. Seg-sex 11h30-21h30, sáb 12h-21h30. MAPA P. 109. MAPA DE BOLSO E8

Nos porões abobadados da Grand Central, o mítico *Oyster Bar* atrai trabalhadores de Midtown no almoço e amantes de frutos do mar no jantar, que se deparam com um menu formidável de pratos do dia como filé ao vapor e lagosta do Maine ao vapor. Os preços variam de moderados a caros, mas você pode tomar uma sopa ou pedir algo no bar.

Bares

CAMPBELL APARTMENT

Grand Central Terminal, balcão sudoeste, E 42nd St. Metrô S nº 4, nº 5, nº 6, nº 7 para 42nd St-Grand Central ☎ 212/953-0409. Seg-qui 12h-1h, sex 12h-2h, sáb 14h-2h, dom 14h-24h. MAPA P.109, MAPA DE BOLSO E8

Outrora residência do empresário John W. Campbell, que supervisionou a construção da Grand Central, este espaço majestoso – que parece um palácio florentino do século XIII – ficou fechado vários anos. Hoje, é um dos bares mais charmosos de Nova York. Capriche no visual e chegue cedo.

KING COLE BAR

2 E 55th St entre Fifth e Madison aves, no St Regis Hotel. Metrô E, M para Fifth Ave/53rd St; F para 57th St. Seg-qui 11h30-24h, sex e sáb 11h30-1h, dom 12h-0h. MAPA P. 109, MAPA DE BOLSO D7

É preciso se vestir bem e se preparar para gastar bastante na casa tida como a inventora do Bloody Mary. Tomar um coquetel em uma mesa ou sob o mural de Maxfield Parrish no bar faz qualquer um se sentir um rei.

PJ CLARKE'S

915 Third Ave com E 55th St. Metrô nº 6 para 51st St; E, M para Lexington Ave/53rd St ☎ 212/317-1616. Diariam 11h30-4h. MAPA P. 109, MAPA DE BOLSO E7

Um dos bares mais famosos da cidade, o *PJ Clarke's* serve boas cervejas, mas só a Guinness é oferecida em caneca. Mesas com toalhas de padrão xadrez vermelho e branco aguardam os clientes mais ao fundo, onde você opta por algo no menu clássico americano. Aqui foram rodadas cenas do filme *Farrapo humano*.

CAMPBELL APARTMENT

Times Square e Theater District

Os anúncios no alto e as luzes faiscantes da Times Square, nas quadras ao norte da rua 42nd no cruzamento da Sétima Avenida com a Broadway, criam um novo sentido para a expressão "poluição visual". Mais de 270 mil trabalhadores passam por ali diariamente e, na véspera do Ano-Novo, centenas de milhares de pessoas vêm aqui para ver a descida da bola à meia-noite. Os tempos de insegurança acabaram, mas demonstrações ostensivas da mídia e do consumismo ainda reinam. O vizinho Theater District e suas produções milionárias da Broadway atraem multidões, enquanto o Hell's Kitchen a oeste reúne numerosos restaurantes e vida noturna animada. Acaba-se passando bastante tempo por aqui – há muitos hotéis e provavelmente você vai assistir a um show ou outro –, mas há poucas, se é que há alguma, atrações turísticas imperdíveis (além dos espetáculos, é claro).

TIMES SQUARE

Broadway, Seventh Ave e 42nd St. Visitor Center na 1560 Broadway. Metrô N, Q, R, W, nº 1, nº 2, nº 3. MAPA P. 123, MAPA DE BOLSO D8

Além de fazer parte do imaginário coletivo, a **Times Square** agora é um universo um tanto asséptico de consumo popular. Seu nome teve origem nos escritórios do *New York Times*, construídos em 1904 (a sede atual do jornal, um projeto recente de Renzo Piano, fica na Oitava Avenida, entre as ruas 40th e 41st). Na época da inauguração da sede original, o publisher

Adolph Ochs realizou aqui uma comemoração de Ano-Novo e essa festa se tornou uma tradição: centenas de milhares de pessoas ocupam as ruas para festejar (apesar da proibição de comprar e consumir álcool publicamente) e ver a enorme bola de cristal Waterford cair na Times Square. O neon, tão associado à praça, inicialmente se restringia aos teatros e gerou o termo "Great White Way", mas agora anúncios de centenas de produtos formam uma das cenas noturnas mais extravagantes do mundo.

HELL'S KITCHEN

MAPA P. 123, MAPA DE BOLSO C8

Entre as ruas 34th e 59th a oeste da Oitava Avenida, **Hell's Kitchen** concentra o interessante reduto de bares, restaurantes, empórios e delicatessens étnicas da Nona Avenida – palco do excelente **Ninth Avenue International Food Festival** (Ⓦwww.ninthavenue foodfestival.com), sempre em maio. Outrora um dos bairros mais violentos da cidade, era originalmente habitado por imigrantes irlandeses e do Leste Europeu, aos quais se juntaram gregos, porto-riquenhos e negros. Esta área explosiva ganhou fama com o musical *Amor, sublime amor*, de 1957. Agora, porém, tudo está diferente: o bairro exibe ruas residenciais bem cuidadas, e a construção e reforma de prédios residenciais e hotéis de luxo vêm ocorrendo a um ritmo espantoso. Além dessa valorização imobiliária, o bairro ganhou uma comunidade gay significativa e há quase tantos bares e clubes gays quanto em Chelsea e no East Village.

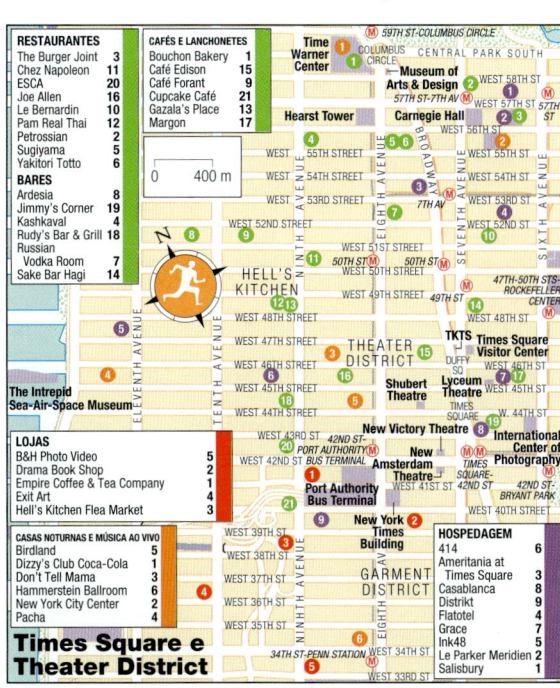

Theater District

A oeste da Broadway e ao norte da 42nd Street, o Theater District fomenta a animação na Times Square. Entre os velhos palácios ainda existentes, o **New Amsterdam**, no nº 214 da W 42nd St, e o mais familiar **New Victory**, no nº 209 da W 42nd St, recuperaram seu esplendor de outrora. O **Lyceum**, no nº 149 da W 45th St, mantém a fachada original, enquanto o **Shubert Theater**, no nº 225 da W 44th St, tem um interior magnífico que contrasta com sua aparência externa despojada.

Caso queira ver um **show**, vá ao guichê da TKTS na 47th Street na Times Square (há outros guichês na South Street Seaport e 1 Metro Center), que vende meias-entradas e inteiras para o mesmo dia para shows na Broadway (Seg e qua-sáb 15h-20h, ter 14h-20h para shows à noite, também qua e sáb 10h-14h, dom 11h-15h para matinês). O guichê sempre tem pelo menos um par de entradas para cada apresentação de todos os shows da Broadway e da off-Broadway, com desconto de 20 a 50% (mais US$4 de taxa de serviço). As bilheterias de muitos teatros vendem entradas baratas no dia do show para quem se dispõe a ficar em pé.

INTREPID SEA-AIR-SPACE MUSEUM

Pier 86 na W 46th St e Twelfth Ave. Metrô A, C, E para 42nd St; C, E para 50th St ☎212/ 245-0072, www.intrepidmuseum.org. Abr-set seg-sex 10h-17h, sáb e dom 10h-18h; out-mar ter-dom 10h-17h. US$22, entre 3-17 anos US$17. MAPA P. 123, MAPA DE BOLSO B8

O museu fica instalado no impressionante porta-aviões homônimo de 243m de comprimento, que recolheu cápsulas das missões especiais Mercury e Gemini, e fez várias viagens ao Vietnã. Há vários aviões e navios modernos e antigos, incluindo o A-12 Blackbird, o avião de espionagem mais veloz do mundo, e o USS *Growler*, único submarino de mísseis guiados aberto ao público. Exposições interativas ficam no hangar interno, mas explore melhor o interior do porta-aviões, onde estão o refeitório e os alojamentos da tripulação, a sala da âncora e muitos instrumentos de navegação. O museu também abriga o avião aposentado Concorde, assim como o ônibus-espacial Enterprise (apenas uma versão de teste que nunca foi ao espaço).

CARNEGIE HALL

INTERNATIONAL CENTER OF PHOTOGRAPHY

1133 Sixth Ave com 43rd St. Metrô B, D, F, V para 42nd St ☎212/857-0000, Ⓦwww.icp.org. Ter-qua 10h-18h, qui e sex 10h-20h, sáb e dom 10h-18h. US$12. MAPA P. 123, MAPA DE BOLSO D8

Fundado em 1974 por Cornell Capa (irmão do fotógrafo de guerra Robert Capa), este excepcional museu e escola realiza cerca de vinte exposições por ano voltadas a "fotografia engajada", de vanguarda e experimental, e retrospectivas de mestres modernos. Muitas mostras enfocam obras de seu amplo acervo permanente, que abriga basicamente toda a obra de Robert Capa, assim como de Weegee, o precursor do fotojornalismo em Nova York.

CARNEGIE HALL

154 W 57th St com Seventh Ave. Metrô N, Q, R para 57th St ☎212/903-9765, ingressos ☎212/247-7800, Ⓦwww.carnegiehall.org. Visitas fim set-jun geralmente seg-sex 11h30, 12h30, 14h e 15h, sáb 11h30 e 12h30, dom 12h30. US$10. MAPA P. 123, MAPA DE BOLSO D7

Uma das melhores casas de show do mundo, o imponente **Carnegie Hall**, de inspiração renascentista, foi construído pelo magnata do aço Andrew Carnegie em 1891 e custou US$1 milhão. Tchaikovsky foi o regente na noite de abertura, e Mahler, Rachmaninov, Toscanini, Frank Sinatra, Duke Ellington e Judy Garland já se apresentaram aqui. A acústica maravilhosa assegura grande afluxo de público o ano inteiro. Participe de uma das excelentes visitas e veja os bastidores.

COLUMBUS CIRCLE

Cruzamento da Broadway com Central Park West e 59th St. Metrô A, B, C, D, nº 1 para 59th St-Columbus Circle. MAPA P. 123, MAPA DE BOLSO C7

Columbus Circle é a rotatória em Manhattan que separa Midtown do Upper West Side. Para observar o movimento, fique em sua ilha central sob a estátua de Colombo, que fica encarapitada no alto de uma coluna. Daqui você pode ver as carruagens do Central Park e alguns edifícios surpreendentes como a Hearst Tower, o Time Warner Center e o Two Columbus Circle. Saindo do círculo, na entrada do Central Park, o **USS Maine Monument** é uma grande coluna de pedra com a proa de um navio se projetando da base; no topo há uma faiscante estátua dourada do Columbia Triumphant. O monumento homenageia os 260 marinheiros mortos em uma explosão no navio Maine, fato que ajudou a fomentar a Guerra Hispano-Americana.

HEARST TOWER

300 W 57th St com Eighth Ave. Metrô A, B, C, D, nº 1 para 59th St-Columbus Circle. MAPA P. 123, MAPA DE BOLSO C7

Desde a Grande Depressão a base de calcário da **Hearst Tower** aguardava um arranha-céu. Finalmente concluída em 2006, a torre geométrica de vidro e aço está de modo engenhoso – e um tanto incongruente – inserida nessa base. Considerado um dos edifícios mais ecológicos já construídos, foi o primeiro arranha-céu cujas obras iniciaram após o 11 de Setembro.

MUSEUM OF ARTS AND DESIGN

2 Columbus Circle. Metrô A, B, C, D, nº 1 para 59th St-Columbus Circle. ☎ 212/299-7777, ⓦ www.madmuseum.org. Ter-dom 11h-18h, qui e sex até 21h. US$15, qui e sex 18h-21h, pague o quanto desejar. MAPA P. 123, MAPA DE BOLSO C7

A história do edifício em arco no lado sul do Columbus Circle é tão interessante quanto o acervo do **Museum of Arts and Design** que o ocupa. Construído nos anos 1960 para abrigar a Gallery of Modern Art, o Two Columbus Circle foi considerado uma extravagância arquitetônica e um fracasso como museu, mas, após anos de abandono e desleixo, virou alvo de uma grande celeuma relacionada a sua importância e status. Arquitetos de renome como Robert A. M. Stern lutaram para preservá-lo, porém sem êxito, e o Museum of Arts and Design (o antigo American Crafts Museum) fez o edifício ser totalmente remodelado. No lugar das portinholas e do mármore branco entraram fendas, cerâmica e vidro que parecem formar letras na fachada. No interior, sua eclética coleção engloba desde objets d'art em vidro soprado até joias contemporâneas; o museu realiza com frequência exposições temporárias que atraem grande público.

TIME WARNER CENTER

10 Columbus Circle. Metrô A, B, C, D, nº 1 para 59th St-Columbus Circle. MAPA P. 123, MAPA DE BOLSO C7

Enorme, curvo e envidraçado, o **Time Warner Center** custou US$1,7 bilhão e abriga empresas como a CNN e a Warner Books, assim como um complexo de lojas em seus níveis inferiores. Aberto em 2004, seu design parece claramente uma versão mais moderna e menos apreciada das Torres Gêmeas. Embora nenhuma das lojas seja notável, alguns dos restaurantes mais caros da cidade (*Per Se*, *Masa*) estão instalados aqui.

Lojas e galerias

B&H PHOTO VIDEO

420 Ninth Ave com 34th St. Metrô A, C, E para 34th St. Seg-qui 9h-19h, sex 9h-13h, dom 10h-18h. MAPA P. 123, MAPA DE BOLSO C9

Loja com enorme variedade de câmeras, camcorders, blu-ray players e todos os tipos de produtos eletrônicos; há uma seção de produtos usados no andar de cima. Fecha aos sábados e em feriados judaicos.

DRAMA BOOK SHOP

250 W 40th St entre Seventh e Eighth aves. Metrô A, C, E, N, Q, R, nº 1, nº 2, nº 3, nº 7 para 42nd St. Seg-sáb 11h-19h, qui até 20h. MAPA P. 123, MAPA DE BOLSO C9

Esta livraria antiga tem livros, roteiros e publicações ligados a todos os gêneros de teatro e artes cênicas.

EMPIRE COFFEE AND TEA COMPANY

568 Ninth Ave entre 41st e 42nd aves. Metrô A, C, E para 42nd St. Seg-sex 7h30-19h, sáb 9h-16h40, dom 10h-16h.
MAPA P. 123, MAPA DE BOLSO C8

Em atividade há um século, esta torrefação de café mantém a autenticidade e também vende chás exóticos.

EXIT ART

475 Tenth Ave entre 36th e 37th aves. Metrô A, C, E para 34th St. Seg-sex 10h-18h, sáb 12h-18h. MAPA P. 123, MAPA DE BOLSO B9

Esta galeria de cunho alternativo atrai um público antenado, com grandes instalações e foco em assuntos culturais e políticos apresentados em cerca de cinco ou seis grandes exposições por ano.

HELL'S KITCHEN FLEA MARKET

W 39th St entre Ninth e Tenth aves. Metrô A, C, E para 42nd St. Sáb e dom 9h-18h.
MAPA P. 123, MAPA DE BOLSO C9

HELL'S KITCHEN FLEA MARKET

Ainda há um mercado de pulgas coberto em Chelsea, mas a versão ao ar livre mudou para Hell's Kitchen e oferece decorações para casa, joias antigas, eletrônicos e outras bugigangas.

Cafés e lanchonetes

BOUCHON BAKERY

Ten Columbus Circle, 3ª andar, Time Warner Center; outra filial em Rockefeller Center. Metrô A, B, C, D, nº 1 para 59th St–Columbus Circle. Seg-sáb 8h-21h, dom 8h-19h (menu diário de café 11h30-18h).
MAPA P. 123, MAPA DE BOLSO C7

Neste estabelecimento de Thomas Keller é possível comprar comida para levar no balcão ou sentar em uma mesa e tirar um tempo para olhar pelas janelas até um canto do Central Park, enquanto se saboreia um sanduíche de presunto e queijo, um croissant ou um salgado.

CAFÉ EDISON

228 W 47th St entre Broadway e Eighth Ave, no Hotel Edison. Metrô C, E, nº 1 para 50th St ☎ 212/840-5000. Seg-sáb 6h-21h30, dom 6h-19h30. MAPA P. 123, MAPA DE BOLSO C8

Este antigo café pode ter um atendimento ríspido, mas isso faz parte do charme. De qualquer forma, o lugar é um dos favoritos do pessoal ligado a teatro, e a saborosa sopa com bolas de matzo e pão ázimo e os sanduíches de carne de peito compensam muito.

CAFÉ FORANT

449 W 51st St entre Ninth e Tenth aves. Metrô C, E para 50th St. Ter-sex 10h-22h, sáb e dom 10h-17h. MAPA P. 123, MAPA DE BOLSO C7

É difícil achar um café mais simpático do que este estabelecimento tranquilo, instalado em uma rua calma em Hell's Kitchen. A comida do brunch é sensacional, os sanduíches e as saladas, bem frescos, o café é forte e o preço é honesto. Somente dinheiro.

CUPCAKE CAFÉ

545 Ninth Ave St entre 40th e 41st sts. Metrô A, C, E para 42nd St. Seg-sáb 8h-19h, sáb 8h-19h, dom 9h-19h. MAPA P. 123, MAPA DE BOLSO C9

O café e os cupcakes são impecáveis neste café de elegância displicente. Sua filial fica na Books of Wonder (p. 104).

GAZALA'S PLACE

709 Ninth Ave, entre 48th e 49th sts. Metrô C, E para 50th St. Diariam 11h-22h30. MAPA P. 123, MAPA DE BOLSO C8

Supostamente o único restaurante druso (povo do Oriente Médio) nos EUA, o *Gazala's* tem outro endereço na 380 Columbus Ave. Oferece menu completo de almoço e jantar, mas é mais conhecido pelas bourekas (US$8), salgados gigantes recheados com queijo e outros ingredientes.

MARGON

136 W 46th St entre Sixth e Seventh aves. Metrô B, D, F, M para 47-50th sts–Rockefeller Center, N, Q, R para 49th St ☎ 212/354-5013. Seg-sex 6h-17h, sáb 7h-17h. MAPA P. 123, MAPA DE BOLSO D8

Este estreito balcão de comida cubana fica quase sempre lotado, mas vale o esforço. Saborosos sanduíches (US$9 com arroz e feijão), pernil com alho (especial de quarta, US$8,75) e a especialidade, a bem temperada salada de polvo (US$11), são as melhores pedidas.

Restaurantes

THE BURGER JOINT

119 W 56th St entre Sixth e Seventh aves, no Le Parker Meridien. Metrô F, N, Q, R para 57th St. Seg-qui e dom 11h-23h30, sex e sáb 11h-0h. MAPA P. 123, MAPA DE BOLSO D7

Faz tempo que vazou o segredo da hamburgueria situada em um hotel caro em Midtown. Bom para um lanche tarde da noite, mas pode haver espera por uma mesa.

CHEZ NAPOLEON

365 W 50th St entre Eighth e Ninth aves. Metrô C, E para 50th St ☎ 212/265-6980. Seg-sex 12h-14h e 17h-21h30/22h, sáb 16h30-21h30/22h. MAPA P. 123, MAPA DE BOLSO C8

Um dos vários franceses autênticos que surgiram por aqui nos anos 1940 e 1950, o *Chez Napoleon* é um simpático bistrô de gestão familiar que parece ter parado no tempo – mas de forma positiva. Os vinhos têm valor justo e há um bom menu a preço fixo.

ESCA

402 W 43rd St com Ninth Ave. Metrô A, C, E para 42nd St-Port Authority. Seg 12h-14h30 e 17h-22h30, ter-sáb 12h-14h30 e 17h-23h30,

dom 16h30-22h30. ☎212/564-7272, Ⓦwww.
esca-nyc.com. MAPA P. 123, MAPA DE BOLSO C9

Mario Batali é um dos donos, mas este restaurante é o xodó do chef Dave Pasternack, cuja paixão por peixes frescos fica evidente. Muitos peixes crus (US$18-20) e outros grelhados ou salgados (entradas US$30-37).

JOE ALLEN

326 W 46th St entre Eighth e Ninth aves.
Metrô A, C, E para 42nd St ☎ 212/581-6464.
Seg, ter e qui 12h-23h45, qua e dom 11h30-23h45, sex 12h-0h, sáb 11h30-0h. MAPA P. 123, MAPA DE BOLSO C8

A fórmula batida de toalha xadrez, clima antigo e comida americana confiável a preços moderados funciona bem neste lugar frequentado antes da ida ao teatro. Faça reserva.

LE BERNARDIN

155 W 51st St entre Sixth e Seventh aves.
Metrô B, D, F, M para 47-50th St-Rockefeller Center ou nº 1 para 50th St ☎ 212/554-1515.
Seg-qui 12h-14h30 e 17h15-22h30, sex 12h-14h30 e 17h30-23h, sáb 17h30-23h.
MAPA P. 123, MAPA DE BOLSO D7

Um dos melhores e mais caros restaurantes franceses da cidade. O premiado chef Eric Ripert apresenta versões criativas de todos os tipos de peixe e frutos do mar imagináveis. Seus molhos também são formidáveis.

PAM REAL THAI

404 W 49th St, entre Ninth e Tenth aves.
Metrô C, E para 50th St. Seg-qui e dom 11h30-23h, sex e sáb 11h30-23h30 ☎ 212/333-7500,
Ⓦ www.pamrealthaifood.com. MAPA P. 123, MAPA DE BOLSO C8

O *Pam* conquistou sua clientela fiel graças à comida apimentada e alguns pratos incomuns (como por exemplo fígado de peixe fermentado, US$10,95). É melhor escolher uma larb (salada com carne moída, US$5,95) e um dos curries (US$8-13). Pagamento somente em dinheiro.

PETROSSIAN

182 W 58th St com Seventh Ave. Metrô A, B, C, D, nº 1 para 59th St/Columbus Circle ☎ 212/245-2214. Seg-qui e dom 11h-15h30 e 17h-23h, sex e sáb 11h30-15h e 17h30-23h. MAPA P. 123, MAPA DE BOLSO D7

Granito rosa e espelhos desenhados dão o tom neste templo art déco à decadência, movido a champanhe e caviar. Entre as opções mais acessíveis há um jantar de preço fixo a US$38.

SUGIYAMA

251 W 55th St entre Broadway e Eighth Ave. Metrô N, Q, R para 57th-Seventh Ave ☎ 212/ 956-0670. Ter-sáb 17h30-23h45 (última mesa 22h15). MAPA P. 123, MAPA DE BOLSO C7

Talvez seja necessário fazer um empréstimo para jantar neste refinadíssimo restaurante japonês, onde os jantares kaiseki (sugestão do chef) e o atendimento são primorosos. É recomendável fazer reserva.

YAKITORI TOTTO

251 W 55th St entre Broadway e Eighth Ave. Metrô A, B, C, D, nº 1 para 59th St-Columbus Circle; N, Q, R para 57th St; B, D, E para Seventh Ave ☎ 212/245-4555. Seg-qui 11h30-14h e 17h30-24h, sex 11h30-14h e 17h30-1h, sáb 17h30-1h, dom 17h30-23h. MAPA P. 123, MAPA DE BOLSO C7

No andar de cima do *Sugiyama* (p. 129), este popular esconderijo é perfeito para um lanche tarde da noite ou espetinhos grelhados um tanto quanto esotéricos (como o de osso de joelho servido malpassado, pode?). Outras possibilidades saborosas são coração de frango, fraldinha e coxa de frango com cebolinha verde.

Bares

ARDESIA

510 W 52nd St entre Tenth e Eleventh aves. Metrô C, E para 50th St. Seg-qua 17h-24h, qui-sáb 17h-2h, dom 17h-23h ☎ 212/247-9191, Ⓦ www.ardesia-ny.com. MAPA P. 123, MAPA DE BOLSO B7

Elegante e confortável bar de vinhos com menu de aperitivos (pretzels caseiros, ovo de codorna, frios) e uma seleção de vintages, dos quais 30 são vendidos por taça (US$8-14).

JIMMY'S CORNER

140 W 44th St entre Broadway e Sixth Ave. Metrô B, D, F, M, N, Q, R, V, W, nº 1, nº 2, nº 3 para 42nd St. Seg-sáb 10h-4h, dom 13h-4h. MAPA P. 123, MAPA DE BOLSO D8

As paredes no corredor longo e estreito deste bar, cujo proprietário é um ex-lutador e treinador, tem uma galeria virtual da fama do boxe. É difícil achar um bar com mais personalidade na cidade ou um jukebox melhor de jazz e R&B.

KASHKAVAL

856 Ninth Ave entre 55th e 56th sts. Metrô A, B, C, D, nº 1 para 59th St/Columbus Circle. Diariam 11h-24h. MAPA P. 123, MAPA DE BOLSO C7

Nos fundos de uma loja de queijos, este aconchegante wine-bar serve petiscos gostosos, incluindo porções excelentes de queijo e carne, mezes frios (como skordalia de beterraba) e fondues variados.

RUDY'S BAR & GRILL

627 Ninth Ave entre W 44th e 45th sts. Metrô A, C, E para 42nd St-Port Authority. Diariam 8h-4h. MAPA P. 123, MAPA DE BOLSO C8

Um dos bares mais baratos, simpáticos e animados da cidade, é frequentado por atores e músicos. Oferece cachorro-quente de graça e um ótimo pátio.

RUSSIAN VODKA ROOM

265 W 52nd St entre Broadway e Eighth Ave. Metrô C, E, nº 1 para 50th St. Seg-qua e dom 16h-2h, qui-sáb 16h-4h. MAPA P. 123, MAPA DE BOLSO C7

Aqui há mais de 50 tipos de vodca, incluindo a da casa com sabor frutado, drinques sublimes com infusão de alho, além de caviar e petiscos variados. Sob a iluminação baixa, o pessoal de escritórios se mistura com expatriados russos e do Leste Europeu. Dica: não cometa a gafe de pedir algo na sua dose.

JIMMY'S CORNER

Casas noturnas e música ao vivo

BIRDLAND

315 W 44th St entre Eighth e Ninth aves. Metrô A, C, E para 42nd St-Port Authority. ☎ 212/581-3080, ⓦ www.birdlandjazz.com. Couvert US$20-50, consumo mínimo de US$10. MAPA P. 123, MAPA DE BOLSO C8

O célebre saxofonista Charlie "Bird" Parker serviu de inspiração para este templo do jazz que existe, de alguma forma, por 60 anos. Apesar de não ser mais o original, ainda tem ótimas apresentações. Shows todas as noites às 20h30 e 23h.

DIZZY'S CLUB COCA-COLA

Time Warner Center, Broadway com W 60th St, 5º andar. Metrô A, B, C, D, nº 1 para 59th St-Columbus Circle ☎212/258-9595, ⓦwww.jalc.org. Shows 19h30 e 21h30. Couvert US$20-35, US$10 no mínimo nas mesas. MAPA P. 123, MAPA DE BOLSO C7

Parte do Jazz at Lincoln Center no Time Warner Center, este clube que homenageia Dizzy Gillespie é o único do gênero na cidade com vista – no caso, do Central Park. Reserve uma mesa para jantar ou vá só para uns drinques enquanto vê os shows ao vivo.

DON'T TELL MAMA

343 W 46th St entre Eighth e Ninth aves. Metrô A, C, E para 42nd St-Port Authority ou 50th St ☎ 212/757-0788, ⓦ www.donttell mamanyc.com. Couvert US$10-25. MAPA P. 123, MAPA DE BOLSO C8

Piano-bar e cabaré com astros emergentes. Consumo mínimo de dois drinques no cabaré; o horário dos shows varia.

HAMMERSTEIN BALLROOM

311 W 34th St entre Eighth e Ninth aves. Metrô A, C, E, nº 1, nº 2, nº 3 para 34th St-Penn Station ☎212/564-4882, ⓦwww.mcstudios.com. MAPA P. 123, MAPA DE BOLSO C9

Após abrigar uma casa de ópera, um salão de *vaudeville* e um templo maçônico, o grandioso *Hammerstein*, de 1906, agora se dedica ao rock; por sua vez, o *Grand* também tem shows.

NEW YORK CITY CENTER

131 W 55th St na Seventh Ave. Metrô B, D, E para Seventh Ave; F para 57th St; N, Q, R para 57th St-Seventh Ave ☎ 212/581-1212, ⓦ www.citycenter.org. MAPA P. 123, MAPA DE BOLSO D7

Esta casa grande e reformada – antes era um templo – reapresenta os musicais esquecidos, é sede do Manhattan Theatre Club e recebe grandes apresentações de dança.

PACHA

618 W 46th St entre Eleventh e Twelfth aves. Metrô C, E para 50th St. Couvert US$20-40. MAPA P. 123, MAPA DE BOLSO C8

Clube espaçoso para dançar que atrai multidões, esta é a filial em Nova York da rede de superclubes de Ibiza.

Central Park

"Totalmente radiante no mágico clima de arte e bom gosto", comentou a revista *Harper's* sobre a inauguração, em 1876, do Central Park, o primeiro parque com paisagismo dos EUA. Hoje, os nova-iorquinos não conseguem se imaginar sem ele. Bem no meio de Manhattan, estendendo-se da rua 59th à 110th, ele serve de refúgio para a população e para turistas exaustos da agitação da vida na metrópole. Os dois arquitetos contratados para transformar os 341ha pantanosos, Frederick Law Olmsted e Calvert Vaux, se inspiraram no paisagismo clássico dos jardins ingleses. Eles projetaram 36 pontes elegantes diferentes entre si e um sistema revolucionário de quatro vias transversais rebaixadas para ocultar a visão do tráfego. Embora parte do espaço aberto tenha dado lugar a playgrounds asfaltados, o senso de natureza originalmente pretendido sobrevive.

WOLLMAN MEMORIAL ICE SKATING RINK

830 Fifth Ave com E 63rd St. Metrô N, R, W para Fifth Ave-59th St ☎ 212/439-6900, Ⓦ www.wollmanskatingrink.com. Out-abr seg e ter 10h-14h30, qua e qui 10h-22h, sex e sáb 10h-23h, dom 10h-21h. Seg-sex US$10,75, sáb e dom US$16, crianças US$6. MAPA P. 133, MAPA DE BOLSO D6

Entre no rinque e realize o sonho de patinar no gelo em plena Nova York, cercado por espectadores, árvores e, mais além, a vista do skyline ao sul do Central Park. No verão, o **Wollman Rink** se torna o pequeno parque de diversões **Victorian Gardens**.

CENTRAL PARK ZOO

Entre na Fifth Ave com E 64th St. Metrô N, R para Fifth Ave-59th St ☎ 212/439-6500, Ⓦ www.centralparkzoo.com. Abr-out seg-sex 10h-17h, sáb e dom 10h-17h30; nov-mar diariam 10h-16h30. US$12, menores 3-12 US$7. MAPA P. 133, MAPA DE BOLSO D6

Este pequeno zoo abriga mais de cem espécies em espaços semelhantes aos de seu habitat natural. Os animais ficam bem próximos do público: os pinguins, por exemplo, nadam em piscinas transparentes no nível dos olhos. Outros destaques são os ursos-polares e uma área tropical úmida com aves exóticas. O complexo também abriga o **Tisch Children's Zoo**, com animais domesticados e mostras interativas.

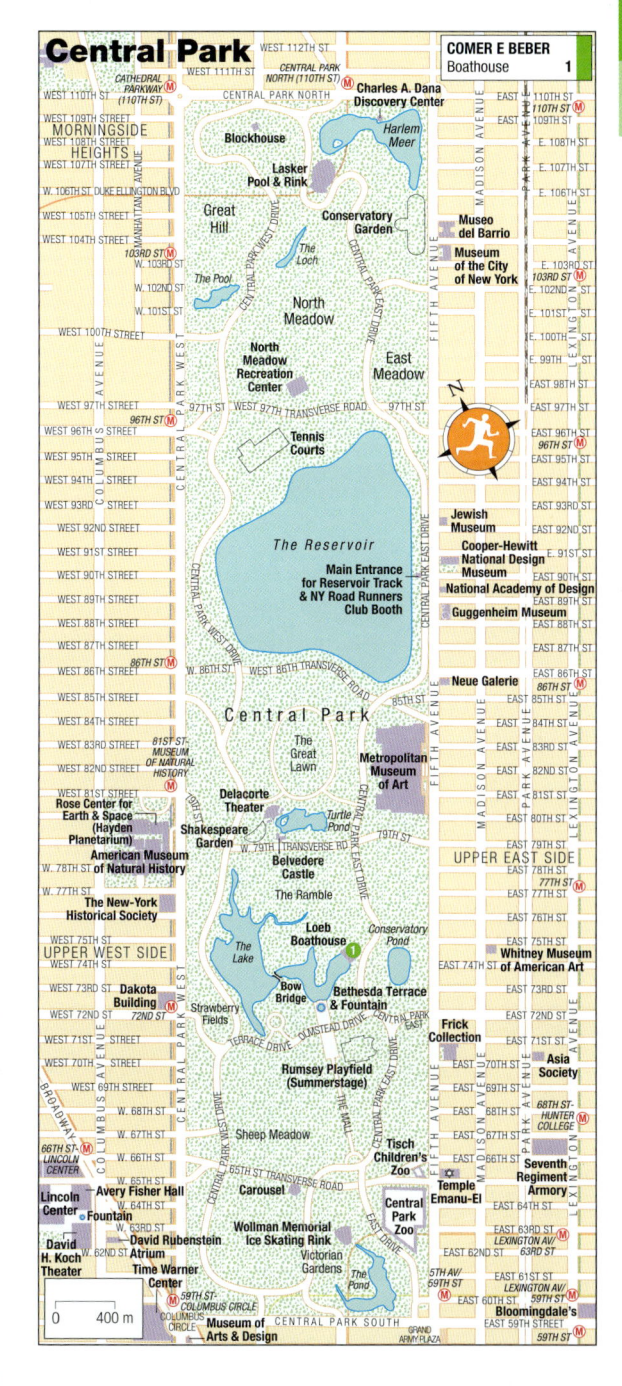

Central Park

11

COMER E BEBER	
Boathouse	1

CENTRAL PARK

Map Labels

- Cathedral Parkway (110th St)
- West 112th St
- West 111th St
- Central Park North (110th St)
- West 110th St
- East 110th St
- Charles A. Dana Discovery Center
- West 109th Street / East 109th St
- MORNINGSIDE HEIGHTS
- West 108th Street / E. 108th St
- West 107th Street / E. 107th St
- Harlem Meer
- Blockhouse
- Lasker Pool & Rink
- W. 106th St. Duke Ellington Blvd / E. 106th St
- West 105th Street / E. 105th St
- Great Hill
- Conservatory Garden
- West 104th Street / E. 104th St
- Museo del Barrio
- 103RD ST
- The Loch
- Museum of the City of New York
- W. 102ND ST / E. 102nd St
- The Pool
- 103RD ST
- W. 101ST ST / E. 101st St
- WEST 100TH STREET / E. 100th St
- North Meadow
- WEST 99TH STREET / EAST 99TH ST
- North Meadow Recreation Center
- East Meadow
- WEST 98TH STREET / EAST 98TH ST
- WEST 97TH STREET / EAST 97TH ST
- 96TH ST / 97TH ST WEST 97TH TRANSVERSE ROAD / 97TH ST
- WEST 96TH STREET / 96TH ST / EAST 96TH ST
- Tennis Courts
- WEST 95TH STREET / EAST 95TH ST
- WEST 94TH STREET / EAST 94TH ST
- WEST 93RD STREET / EAST 93RD ST
- Jewish Museum
- WEST 92ND STREET / EAST 92ND ST
- Cooper-Hewitt National Design Museum
- WEST 91ST STREET / EAST 91ST ST
- The Reservoir
- WEST 90TH STREET / EAST 90TH ST
- National Academy of Design
- WEST 89TH STREET / EAST 89TH ST
- Main Entrance for Reservoir Track & NY Road Runners Club Booth
- Guggenheim Museum
- WEST 88TH STREET / EAST 88TH ST
- WEST 87TH STREET / EAST 87TH ST
- WEST 86TH STREET / 86TH ST / Neue Galerie / EAST 86TH ST / 86TH ST
- W. 86TH ST / WEST 85TH TRANSVERSE ROAD
- WEST 85TH STREET / EAST 85TH ST
- Central Park
- WEST 84TH STREET / EAST 84TH ST
- WEST 83RD STREET / 81ST ST-MUSEUM OF NATURAL HISTORY / EAST 83RD ST
- The Great Lawn
- WEST 82ND STREET / EAST 82ND ST
- Metropolitan Museum of Art
- WEST 81ST STREET / EAST 81ST ST
- Rose Center for Earth & Space (Hayden Planetarium)
- Delacorte Theater
- WEST 80TH STREET / EAST 80TH ST
- Shakespeare Garden
- Turtle Pond
- American Museum of Natural History
- 79TH ST / 79TH ST
- W. 78TH ST / EAST 79TH ST
- Belvedere Castle
- UPPER EAST SIDE
- W. 77TH ST / EAST 78TH ST
- The New-York Historical Society
- The Ramble
- 77TH ST / EAST 77TH ST
- WEST 76TH ST / EAST 76TH ST
- WEST 75TH ST / Loeb Boathouse / Conservatory Pond / Whitney Museum
- UPPER WEST SIDE
- WEST 74TH ST / EAST 74TH ST / of American Art
- WEST 73RD ST / Dakota Building / The Lake / EAST 73RD ST
- Bow Bridge
- WEST 72ND ST / 72ND ST / Bethesda Terrace & Fountain / Frick Collection / EAST 72ND ST
- WEST 71ST ST / Strawberry Fields / EAST 71ST ST
- TERRACE DRIVE / OLMSTEAD DRIVE / CENTRAL PARK EAST
- WEST 70TH ST / EAST 70TH ST / Asia Society
- WEST 69TH ST / Rumsey Playfield (Summerstage) / EAST 69TH ST
- W. 68TH ST / EAST 68TH ST / 68TH ST-HUNTER COLLEGE
- W. 67TH ST / EAST 67TH ST
- Sheep Meadow
- 66TH ST-LINCOLN CENTER / W. 66TH ST / Tisch Children's Zoo / EAST 66TH ST / Seventh Regiment Armory
- W. 65TH ST / 65TH ST TRANSVERSE ROAD
- Lincoln Center / Avery Fisher Hall / Carousel / Temple Emanu-El / EAST 65TH ST
- W. 64TH ST / Fountain / Central Park Zoo / EAST 64TH ST
- W. 63RD ST / EAST 63RD ST / LEXINGTON AV/63RD ST
- David Rubenstein / Wollman Memorial Ice Skating Rink
- David H. Koch Theater / W. 62ND ST / Atrium / EAST 62ND ST
- Time Warner Center / Victorian Gardens / EAST 61ST ST
- 59TH ST-COLUMBUS CIRCLE / The Pond / 5TH AV/59TH ST / LEXINGTON AV/59TH ST
- COLUMBUS CIRCLE / CENTRAL PARK SOUTH / Bloomingdale's
- Museum of Arts & Design / GRAND ARMY PLAZA / EAST 59TH STREET

0 — 400 m

CAROUSEL

Perto da 64th St. Metrô A, B, C, D, nº 1 para 59th St-Columbus Circle ☎212/439-6900. Diariam: Abr-out 10h-18h, nov-mar mesmo horário se o clima permitir. US$2,50. MAPA P. 133, MAPA DE BOLSO D6

Construído em 1908 e transferido de Coney Island para o parque em 1951, este **carrossel** de madeira é um dos cerca de 150 que restam no país.

MALL

Entre a 66th e a 72nd sts. Metrô nº 6 para 68th St; B, C para 72nd St. MAPA P. 133, MAPA DE BOLSO D6

Se o dia estiver bonito, vá ao **Mall** para ver vários tipos de artistas de rua. Ladeado pelas estátuas de Robert Burns e do pensativo sir Walter Scott, e com as de Shakespeare por perto (todas fazendo parte do chamado "passeio literário"), o Mall é o trecho mais formal do parque, mas apresenta muita agitação.

SHEEP MEADOW

Entre 66th e 69th sts no lado oeste. Metrô nº 1 para 66th St-Lincoln Center. Meados de abr-meados de out alvorada ao poente. MAPA P. 133, MAPA DE BOLSO C6

Esta faixa verde, cujo nome deriva da área de 6ha onde ovelhas pastavam até 1934, fica lotada de pessoas fazendo piquenique no verão.

Há duas quadras gramadas usadas para boliche e croqué em uma colina perto do ângulo noroeste do prado; a sudeste estão as quadras de vôlei. Em fins de semana quentes, a área entre o **Sheep Meadow** e a ponta norte do Mall fica repleta de patinadores com roupas coloridas.

STRAWBERRY FIELDS

W 72nd St e Central Park W. Metrô B, C para 72nd St. MAPA P. 133, MAPA DE BOLSO C5

Este recanto sereno do parque é dedicado à memória de John Lennon, que foi assassinado em 1980 diante de seu prédio, o **Dakota Building** (ver p. 148). Esse evento trágico é evocado por um mosaico italiano redondo com a palavra "Imagine" no meio, doado pela viúva de Lennon, Yoko Ono.

BETHESDA TERRACE E FOUNTAIN

Perto da 72nd St. Metrô B, C para 72nd St. MAPA P. 133, MAPA DE BOLSO D5

Único elemento formal do projeto assinado por Olmsted e Vaux, o **Terraço Bethesda** é voltado para o lago; debaixo dele há uma elaborada arcada com pisos ladrilhados. A peça central que coroa a **Fonte Bethesda** é a escultura *Anjo das Águas* datada do século XIX, cujos anjos simbolizam várias virtudes.

REMANDO NO CENTRAL PARK

CENTRAL PARK

LOEB BOATHOUSE

Perto da 74th st. Metrô B, C para 72nd St ☎212/517-2233. Seg-sex 10h-18h, sáb e dom 9h-18h, caso o clima permita; US$12 para a primeira hora e US$2,50 para cada 15min a mais, US$20 de depósito. MAPA P. 133, MAPA DE BOLSO D5

Você pode passear em uma gôndola à moda de Veneza ou alugar um barco a remo na **Loeb Boathouse** na margem leste do lago. Bicicletas são outra opção (US$9-15/hora ou US$45-50/dia; depósito de US$200 e identificação).

GREAT LAWN

Entre a 79th e a 85th sts. Metrô B, C para 81st ou 86th sts. MAPA P. 133, MAPA DE BOLSO D4

O **Great Lawn** tem concertos grátis no verão da New York Philharmonic e da Metropolitan Opera, oito campos de softbol e quadras de basquete e vôlei, além de uma pista de corrida. Na ponta sul, o **Turtle Pond** reúne tartarugas e aves.

BELVEDERE CASTLE

Perto da 79th St ☎212/772-0210. Visitor Center abr-out ter-dom 10h-17h; nov-mar qua-dom 10h-17h. Caminhadas, observação de aves e programas educativos disponíveis. MAPA P. 133, MAPA DE BOLSO D5

No ponto mais alto do parque e com uma vista esplêndida, o **Belvedere Castle**, projetado por Vaux, arquiteto do parque, e seu assistente, Jacob Wrey Mould, abriga a **estação climática** do New York Meteorological Observatory e o **Henry Luce Nature Observatory**.

DELACORTE THEATER

Perto da 80th St. Metrô B, C para 81st St ☎212/539-8750, ⓦwww.publictheater.org. MAPA P. 133, MAPA DE BOLSO D5

Este teatro sedia o **Shakespeare in the Park** no verão. Os ingressos gratuitos se esgotam rapidamente; veja detalhes no site.

CONSERVATORY GARDEN

Lado leste da 104th até a 106th sts, entrada na Fifth Ave e na 105th St. Metrô nº 6 para 103rd St. MAPA P. 133, MAPA DE BOLSO D2

Caso não se interesse por outro ponto acima da 86th Street, dirija-se a esta estufa, que apresenta o único jardim do parque com estilos inglês, italiano e francês.

Comer e beber

Vendedores de água, sorvete e cachorro-quente são facilmente localizados no parque, mas o único lugar onde se pode comer de verdade é a Boathouse no Central Park Rowboat Lake, na entrada da E 72nd St (☎212/517-2233). Este lugar sereno e romântico oferece refeições surpreendentemente boas e abrange um bar e grill mais barato e opções de lanches rápidos.

Upper East Side

A característica mais marcante do Upper East Side em Manhattan é a riqueza. Enquanto outros bairros foram influenciados por imigrantes e tendências artísticas, esta área se mantém como um enclave privilegiado da elite, com lojas sofisticadas, ruas limpas e relativamente seguras, edifícios e marcos bem preservados, a maioria dos melhores museus e boa parte dos bulevares mais famosos: as avenidas Quinta, Madison e Park. A Madison Avenue reúne moda de estilistas, enquanto a Park Avenue, mais residencial, confortável e elegante, desce pela espinha da parte mais alta de Manhattan e passa pela Grand Central e o Met Life Building, propiciando uma vista inspiradora do sul. As coisas, porém, estão mudando: nos últimos anos os aluguéis baixaram consideravelmente e as ruas a algumas quadras do Central Park estão começando a perder seu ar de exclusividade.

FIFTH AVENUE

Metrô F para Lexington Ave/63rd St; N, R para Lexington Ave/59th St; nº 4, nº 5, nº 6 para 59th St; nº 6 para 68th St, 77th St, 86th St ou 96th St. MAPA P. 137, MAPA DE BOLSO D3-D7

Face nobre e altiva de Manhattan desde a inauguração do Central Park, em 1876, ao longo do qual se estende, a **Fifth Avenue** atraiu os Astor, Carnegie, Vanderbilt, Whitney e outros para o norte, onde construíram suas suntuosas residências neoclássicas. No final do século XIX, mansões luxuosas foram erguidas a custos astronômicos, mas duraram apenas dez ou quinze anos, sendo demolidas para dar lugar a extravagâncias ainda maiores ou, sobretudo, a grandiosos edifícios residenciais. À medida que vai para o norte, a Fifth Avenue se transforma no **Museum Mile**.

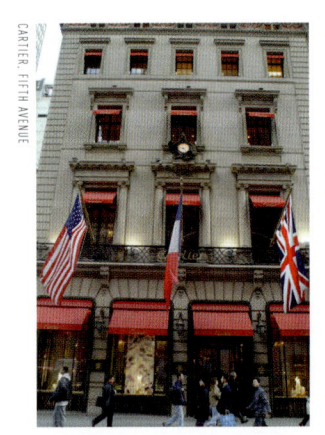

TEMPLE EMANU-EL

1 E 65th St com Fifth Ave. Metrô F para Lexington Ave/63rd St; nº 6 para 68th St ☎ 212/744-1400, 🌐 www.emanuelnyc.org. Sinagoga e museu dom-qui 10h-16h30. Grátis. MAPA P. 137, MAPA DE BOLSO D6

Maior sinagoga reformista dos EUA, o **Temple Emanu-El** é uma espécie de caverna românico-bizantina. O museu no local tem uma fascinante coleção de temática judaica.

Upper East Side

HOSPEDAGEM	
Wales	1

MÚSICA AO VIVO	
Café Carlyle	1

CAFÉS E LANCHONETES	
Café Sabarsky	2
E.A.T.	7
Serendipity 3	11

RESTAURANTES	
Café Boulud	8
Donguri	4
Flex Mussels	5
Heidelberg	3
Jojo	9

BARES	
Auction House	1
Metropolitan Museum of Art Balcony Bar & Roof Garden Café	6
Subway Inn	10

137

FRICK COLLECTION

1 E 70th St com Fifth Ave. Metrô nº 6 para 68th St ☎ 212/288-0700, 🌐 www.frick.org. Ter-sáb 10h-18h, dom 11h-17h. US$18; pague o que quiser dom 11h-13h. MAPA P. 137, MAPA DE BOLSO D6

Construído em 1914 por Henry Clay Frick, considerado um dos magnatas mais impiedosos de Nova York, este belo espaço hoje abriga a **Frick Collection**, que expõe obras de arte desde a Idade Média até o século XIX. Aberto em 1935, o museu mantém em grande parte a aparência de quando os Frick moravam aqui. Boa parte dos móveis é francesa do século XVIII, mas o que realmente distingue este espaço entre outros do gênero – e lhe dá tanto prestígio – é o empenho para não usar fórmulas convencionais. Não há textos nas paredes descrevendo as obras, mas você pode obter informações sobre cada uma usando o guia portátil fornecido.

Este legado de autoenaltecimento de Frick é revelador da vida suntuosa desfrutada pelos grandes industriais da cidade. A coleção exibe pinturas de Constable, Reynolds, Hogarth, Goya, Gainsborough, Bellini, El Greco, Ticiano e Vermeer. A **Galeria Oeste** guarda os maiores trunfos de Frick: dois Turners, vista de Colônia e de Dieppe; um conjunto de autorretratos de Rembrandt e seu enigmático *Cavaleiro polonês*. Há também os famosos retratos de Thomas More e Thomas Cromwell feitos por Holbein na **Sala de Estar**, e a estupenda *Oficial e moça sorridente*, de Vermeer.

Na extremidade da Galeria Oeste, encontra-se uma câmara minúscula chamada **Enamel Room**, que expõe um conjunto refinado de peças esmaltadas de Limoges sobretudo do século XVI.

METROPOLITAN MUSEUM OF ART

1000 Fifth Ave com E 82nd St. Metrô nº 4, nº 5, nº 6 para 86th St ☎ 212/535-7710, 🌐 www.metmuseum.org. Ter-qui e dom 9h30-17h30, sex e sáb 9h30-21h. Doação sugerida US$25. MAPA P. 137, MAPA DE BOLSO D5

Principal museu de arte dos EUA, o **Metropolitan Museum of Art** (ou Met) tem mais de 2 milhões de obras cobrindo as culturas das Américas, da Europa, da África e do Extremo Oriente, e as civilizações clássica e egípcia.

Ao entrar no **Great Hall**, você pode consultar o que há em cada andar e os horários de visitas. Daqui a Grand Staircase leva à grande atração do museu

– as **Galerias de Pintura Europeia**. A parte de pintura holandesa é particularmente notável, com uma gama impressionante de obras de Rembrandt, Hals e Vermeer – *Jovem com jarro d'água* é um exemplo perfeito de sua maestria em composição e graduação de tons, aliada a um excepcional senso naturalista de iluminação; você também verá mestres como Goya e Velázquez, e uma sala com telas deslumbrantes de El Greco, as quais evidenciam o desconcertante modernismo de sua abordagem.

As populares **Galerias do Século XIX** têm destaques como estupendas esculturas de Rodin e a formidável coleção de impressionistas; Manet, Monet, Cézanne e Renoir estão bem representados, além de obras fabulosas de Van Gogh e Gauguin.

A parte de arte asiática do museu é justamente celebrada por suas telas japonesas e estátuas budistas, e o Chinese Garden Court, um retiro minimalista e sereno com um pagode, uma pequena cascata e um lago com carpas douradas e rochas de calcário, cercado de árvores e arbustos que dão uma sensação de paz.

Podendo ser considerada como um museu à parte, a **Ala Americana** fornece uma introdução minuciosa sobre o desenvolvimento das artes nos EUA, mediante uma vasta coleção de pinturas, móveis de época, peças de vidro e prata, e cerâmicas. O destaque irrefutável da coleção egípcia é o **Templo de Dendur**, construído pelo imperador Augusto no século XV a.C. e enviado inteiro para cá como presente do governo egípcio durante a construção da usina hidrelétrica de Assuã, em 1965.

Graças a uma reforma espetacular concluída em 2007, uma das maiores coleções de arte romana e grega do mundo está instalada em algumas das alas mais atraentes do museu; confira o maravilhoso **Pátio de Esculturas Gregas**, um cenário adequadamente elegante para esculturas de mármore datadas dos séculos VI a IV a.C.

Independentemente do que você resolva ver, entre maio e outubro é imperativo subir até o **Roof Garden Café** (p. 145) para apreciar a vista incrível de Midtown e do parque, e as exposições temporárias de escultura contemporânea.

NEUE GALERIE

1048 Fifth Ave com E 86th St. Metrô nº 4, nº 5, nº 6 para 86th St ☎ 212/628-6200, ⓌWwww.neuegalerie.org. Qui-seg 11h-18h. US$20. MAPA P. 137, MAPA DE BOLSO D4

Dedicada à arte do início do século XX da Áustria e da Alemanha, a **Neue Galerie** ocupa uma ornamentada mansão beaux-arts construída em 1914. Trata-se de um espaço relativamente pequeno, e as exposições mudam com frequência, mas o acervo guarda algumas preciosidades.

As galerias começam no segundo andar, onde o carro-chefe é o resplandescente *Retrato de Adele Bloch-Bauer I* (1907), de Gustav Klimt, datado do "Período Dourado" do artista. Os Bloch-Bauer eram uma das famílias judias mais ricas de Viena; a pintura foi levada pelos nazistas em 1938, mas os descendentes processaram o governo austríaco e recobraram a obra em 2006 – dizem que, logo após, a galeria pagou US$135 milhões por ela. Neste andar você também verá obras excepcionais de Egon Schiele e Max Oppenheimer. O terceiro andar tem um rodízio de obras do Expressionismo alemão de artistas como Paul Klee, Ernst Ludwig Kirchner e Otto Dix.

GUGGENHEIM MUSEUM

1071 Fifth Ave com E 89th St. Metrô nº 4, nº 5, nº 6 para 86th St ☎ 212/423-3500, ⓌWwww.guggenheim.org. Dom-qua e sex 10h-17h45, sáb 10h-19h45. US$18; pague o que quiser sáb 17h45-19h45. MAPA P. 137, MAPA DE BOLSO D4

Projetado por Frank Lloyd Wright, o **Guggenheim Museum**, de 1959, é mais conhecido por seu edifício do que pela coleção. Sua rampa em espiral centrípeta, que serpenteia até o último andar, é um espaço de fato impressionante, e há quem diga que ela enfatiza mais os talentos de Wright do que os dos artistas expostos. No entanto, o museu tem um conjunto respeitável de obras de arte, com destaque para a fabulosa cota de pinturas de Kandinsky reunida por Solomon Guggenheim (1861-1949), o milionário da mineração que lançou as bases para o museu.

Mostras temporárias, muitas vezes com peças do acervo permanente, ocupam a maioria das galerias, mas o trabalho exuberante de Kandinsky está sempre à mostra: observe a impactante *Komposition 8* e a abstrata *Montanha azul*.

Os anexos nos níveis 2 e 3 também têm mostras permanentes, nas quais se destacam *Mulher passando roupa*, de Picasso, *Estrada com passagem inferior*, de Van Gogh, a magnífica *Homem de braços cruzados*, de Cézanne, e *Bailarinas em verde e amarelo*, de Degas. O museu também possui pinturas de Chagall, Gauguin, Kirchner, Matisse e Monet, e obras contemporâneas de artistas como Roni Horn.

NATIONAL ACADEMY OF DESIGN

1083 Fifth Ave entre E 89th e E 90th sts. Metrô nº 4, nº 5, nº 6 para 86th St ☎ 212/369-4880, Ⓦ www.nationalacademy.org. Qua-dom 11h-18h. US$12. MAPA P. 137, MAPA DE BOLSO D4

A ida à **National Academy of Design**, fundada em 1825 com base na Royal Academy de Londres, mais parece uma visita à casa de um parente querido do que a um museu. Esta imponente casa beaux-arts tem salas carpetadas, uma escadaria em caracol e uma fina coleção de pintura do século XIX até a atualidade, com destaque visível para as paisagens pintadas por integrantes da Hudson River School. A escultura *Diana, a caçadora*, de Anna Huntington, ocupa lugar de honra abaixo da rotunda vistosa e é uma das várias representações naturalistas em bronze da deusa grega feitas pela artista em 1922.

COOPER-HEWITT NATIONAL DESIGN MUSEUM

2 E 91st St com Fifth Ave. Metrô nº 4, nº 5, nº 6 para 86th St ☎ 212/849-8400, Ⓦ cooperhewitt.org. Seg-sex 10h-17h, sáb 10h-18h, dom 12h-18h. US$15. MAPA P. 137, MAPA DE BOLSO D4

Este museu fica instalado em uma mansão construída para o industrial Andrew Carnegie em 1902, cujo interior belíssimo é um chamariz em paralelo às exposições. Um projeto ambicioso de remodelação ("Re:Design") prevê a restauração e expansão do museu para abrigar uma exposição permanente intitulada "What is Design?" no primeiro andar, com base no acervo de 200 mil itens do museu, e dois andares superiores para mostras temporárias. Devido a essa obra, o museu ficará fechado até 2013.

JEWISH MUSEUM

1109 Fifth Ave com E 92nd St. Metrô nº 6 para 96th St ☎ 212/423-3200, Ⓦ www.thejewishmuseum.org. Seg, ter, sáb e dom 11h-17h45, qui 11h-20h, sex 11h-16h. US$12, sáb grátis. MAPA P. 137, MAPA DE BOLSO D4

Com mais de 28 mil itens, este é o maior museu de história e cultura judaicas fora de Israel. A exposição permanente "Culture and Continuity: The Jewish Journey" possui destaques como uma coleção grande e rara de candeias de Hanukkah, entre as quais as mais antigas datam do século XVIII e são provenientes do Leste Europeu e da Alemanha. Você também pode visitar interessantes mostras temporárias de grandes artistas judeus como Chagall e Man Ray.

MUSEUM OF THE CITY OF NEW YORK

1220 Fifth Ave com E 103rd St. Metrô nº 6 para 103rd St ☎ 212/534-1672, Ⓦ www.mcny.org. Seg-sex e dom 10h-18h, sáb 10h-20h30. US$10. MAPA P. 137, MAPA DE BOLSO D2

Instalado em um espaçoso edifício neogeorgiano construído em 1930, este museu abriga uma mescla eclética de exposições temporárias que destacam aspectos da cidade e de sua história. Somente a apresentação audiovisual (25min; a cada 30min) no segundo andar, narrada por Stanley Tucci, aborda a história da cidade de maneira convencional, desde os índios algonquinos até os atentados de 11 de Setembro. Há três acervos permanentes: New York Toy Stories, com brinquedos animados, jogos de tabuleiro, equipamentos esportivos e casas de boneca dos anos 1800; Trade, sobre o papel portuário de Nova York dos anos 1600 à década de 1970; e New York Interiors, com seis salas com mobílias de época protegidas por vidro. As galerias permanecerão abertas enquanto o museu completa uma grande restauração de US$100 milhões.

MUSEO DEL BARRIO

1230 Fifth Ave com E 104th St. Metrô nº 6 para 103rd St ☎ 212/831-7272, Ⓦ www.elmuseo.org. Ter-sáb 11h-18h, dom 13h-17h. Doação sugerida US$9 (grátis 3º sáb de cada mês). MAPA P. 137, MAPA DE BOLSO D2

O **Museo del Barrio**, ou Museu do Bairro, é especializado na cultura de Porto Rico e exibe coleções tradicionais e contemporâneas, mas também abrange as culturas da América Latina e do Caribe. Com localização adequada, fica na orla do East Harlem, também conhecido como "*El Barrio*" ou Spanish Harlem. A coleção pré-colombiana inclui varetas indutoras de vômito entalhadas (para purificar o corpo com o alucinógeno cohoba antes de ritos sagrados).

WHITNEY MUSEUM OF AMERICAN ART

945 Madison Ave com E 75th St. Metrô nº 6 para 77th St ☎ 212/570-3600, Ⓦ www.whitney.org. Qua-qui, sáb e dom 11h-18h, sex 13h-21h. US$18; pague o que quiser sex 18h-21h. MAPA P. 137, MAPA DE BOLSO D5

Com um dos melhores espaços expositivos da cidade, o **Whitney** abriga uma coleção notável de arte americana dos séculos XX e XXI. A maioria das exposições é temporária, incluindo a **Whitney Biennial** (realizada em anos pares entre março e junho), que sempre apresenta um panorama provocativo da arte contemporânea dos EUA. O acervo é particularmente forte no que tange a Marsden Hartley, Georgia O'Keeffe e expressionistas abstratos como Jackson Pollock, Willem de Kooning e Mark Rothko. Em geral, as peças mais importantes sempre à mostra ficam no quinto andar.

WHITNEY MUSEUM

ASIA SOCIETY MUSEUM

725 Park Ave com E 70th St. Metrô nº 6 para 68th St ☎ 212/288-6400, www.asiasociety.org. Ter-dom 11h-18h, sex até 21h (apenas set-jun). US$10, grátis sex 18h-21h (apenas set-jun). MAPA P. 137, MAPA DE BOLSO E6

Importante fonte educativa sobre a Ásia fundada por John D. Rockefeller III, a **Asia Society** é um espaço expositivo dedicado à arte tradicional e contemporânea de todo aquele continente. As exposições mudam, mas com frequência lançam mão do extenso acervo permanente da sociedade; exposições recentes exibiram as artes do antigo Vietnã e esculturas de bronze dos cholas do sul da Índia. Há sempre apresentações, debates políticos, palestras, filmes e eventos gratuitos.

MOUNT VERNON HOTEL MUSEUM & GARDEN

421 E 61st St entre First e York aves. Metrô F para Lexington Ave/63rd St; N, R para Lexington Ave/59th St; nº 4, nº 5, nº 6 para 59th St ☎ 212/838-6878, www.mvhm.org. Ter-dom 11h-16h, fecha em ago. US$8. MAPA P. 137, MAPA DE BOLSO F7

Esta bela casa de pedra tem uma série de salas da década de 1820, meticulosamente restauradas pela Colonial Dames of America (associação feminina que remonta aos tempos coloniais). Essas damas foram atraídas para a empreitada devido à ligação com Abigail Adams Smith (filha do presidente John Adams), mas uma pesquisa recente revelou sua fragilidade. A casa era parte de uma propriedade comprada por Abigail e o marido em 1795, mas a família logo faliu, e a casa só foi concluída como abrigo de carruagens em 1799 pelo novo dono. A casa funcionou como hotel entre 1826 e 1833.

GRACIE MANSION

East End Ave com E 88th St. Metrô nº 4, nº 5, nº 6 para 86th St ☎ 311 ou 212/639-9675 (fora de NYC). Visitas (45min) na qua 10h, 11h, 13h, 14h. US$7; mediante reserva. MAPA P. 137, MAPA DE BOLSO F4

Um dos edifícios coloniais mais bem preservados da cidade, a **Gracie Mansion**, de 1799, é a residência oficial do prefeito da cidade de Nova York desde 1942. No entanto, o atual prefeito, o bilionário Michael Bloomberg, preferiu não morar aqui, já que sua casa é muito mais luxuosa. A mansão foi totalmente restaurada em 2002, mas, exceto por algumas antiguidades e os murais impressionantes na sala de refeições, não desperta muito interesse. As visitas valem mais a pena pelos guias efusivos que contam histórias de prefeitos passados.

Cafés e lanchonetes

CAFÉ SABARSKY

1048 Fifth Ave com E 86th St. Metrô nº 4, nº 5, nº 6 para 86th St. Seg e qua 9h-18h, qui-dom 9h-21h. MAPA P. 137, MAPA DE BOLSO D5

Tente conseguir uma mesa junto à janela neste suntuoso café vienense com ótimos doces e cafés, que fica dentro da Neue Galerie.

E.A.T.

1064 Madison Ave entre E 80th e E 81st sts. Metrô nº 6 para 77th St ☎212/772-0022. Diariam 7h-22h. MAPA P. 137, MAPA DE BOLSO D5

Esta delicatessen tipicamente nova-iorquina é cara e está sempre lotada, mas a comida é excelente. O célebre restaurateur e merceeiro gourmet Eli Zabar é quem comanda a casa. Prove as deliciosas sopas e pães ou opte pelo divino sanduíche de mussarela, manjericão e tomate.

SERENDIPITY 3

225 E 60th St entre Second e Third aves. Metrô N, R, nº 4, nº 5, nº 6 para 59th St. Dom-qui 11h30-0h, sex 11h30-1h, sáb 11h30-2h. MAPA P. 137, MAPA DE BOLSO D7

Adornado com luminárias Tiffany, este restaurante e sorveteria é famoso por seu inusitado chocolate quente gelado (US$8,95). A variedade de sundaes (a partir de US$9,50) também é impressionante, há opções como banana split com calda de canela, frutas frescas e "Forbidden Broadway" (um bolo de chocolate com sorvete, calda quente e cobertura de creme batido).

Restaurantes

CAFÉ BOULUD

20 E 76th St entre Madison e Fifth Ave, no Surrey Hotel. Metrô nº 6 para 77th St ☎212/772-2600. Seg-qui 7h-22h, 12h-14h30 e 17h45-22h30, sex e sáb 7h-22h, 12h-14h30 e 17h45-23h, dom 8h-11h, 12h-15h e 17h45-22h30. MAPA P. 137, MAPA DE BOLSO D5

Excepcional cozinha franco-americana a cargo do célebre chef Daniel Boulud, em uma versão ligeiramente mais casual de seu elegante *Daniel* (entradas US$16-44).

DONGURI

309 E 83rd St entre First e Second aves. Metrô nº 4, nº 5, nº 6 para 86th St ☎212/7373-5656. Ter-dom 17h30-21h30. MAPA P. 137, MAPA DE BOLSO E4

Localizada próximo ao Metropolitan, esta joia japonesa oculta serve frutos do mar e refinados sushis em um espaço exíguo com cinco mesas.

FLEX MUSSELS

174 E 82nd St entre Third e Lexington aves. Metrô nº 4, nº 5, nº 6 para 86th St ☎212/717-7772. Seg-qui 17h30-23h, sex 17h30-23h30, sáb 17h-23h30, dom 17h-22h. MAPA P. 137, MAPA DE BOLSO E5

Serve mexilhões frescos da ilha Príncipe Eduardo (Canadá) com vários tipos de molho, de Dijon a Thai, com preços entre US$18-24. Não deixe de provar as fritas especiais (US$6).

CAFÉ SABARSKY

HEIDELBERG

1648 Second Ave entre E 85th e E 86th sts. Metrô nº 4, nº 5, nº 6 para 86th St ☎212/628- 2332. Seg-qui 11h30-23h, sex e sáb 11h30-0h, dom 12h-23h.
MAPA P. 137, MAPA DE BOLSO E4

O clima alemão que prevalece aqui é um tanto kitsch, com enfeites baratos e garçons vestidos como tiroleses, usando, inclusive, os típicos calções de couro. O que vale de fato é a comida.

JOJO

160 E 64th St entre Lexington e Third aves. Metrô F para Lexington Ave/63rd St ☎212/223-5656. Seg-qui 12h-14h30 e 17h30-22h30, sex e sáb 12h-14h30 e 17h30-23h, dom 12h-14h30 e 17h30-22h.
MAPA P. 137, MAPA DE BOLSO E6

Em uma casa suntuosa, o restaurante criado pelo chef Jean-Georges Vongerichten serve excelente cozinha fusion francesa com os ingredientes mais frescos.

Bares

AUCTION HOUSE

300 E 89th St entre First e Second aves. Metrô nº 4, nº 5, nº 6 para 86th St. Seg-qui e dom 19h30-3h, sex e sáb 19h30-4h. MAPA P. 137, MAPA DE BOLSO E4

Esta é uma alternativa mais aconchegante aos pubs ruidosos que dominam esta parte da cidade. As duas salas à luz de velas com decoração vitoriana são perfeitas para casais.

METROPOLITAN MUSEUM OF ART BALCONY BAR & ROOF GARDEN CAFÉ

1000 Fifth Ave com E 82nd St. Metrô nº 4, nº 5, nº 6 para 86th St. Dom e ter-qui 10h-16h30, sex e sáb 10h-20h. MAPA P. 137, MAPA DE BOLSO D5

É difícil imaginar um lugar mais romântico para tomar um cálice de vinho do que o *Roof Garden Café* (abre mai-out), o qual proporciona algumas das melhores vistas da cidade, ou o *Balcony Bar*, que é voltado para o Great Hall (sex-sáb 16h-20h30).

SUBWAY INN

143 E 60th St com Lexington Ave. Metrô N, R, nº 4, nº 5, nº 6 para Lexington Ave/59th St. Seg-sáb 11h-4h, dom 12h-4h. MAPA P. 137, MAPA DE BOLSO E7

Uma raridade no bairro desde 1937, este boteco despretensioso é ótimo para umas cervejas à tarde – e o retiro perfeito após uma ida à Bloomingdale's.

Música ao vivo

CAFÉ CARLYLE

Carlyle Hotel, 35 E 76th St com Madison Ave. Metrô nº 6 para 77th St ☎212/570-7175, 🌐www.thecarlyle.com. Seg-sáb 18h30-0h.
MAPA P. 137, MAPA DE BOLSO D5

É este o famoso local onde Woody Allen toca clarinete com sua banda de jazz nas noites de segunda-feira (jan-jun; couvert US$135). Outros shows custam US$40-100, mas saem de graça se você reservar uma mesa para jantar. Shows às 20h45 (e também às 22h45 qui-sáb).

Upper West Side

O Upper West Side sempre teve um clima mais descontraído do que o bairro do outro lado do Central Park, embora haja uma riqueza explícita, especialmente nos deslumbrantes prédios residenciais do final do século XIX nos trechos mais baixos, no oeste do Central Park West e na Riverside Drive; e no Lincoln Center, o palácio da cultura de Nova York. Em geral, o panorama é diverso no rumo norte, apesar das belas quadras – ocasionalmente marcantes – na altura das numerações 80, 90 e 100. Pelo caminho, vale a pena ir a alguns museus, com destaque para o Natural History Museum. Em sua orla norte, marcada pela monolítica Cathedral of St John the Divine, Morningside Heights tem um clima jovial devido à Columbia University, e a agitação fica em torno da Broadway.

LINCOLN CENTER FOR THE PERFORMING ARTS

W 62nd St para W 66th St entre Broadway, Amsterdam e Columbus aves. Metrô nº 1 para 66th St-Lincoln Center. ☎ 212/875-5000, Ⓦ www.lincolncenter.org. MAPA P. 147, MAPA DE BOLSO C6

Este conjunto de edifícios de mármore do início dos anos 1960, que passou por uma grande reforma para seu 50º aniversário, abriga os grupos de arte mais prestigiosos de Nova York.

No centro do complexo, a **Metropolitan Opera House** é um edifício impressionante de mármore e vidro, com murais de Marc Chagall. Ladeando a Met, o **Avery Fisher Hall** é sede da New York Philharmonic, e o elegante **David H Koch Theater**, de Philip Johnson, sedia o New York City Ballet. A fonte no meio do complexo é ponto de encontro, e há ainda uma biblioteca de artes, três outros teatros, jardins e praças para eventos de verão. Visitas com foco informativo (60-90min, 2-6 visitas diariam, 10h30-16h30; US$15; ☎212/875-5350) têm início no atraente Atrium, na Broadway, entre as ruas 62nd e 63rd.

Upper West Side

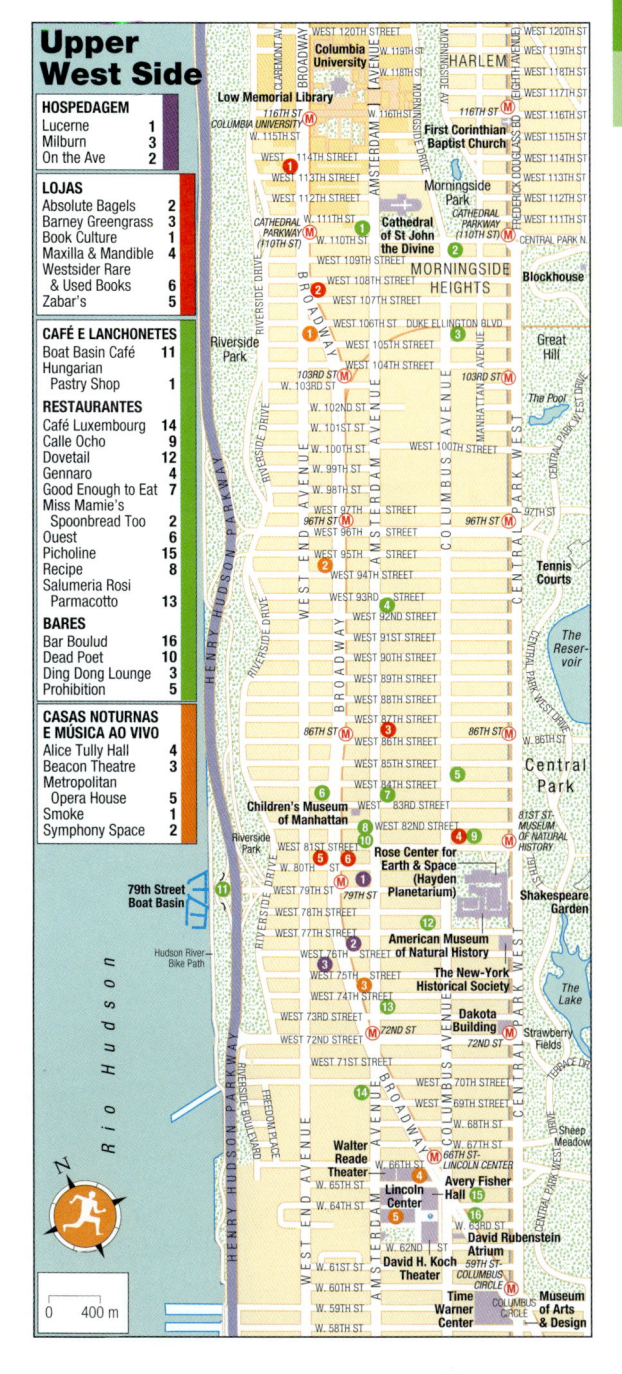

HOSPEDAGEM
Lucerne	1
Milburn	3
On the Ave	2

LOJAS
Absolute Bagels	2
Barney Greengrass	3
Book Culture	1
Maxilla & Mandible	4
Westsider Rare & Used Books	6
Zabar's	5

CAFÉ E LANCHONETES
Boat Basin Café	11
Hungarian Pastry Shop	1

RESTAURANTES
Café Luxembourg	14
Calle Ocho	9
Dovetail	12
Gennaro	4
Good Enough to Eat	7
Miss Mamie's Spoonbread Too	2
Ouest	6
Picholine	15
Recipe	8
Salumeria Rosi Parmacotto	13

BARES
Bar Boulud	16
Dead Poet	10
Ding Dong Lounge	3
Prohibition	5

CASAS NOTURNAS E MÚSICA AO VIVO
Alice Tully Hall	4
Beacon Theatre	3
Metropolitan Opera House	5
Smoke	1
Symphony Space	2

DAKOTA BUILDING

1 W 72nd St com Central Park West. Metrô B, C para 72nd St. MAPA P. 147, MAPA DE BOLSO C5

Construída em 1884, esta grandiosa mansão em estilo renascentista alemão, com torreões, empenas e balaustradas, tinha o objetivo de convencer a elite local de que a vida em um apartamento podia ser tão luxuosa quanto em uma casa. Muitas celebridades já viveram aqui, e os moradores mais famosos foram John Lennon e sua mulher, Yoko Ono. Foi diante do Dakota, na noite de 8 de dezembro de 1980, que o ex-Beatle foi assassinado.

NEW-YORK HISTORICAL SOCIETY

170 Central Park West com W 77th St. Metrô B, C para 81st St ☎212/873-3400, Ⓦwww.nyhistory.org. Ter-qui e sáb 10h-18h, sex 10h-20h, dom 11h-17h. US$15, crianças 7-13 US$5, sex 18h-20h grátis. MAPA P. 147, MAPA DE BOLSO C5

A **New-York Historical Society** abriga uma abrangente coleção de livros, gravuras, desenhos, retratos e manuscritos. Entre os destaques estão todas as 435 aquarelas originais de *The Birds of America*, a obra-prima do naturalista James Audubon. Você também encontrará um grande apanhado de pintura americana do século XIX. O **Henry Luce Center** contém uma miscelânea cultural e histórica que confere ao museu um caráter muito mais americano do que nova-iorquino: anúncios publicitários, luminárias Tiffany e afins. Uma recente revisão do acervo culminou na abertura do **Di-Menna Children's History Museum**, que tem por objetivo ensinar história às crianças por meio da história delas.

AMERICAN MUSEUM OF NATURAL HISTORY

Central Park West com W 79th St. Metrô B, C para 81st St ☎212/769-5100, Ⓦwww.amnh.org. Diariam 10h-17h45. Ingresso sugerido US$19, crianças 2-12 US$10,50, filmes IMAX, show espacial e exposições especiais à parte (US$8 cobrindo tudo). MAPA P. 147, MAPA DE BOLSO C5

Este museu gigantesco e elegante ocupa quatro quadras com uma estranha mescla arquitetônica dos estilos neoclássico e românico rústico que foi erguida em várias etapas, a primeira das quais por Calvert Vaux e Jacob Wrey Mould em 1872. O museu tem 32 milhões de itens expostos, belos dioramas de natureza, coleções antropológicas, exposições interativas e multimídia, além de um conjunto formidável de ossos, fósseis e modelos. Entre as grandes atrações estão as sempre lotadas Salas dos Dinossauros. A Sala da Biodiversidade enfoca aspectos ecológicos e evolutivos da natureza, enquanto outros destaques são os grandes totens na Sala dos Índios da Costa Noroeste e os animais empalhados em Mamíferos da América do Norte, além da baleia-azul suspensa na Sala da Vida Oceânica.

A Sala do Planeta Terra, um recurso multimídia, abrange a formação dos planetas, o rastreamento de terremotos e a datação com carbono-14. A peça central é o Dynamic Earth Globe, no qual se pode ver a Terra através de satélite.

Em uma esfera de metal e vidro no **Rose Center for Earth and Space**, o Hayden Planetarium exibe um filme 3-D, narrado por Whoopi Goldberg (a cada 30min; 25min), e o simulador de uma viagem à Lua.

CHILDREN'S MUSEUM OF MANHATTAN

212 W 83rd St entre Broadway e Amsterdam. Metrô nº 1 para 79th ou 86th St ☎212/721-1234, ⓦwww.cmom.org. Ter-sex e dom 10h-17h, sáb 10h-19h. US$11. MAPA P. 147, MAPA DE BOLSO B4

Este espaço encantador de cinco andares abriga exposições interativas que estimulam o aprendizado de maneira divertida e relaxada para bebês e crianças de todas as idades. As mais novas adoram o espaço lúdico **Playworks**.

RIVERSIDE PARK

Ao longo do rio Hudson e da West Side Highway, da W 72nd até a W 158th st. Metrô nº 1, nº 2, nº 3, várias paradas no Upper West Side. MAPA P. 147, MAPA DE BOLSO B1-B5

Menos imponente e espaçoso do que o Central Park, o **Riverside Park** fica junto ao rio e foi projetado em estilo pastoral inglês pela mesma dupla de arquitetos, Olmsted e Vaux. O trecho principal vai da 72nd à 125th, desce a Riverside Drive e segue por matas e caminhos com vegetação. A **79th Street Boat Basin** é um retiro encantador e uma boa opção para refeições no verão (p. 152).

Por sua vez, a **Riverside Drive** é ladeada por casas palacianas e edifícios residenciais construídos no início do século XX por um segmento que não tinha dinheiro suficiente para competir com o pessoal da Quinta Avenida. O distrito de arquitetura marcante de Riverside Drive-West End Historic District se estende por ela, da rua 86th até a 95th.

CATHEDRAL OF ST JOHN THE DIVINE

1047 Amsterdam Ave com W 112th St. Metrô B, C, nº 1 para 110th St ☎ 212/316-7490, informações sobre visitas ☎ 212/932-7347 ⓦ www.stjohndivine.org. Seg-sáb 7h-18h, dom 7h-19h. MAPA P. 147, MAPA DE BOLSO C2

Apesar de sua construção ter apenas dois terços concluídos, a **St John the Divine** mantém o título de maior catedral gótica do mundo. Uma mescla curiosa dos estilos românico e gótico, esta catedral foi iniciada em 1892, mas sua área total (183m) só foi concluída em 1941. Desde então, a construção continuou de forma esporádica entre o final dos anos 1970 e 1997. As torres e os transeptos necessitam de acabamento, mas não há outros planos em vista. Em seu estágio atual, a St John abarca as catedrais de Notre Dame e Chartres.

No interior, observe o Altar da Paz, intricadamente entalhado; o Canto dos Poetas (com nomes de poetas dos EUA entalhados no piso de blocos de pedra); o batistério octogonal, e o tríptico de Keith Haring – sua última obra finalizada. Nos belíssimos vitrais há cenas da história dos EUA entre passagens bíblicas. Visitas guiadas (ter-sáb em geral 11h e 14h; US$6), passeios "verticais" ao telhado (sáb 12h e 14h; US$15) e diversos outros programas estão disponíveis.

COLUMBIA UNIVERSITY

Entre Broadway e Morningside Drive, da 114th à 120th sts. Metrô nº 1 para 116th St. MAPA P. 147, MAPA DE BOLSO B1

Epicentro de Morningside Heights, o campus da **Columbia University** ocupa 14,5ha. Fundada em 1754, é a universidade mais antiga e respeitada da cidade e uma das instituições acadêmicas de maior prestígio no país. Entre os ex-alunos conhecidos estão Barack Obama, Isaac Asimov, Ruth Bader Ginsburg, Lou Gehrig e Kathryn Bigelow.

Com a mudança da universidade em 1897, McKim, Mead e White projetaram seu novo campus em estilo renascentista italiano, cujo ponto alto é a **Low Memorial Library**, com domo e colunatas. Há visitas grátis de 1 hora no campus (☎212/854-4900), de segunda a sexta durante o ano letivo, partindo do escritório de informações na esquina da 116th Street com a Broadway.

COLUMBIA UNIVERSITY

Lojas

ABSOLUTE BAGELS

2788 Broadway entre 107th e 108th sts. Metrô nº 1 para 110th St-Cathedral Parkway. Diariam 6h-21h. MAPA P. 147, MAPA DE BOLSO B2

Esta lojinha, que inusitadamente pertence a tailandeses, oferece saborosos bagels quentinhos feitos na hora, considerados por muitos como os melhores da cidade. Depois de provar um deles – recheado com salada de ovo, coberto com salmão defumado ou simplesmente ao natural –, será difícil discordar.

BARNEY GREENGRASS

541 Amsterdam Ave entre W 86th e W 87th sts. Metrô nº 1 para 86th St ☎ 212/724-4707. Ter-dom 8h-18h, o restaurante abre às 8h30, seg-sex 8h30-16h, sáb e dom 8h30-17h. MAPA P. 147, MAPA DE BOLSO C4

No início dos tempos, ou melhor, há pelo menos um século, o autointitulado rei do esturjão se instalou no Upper West Sider com sua ótima variedade de peixes defumados, blintzes de queijo e delícias do gênero. Felizmente, este restaurante e delicatessen continua forte na região.

BOOK CULTURE

2915 Broadway com 114th St. Metrô nº 1 para 110th St. Diariam 10h-20h. MAPA P. 147, MAPA DE BOLSO B2

Maior livraria independente que resta na cidade, a Book Culture oferece um ambiente agradável que seduz a clientela, e tem uma sala no térreo para crianças. Sua matriz, na 536 112th Street, vende principalmente obras acadêmicas (no segundo andar).

MAXILLA & MANDIBLE

451 Columbus Ave entre W 81st e W 82nd sts. Metrô B, C para 81st St. Seg-sáb 11h-19h, dom 13h-17h. MAPA P. 147, MAPA DE BOLSO C5

Após visitar o museu de História Natural, perto daqui, compre algum suvenir nesta loja: crânios de coiote, ovos de avestruz e conchas polidas. Ideal para cientistas e curiosos em geral.

WESTSIDER RARE & USED BOOKS

2246 Broadway entre 80th e 81st sts. Metrô nº 1 para 79th St. Diariam 10h-0h. MAPA P. 147, MAPA DE BOLSO B5

Obras de todos os gêneros (especialmente livros de arte) estão empilhadas do chão ao teto e em todos os desvãos desta eclética livraria-sebo, um paraíso para quem gosta de fuçar livros. A grande maioria deles encontra-se em bom estado e é vendida a preço razoável. A livraria tem ligação com uma loja de discos na 72nd St.

ZABAR'S

2245 Broadway com W 80th St. Metrô nº 1 para 79th St. Seg-sex 8h-19h30, sáb 8h-20h, dom 9h-18h, o café abre um pouco mais cedo. MAPA P. 147, MAPA DE BOLSO B5

Verdadeira instituição no Upper West Side, esta loja familiar oferece os favoritos judaicos da cidade: bagels, salmão defumado, schmears e produtos gourmet. No café anexo você pode comer as iguarias feitas na hora.

Cafés e lanchonetes

BOAT BASIN CAFÉ

W 79th St junto ao rio Hudson com acesso pelo Riverside Park. Metrô nº 1 para 79th St ☎ 212/496-5542. Jun-ago seg-qua 12h-23h, qui e sex 12h-23h30, sáb 11h-23h30, dom 11h-22h, fim mar-mai, set e out diariam 12h até o anoitecer; tudo depende do clima. MAPA P. 147, MAPA DE BOLSO B5

Este restaurante barato ao ar livre tem vista ampla do rio Hudson e serve búrgueres com fritas, cachorro-quente, sanduíches e algumas entradas mais elaboradas. Música ao vivo à tarde nos fins de semana.

HUNGARIAN PASTRY SHOP

1030 Amsterdam Ave entre W 110th e 111th sts. Metrô B, C, nº 1 para 110th St. Seg-sex 7h30-23h15, sáb 8h30-23h15, dom 8h30-22h30. MAPA P. 147, MAPA DE BOLSO B2

Se você está em busca de um lugar onde possa comer e relaxar perto da St John the Divine ou da Columbia University, a melhor pedida é esta singela confeitaria. Tome um expresso e leia o dia todo se quiser. O único problema é decidir entre os doces, os cookies ou os cakes, todos caseiros.

Restaurantes

CAFÉ LUXEMBOURG

200 W 70th St entre Amsterdam e West End aves. Metrô nº 1, nº 2, nº 3 para 72nd St ☎ 212/873-7411. Seg e ter 8h-23h, qua-sex 8h-0h, sáb 9h-0h, dom 9h-23h. MAPA P. 147, MAPA DE BOLSO B6

Bistrô com boa comida francesa contemporânea na região do Lincoln Center. Entradas na faixa de US$20; menu de brasserie um pouco mais barato.

CALLE OCHO

45 W 81st St entre Columbus Ave e Central Park West no Excelsior Hotel. Metrô B, C para 81st St ☎ 212/873-5025. Seg-qui 18h-22h30, sex 18h-23h30, sáb 12h-15h e 17h-23h30, dom 12h-15h e 17h-22h. MAPA P. 147, MAPA DE BOLSO C5

Saborosa comida latina, como ceviches (US$13-18) e steak ao chimichurri (US$25), é servida neste restaurante colorido e decorado com um bar animado. Os mojitos são fortes, como é do gosto dos nova-iorquinos.

DOVETAIL

103 W 77th St. Metrô B, C para 81st St-Museum of Natural History ☎ 212/362-3800. Seg 17h30-22h, ter-sáb 17h30-23h, dom 11h30-2h30 e 17h30-22h. MAPA P. 147, MAPA DE BOLSO B5

Um raro restaurante estrelado (com justiça) pelo Michelin nes-

BOAT BASIN CAFÉ

ta área, com pratos audaciosos como salada de couve-de-bruxelas (US$20), vieiras e lagosta com raiz de aipo (US$46) e filé com lasanha de bochecha bovina (US$40). Nas "suppas" de domingo à noite, belo menu de preço fixo (três pratos US$46).

GENNARO

665 Amsterdam Ave entre W 92nd e W 93rd sts. Metrô nº 1, nº 2, nº 3 para 96th St ☎ 212/665-5348. Seg-qui e dom 17h-22h30, sex e sáb 17h-23h. MAPA P. 147, MAPA DE BOLSO C4

Verdadeira raridade nesta área, este restaurante de boa comida italiana a preços razoáveis vive cheio e a espera por mesa é inevitável. Uma das opções mais pedidas é a torta quente de batata, queijo de cabra e cogumelo.

GOOD ENOUGH TO EAT

483 Amsterdam Ave entre W 83rd e W 84th sts. Metrô nº 1 para 86th St ☎ 212/496-0163. Seg-qui 8h-22h30, sex 8h-23h, sáb 9h-23h, dom 9h-22h. MAPA P. 147, MAPA DE BOLSO C4

Charmoso restaurante no Upper West Side, é conhecido por sua torrada francesa com canela (US$10,25), pelo bolo de carne (US$17,95) e pelas opções do brunch nos fins de semana.

MISS MAMIE'S SPOONBREAD TOO

336 W 110th St entre Columbus e Manhattan aves. Metrô B, C para Cathedral Parkway (110th St) ☎ 212/865-6744. Seg-qui 11h30-22h, sex e sáb 11h30-23h, dom 11h30-21h30. MAPA P. 147, MAPA DE BOLSO C2

Ótimo restaurante de soul food decorado à anos 1950, serve costelas da Carolina do Norte (US$15,95) e uma galinha frita (US$13,95) famosa na cidade, que conquistou até Bill Clinton.

OUEST

2315 Broadway entre W 83rd e W 84th sts. Metrô nº 1 para 86th St ☎ 212/580-8700. Seg 17h-21h30, ter e qua 17h-22h, qui 17h-22h30, sex e sáb 17h-23h, dom 11h-14h e 17h-21h. MAPA P. 147, MAPA DE BOLSO B4

Este restaurante conquistou uma clientela fiel, incluindo celebridades, com sua comfort food gourmet formidável, como o pombo assado com risoto. Há um menu fixo de três pratos por US$38 (seg-sex 17h-18h30).

PICHOLINE

35 W 64th St entre Broadway e Central Park West. Metrô nº 1 para 66th St ☎ 212/724-8585. Seg-qui 17h-22h, sex e sáb 17h-23h, dom 17h-21h. MAPA P. 147, MAPA DE BOLSO C6

Frequentado pelo público do Lincoln Center, este caro restaurante francês (US$115 para menu-degustação de seis pratos, US$95 para quatro pratos, US$78 pré-teatro) prepara tudo com perfeição. A carne de caça escocesa é divina, assim como o prato de queijos. Blazers são obrigatórios.

RECIPE

425 Amsterdam Ave entre 81st e 82nd sts. Metrô nº 1 para 79th St ☎ 212/501-7755. Seg-qui 17h-22h30, sex 17h-23h30, sáb 11h-3h30 e 17h-23h30, dom 11h-3h30 e 17h-22h30. MAPA P. 147, MAPA DE BOLSO B5

Preços razoáveis e produtos frescos do interior contribuem para lotar este restaurante. Decorado em estilo galpão industrial-fazenda, serve ótimo pato e galinha selvagem assada.

SALUMERIA ROSI PARMACOTTO

283 Amsterdam Ave entre 73rd e 74th sts. Metrô nº 1, nº 2, nº 3 para 72nd St
☎ 212/877-4800. Seg-qui 12h-22h, sex 12h-23h, sáb 11h-23h, dom 11h-22h.
MAPA P. 147, MAPA DE BOLSO C5

À esquerda da entrada fica um balcão de delicatéssen com uma estonteante variedade de divinas carnes defumadas. Há uma infinidade de porções a pedir: salame e queijos (US$5-8 só um tipo; US$15-26 porção variada); salada de escarola e anchova (US$11); massa (US$9-12); almôndegas (se disponíveis).

Bares

BAR BOULUD

1900 Broadway entre 63rd e 64th sts. 450 Amsterdam Ave entre W 81st e W 82nd sts. Metrô A, B, C, D, nº 1 para 59th St-Columbus Circle; nº 1 para 66th St-Lincoln Center
☎ 212/595-0303. Seg-qui 12h-16h e 17h-23h, sex 12h-16h e 17h-24h, sáb 11h-15h30 e 17h-24h, dom 11h-16h e 17h-22h. MAPA P. 147, MAPA DE BOLSO C6.

Este restaurante de Daniel Boulud deve ser encarado como um bar de vinhos pré ou pós-teatro. Patês, terrines e embutidos caseiros, acompanhados de uma taça – ou garrafa – do Rhône.

DEAD POET

450 Amsterdam Ave entre W 81st e W 82nd sts. Metrô nº 1 para 79th St. Seg-sáb 9h-4h, dom 10h-4h. MAPA P. 147, MAPA DE BOLSO B5

Você achará tudo poético e depois cairá duro se passar neste barzinho agradável toda a happy hour – regada a canecas de cerveja a US$4 ou US$5. O lugar só fecha na alta madrugada, e a sala nos fundos tem poltronas, livros e uma mesa de bilhar.

DING DONG LOUNGE

929 Columbus Ave entre W 105th e W 106th sts. Metrô B, C, nº 1 para 103rd St. Diariam 16h-4h. MAPA P. 147, MAPA DE BOLSO C2

Este bar punk com DJs e shows esporádicos tem um clima "vale-tudo" que atrai uma mescla vibrante de estudantes, latinos do bairro e turistas. Chopes baratos das 16h-20h.

PROHIBITION

503 Columbus Ave com W 84 St. Metrô B, C para 86th St. Seg-ter e dom 17h-2h/3h, qua-sáb 17h-4h. MAPA P. 147, MAPA DE BOLSO C4

Bar e lounge badalado com divertida decoração retrô (observe as lâmpadas em garrafas de vinho suspensas), boa variedade de chopes e martínis diabólicos. Música ao vivo de graça todas as noites (costuma começar às 21h30 ou 22h30).

Casas noturnas e música ao vivo

ALICE TULLY HALL

1941 Broadway com 65th St, Lincoln Center. Metrô A, B, C, D, nº 1 para 59th St-Columbus Circle; nº 1 para 66th St-Lincoln Center
☎ 212/671-4050. ⊕www.new.lincolncenter.org. Ingressos US$20-90. MAPA P. 147, MAPA DE BOLSO C6

Pequena sala usada para orquestras de câmara, quartetos de cordas e instrumentistas de alto nível.

BEACON THEATRE

2124 Broadway com W 74th St. Metrô nº 1, nº 2, nº 3 para 72nd St ☎212/465-6500, ingressos ☎1-866/858-0008, ⓌWww.beacontheatre.com. Ingressos US$25-100. MAPA P. 147, MAPA DE BOLSO B5

Belamente restaurado, este teatro é frequentado por roqueiros maduros, sendo um dos mais consolidados do gênero na cidade. Grandes nomes se apresentam aqui.

METROPOLITAN OPERA HOUSE

Lincoln Center, Columbus Ave com 64th St. Metrô A, B, C, D, nº 1 para 59th St-Columbus Circle; nº 1 para 66th St-Lincoln Center ☎212/362-6000, Ⓦwww.metopera.org. Ingressos US$20-495. MAPA P. 147, MAPA DE BOLSO C6

De setembro a maio, a melhor casa de ópera de Nova York é a sede da Metropolitan Opera Company de renome mundial. Os ingressos são caros e disputadíssimos, mas alguns por US$22 para ficar em pé são vendidos às 10h nos dias de apresentação (ligue para obter mais informações).

SMOKE

2751 Broadway com W 106th St. Metrô nº 1 para 103rd St ☎212/864-6662, Ⓦwww.smokejazz.com. Seg-sex 17h-2h, sáb e dom 11h-2h (brunch e jazz 11h30, 1h e 14h30); shows à noite 19h seg-qui e dom, 20h sex e sáb. Couvert grátis até US$30, consumo mínimo de US$20. MAPA P. 147, MAPA DE BOLSO B2

Este reduto do jazz no Upper West Side é um pilar no bairro, com um bom bar, ambiente intimista, sons suaves e jantares decentes no estilo bistrô.

SYMPHONY SPACE

2537 Broadway com W 95th St. Metrô nº 1, nº 2, nº 3 para 96th St ☎212/864-5400, Ⓦwww.symphonyspace.org. Ingressos grátis até US$50. MAPA P. 147, MAPA DE BOLSO B3

Um dos primeiros centros de artes cênicas da cidade, tem leituras regulares de contos e apresentações de música clássica e world-music. É também conhecido pela leitura ininterrupta e de graça de *Ulysses*, de James Joyce, todo Bloomsday (16 de junho).

Harlem e o norte de Manhattan

Reduto da comunidade negra mais famosa dos EUA, o Harlem é o polo da cultura afro-americana desde os anos 1920, quando poetas, ativistas e jazz se misturaram no renascimento do bairro. Apesar da criminalidade alta nos anos 1970, hoje a região está valorizada e suas ruas são tão seguras quanto qualquer outra em Nova York. A maioria dos turistas vem ao Harlem só pelos corais de gospel aos domingos, mas também há fabulosos restaurantes do oeste africano e de soul food, uma vibrante cena de jazz, muitas atrações históricas e ruas belíssimas. Conheça a história afro-americana no Schomburg Center e vá às mecas atuais da cultura negra, o Apollo Theater e a Abyssinian Baptist Church. Ao norte do Harlem ficam Washington Heights e Inwood, que abrigam a maior população dominicana dos EUA.

116TH STREET

Metrô B, C, nº 2, nº 3, nº 6 para 116th St.
MAPA PP. 156-7, MAPA DE BOLSO C1-D1

O Harlem fica ao norte da 110th St, mas a primeira área de interesse fica na **116th Street**, pois é aqui que o espírito do falecido Malcolm X é mais evidente. Procure a cúpula verde em forma de cebola da **Masjid Malcolm Shabazz**, no nº 102 da West 116th St com a Lenox Ave; a mesquita foi reformada nos anos 1960 e ganhou o nome dele. Entre as avenidas Lenox e Fifth, no nº 52, você passa pelo agitado **Malcolm Shabazz Harlem Market** (diariam 10h-20h), cuja entrada é marcada por pitorescos minaretes falsos. O mercado vende tecidos, joias e roupas africanos. O trecho da 116th St entre as avenidas Lenox e Manhattan se tornou um polo de imigrantes do oeste da África. Conhecida como **Little Senegal**, esta faixa reúne lojas, salões de beleza e restaurantes africanos. Há também alguns edifícios de influência africana nos arredores, incluindo a extravagante First Corinthian Baptist Church, branca e azul em estilo mouro, no nº 1912 do Powell Blvd com a 116th Street.

MURAL, HARLEM

HARLEM E O NORTE DE MANHATTAN

Harlem e o norte de Manhattan

MÚSICA AO VIVO	
Lenox Lounge	2
Shrine Bar	1

RESTAURANTES	
Africa Kine	4
Dinosaur Bar B Que	1
Red Rooster	3
Sylvia's Restaurant	2

MOUNT MORRIS PARK HISTORIC DISTRICT

Metrô nº 2, nº 3 para 116th St or 125th St.
MAPA PP. 156-7, MAPA DE BOLSO D1

Centrada no Malcolm X Blvd (ou Lenox Ave) entre as ruas W 118th e 124th, esta área de dezesseis quadras, repletas de lindas casas de arenito pardo com quatro a cinco andares do final do século XIX e ruas calmas, foi uma das primeiras a atrair empreendimentos residenciais após a construção das ferrovias elevadas – e continua sendo um bairro relativamente exclusivo, no qual moram a escritora Maya Angelou e a lenda do basquete Kareem Abdul-Jabbar.

125TH STREET

Metrô A, B, C, D, nº 2, nº 3 para 125th St.
MAPA PP. 156-7

Entre a Broadway e a Fifth Avenue, a **125th Street** é o centro ativo do Harlem e sua principal rua de comércio. É aqui que investimentos recentes na área ficam mais óbvios – note a presença de numerosas lojas de rede e outras de moda –, motivados pela instalação do escritório do ex-presidente Bill Clinton no nº 55 da W 125th St em 2001. O célebre Apollo Theater ainda é uma referência forte, mas reserve tempo também para ir ao **Hip-Hop Cultural Center**, no nº 2.309 do Fredrick Douglass Blvd com a 124th St (ligue para saber o horário; ☎212/234-7171), que abriga uma exposição com filmes raros de hip-hop, grafites, fotos e apresentações musicais; e ao **National Jazz Museum** (seg-sex 10h-16h; Ⓦwww.jazzmuseuminharlem.org) no nº 104 da E 126th St perto da Park Ave, que tem cursos, jazz ao vivo e uma pequena mostra de peças antigas ligadas ao jazz.

STUDIO MUSEUM IN HARLEM

144 W 125th St entre Lenox e Seventh aves. Metrô nº 2, nº 3 para 125th St ☎212/864-4500, Ⓦwww.studiomuseum.org. Qui-sex 12h-21h, sáb 10h-18h, dom 12h-18h. US$7, grátis dom.
MAPA PP. 156-7

O **Studio Museum in Harlem** tem um espaço expositivo de mais de 5.500m² onde é possível conhecer a pintura, a fotografia e a escultura afro-americanas contemporâneas. O fantástico acervo permanente é exposto em um sistema de rodízio e inclui obras do fotógrafo James Van Der Zee, que participou do renascimento do Harlem.

APOLLO THEATER

APOLLO THEATER

253 W 125th St. Metrô A, B, C, D, nº 2, nº 3 para 125th St ☎212/531-5300, Ⓦwww.apollotheater.com. Visitas seg, ter, qui e sex 11h, 13h, 15h, qua 11h, sáb e dom 11h e 13h. US$16 seg-sex, US$18 sáb e dom. MAPA PP. 156-7

Entre as décadas de 1930 e 1970, o **Apollo Theater** foi o centro do entretenimento negro do nordeste dos EUA. Quase todos os astros do jazz e do blues se apresentaram aqui, assim como cantores, comediantes e dançarinos. Sua famosa Amateur Night (ainda realizada às quartas às 19h30; a partir de US$19) teve vencedores como Ella Fitzgerald, Billie Holiday, Jackson Five, Sarah Vaughan, Marvin Gaye e James Brown. A diva do hip-hop Lauren Hill foi vaiada em sua estreia, quando era adolescente. O Apollo também se tornou a meca espiritual dos negros dos EUA; o caixão de James Brown foi reverenciado no teatro, e, quando Michael Jackson morreu, em 2009, o local montou uma exposição oficial poucos dias depois.

SCHOMBURG CENTER FOR RESEARCH IN BLACK CULTURE

515 Malcolm X Blvd com W 135th St. Metrô B, C, nº 2, nº 3 para 135th St ☎212/491-2200, Ⓦwww.nypl.org/research/sc. Exposições seg-sáb 10h-18h. Grátis. MAPA PP. 156-7

Basicamente uma biblioteca de pesquisa, o **Schomburg Center** também realiza ótimas exposições temporárias em suas três galerias – temas recentes incluíram a luta para acabar com a segregação nas escolas do país. A biblioteca foi criada em 1925 por Arthur Schomburg, um negro porto-riquenho obcecado em documentar a cultura negra. O local recebeu mais tarde as cinzas do poeta Langston Hughes, autor do famoso *O negro fala sobre rios*, de 1921.

ABYSSINIAN BAPTIST CHURCH

O poema inspirou o mosaico com o "cosmograma" no átrio além da entrada principal. Sete linhas se irradiam de um círculo, e a última, "Minha alma ficou profunda como os rios", localizada no meio, marca onde ele está enterrado.

ABYSSINIAN BAPTIST CHURCH

132 Odell Clark Place (W 138th St) perto do Adam Clayton Powell Jr Blvd. Metrô nº 2, nº 3 para 135th St ☎212/862-7474, Ⓦwww.abyssinian.org. Turistas só podem ir ao culto de dom às 11h (90min). Grátis. MAPA PP. 156-7

Com raízes que remontam a 1808, a **Abyssinian Baptist Church** abriga uma das maiores e mais antigas congregações protestantes do país. Na década de 1930, seu pastor, o reverendo Adam Clayton Powell Jr, foi fundamental para forçar as lojas do Harlem, em sua maioria com donos e empregados brancos, a contratarem negros que, como clientes, asseguravam sua sobrevivência econômica. Vale a pena vir aqui aos domingos para ver o culto matinal e ouvir o coro emocionante. Vista-se formalmente, pois trata-se de uma igreja, não de um show.

STRIVERS' ROW

Metrô B, C, nº 2, nº 3 para 135th St.
MAPA PP. 156-7

Nas ruas W 138th e 139th (entre os bulevares Adam Clayton Powell Jr e Frederick Douglass), a **Strivers' Row** é composta de três das quadras mais belas de Manhattan, com casas enfileiradas de influência renascentista. Encomendado em 1891 durante um boom imobiliário, este conjunto em meio à florescente comunidade negra passou a ser o lugar residencial mais cobiçado por profissionais ambiciosos na virada do século XX – daí seu nome. Ainda hoje é um endereço extremamente chique na cidade.

MORRIS-JUMEL MANSION

65 Jumel Terrace com W 160th St entre St Nicholas e Edgecombe aves. Metrô C para 163rd St ☎ 212/923-8008, Ⓦ www.morrisjumel.org. Qua-dom 10h-16h. US$5.
MAPA P. 163

Esta mansão de 1765, que é a casa mais antiga em Manhattan, exibe contornos georgianos e um pórtico federalista. Por um curto período foi o quartel-general de George Washington antes da vitória dos britânicos em 1776. Posteriormente, o negociante de vinhos Stephen Jumel comprou a mansão e a reformou para sua mulher Eliza, ex-prostituta e sua amante. No andar superior, você verá um interessante relato romanceado de sua vida "escandalosa".

CLOISTERS MUSEUM

99 Margaret Corbin Drive, Fort Tryon Park. Metrô A para 190th St ☎ 212/923-3700, Ⓦ www.metmuseum.org/cloisters. Ter-dom 9h30-17h15, fecha 16h45 nov-fev. Doação sugerida US$25, grátis com entrada do mesmo dia do Met Museum. MAPA P. 163

Este complexo monástico reconstruído abriga a coleção medieval do Metropolitan Museum. O destaque são as sete **tapeçarias *A dama e o unicórnio***, elaborados painéis supostamente feitos no fim do século XIII na França ou na Bélgica. Outras atrações do museu são o monumental saguão românico feito de resíduos franceses e uma capela Fuentidueña espanhola com afrescos, ambos do século XIII. No centro do museu fica o **Claustro Cuxa** de um mosteiro beneditino do século XII nos Pireneus franceses; seus capitéis são obras de arte notáveis e têm entalhes de criaturas grotescas que se autodevoram.

CLOISTERS MUSEUM

Restaurantes

AFRICA KINE

256 W 116th St entre Douglass e Powell blvds. Metrô B, C para 116th St ☎ 212/666-9400. Diariam 12h30-2h. MAPA PP. 156-7, MAPA DE BOLSO C1

O melhor lugar na região de Little Senegal para provar comida do oeste da África. Curry de cordeiro, peixes e cozido de quiabo, tudo acompanhado de arroz e por cerca de US$10.

DINOSAUR BAR B QUE

646 W 131st St com 12th Ave. Metrô nº 1 para 125th St ☎ 212/694-1777. Seg-qui 11h30-23h, sex e sáb 11h30-0h, dom 12h-22h. MAPA PP. 156-7

O carro-chefe são as excelentes costelas defumadas, que vêm com um molho caseiro cujo sabor fica gravado na memória. Outra boa pedida é o "Big Ass Pork Plate" por US$15,50.

RED ROOSTER

310 Malcolm X Blvd entre W 125th e W 126th sts. Metrô nº 2, nº 3 para 125th St ☎ 212/792-9001. Seg-qui 11h30-15h e 17h30-22h30, sex 11h30-15h e 17h30-23h30, sáb 10h-15h e 17h30-23h30, dom 10h-15h e 17h-22h. MAPA PP. 156-7

Aberto em 2011, o restaurante de Marcus Samuelsson faz uma sofisticada leitura da comfort food sulista. Os sanduíches custam entre US$14-17, enquanto pratos principais como cordeiro com hash de batata-doce valem entre US$16-35. Deixe espaço para o arroz-doce com coco (US$9).

SYLVIA'S RESTAURANT

328 Lenox Ave entre W 126th e W 127th sts. Metrô nº 2, nº 3 para 125th St. ☎ 212/996-0660. Seg-sáb 8h-22h30, dom 11h-20h. MAPA PP. 156-7

Marco de soul food no Harlem tão famoso que Sylvia tem a própria linha de alimentos prontos. As costelas na brasa (US$16,95) são excepcionais, e as batatas-doces cristalizadas são outro destaque, a ponto de o local virar atração turística. Evite vir no domingo, quando grupos enormes aparecem para o brunch.

Música ao vivo

LENOX LOUNGE

288 Lenox Ave com W 125th St. Metrô nº 2, nº 3 para 125th St ☎ 212/427-0253, ⓦ www.lenoxlounge.com. Diariam 12h-4h. MAPA PP. 156-7

Meca de diversão no Harlem desde os anos 1930, esta casa histórica de jazz exibe interior art déco, com destaque para a Zebra Room. A maioria dos shows começa às 20h, com três rodadas sexta e sábado (21h, 22h30 e 0h). Couvert de US$20 e consumo mínimo de US$16.

SHRINE BAR

2271 Powell Blvd entre 133rd e 134th sts. Metrô B, nº 2, nº 3 para 135th St ☎ 212/690-7807 ⓦ www.shrinenyc.com. Diariam 16h-4h. MAPA PP. 156-7

Bar e restaurante com música ao vivo (jazz e world music) e noites de humor e poesia. Os shows começam às 18h na maioria das noites e às 13h no domingo.

DINOSAUR BAR B QUE

Distritos externos

Nova York não se limita a Manhattan, abrangendo mais quatro distritos que guardam encantos próprios: Brooklyn, Queens, Bronx e Staten Island. Eles cobrem uma área enorme e você deve reservar tempo para conferir suas atrações, inclusive porque algumas das partes mais interessantes do Brooklyn e do Queens, como Brooklyn Heights e Long Island City, ficam somente a uma estação de metrô do centro e de Midtown. Staten Island é o único distrito sem nenhuma atração imperdível nem bairros com ótima comida étnica, porém o passeio grátis de balsa de ida e volta até lá vale a pena pela vista do centro e da Estátua da Liberdade. Além disso, entre o Bronx Zoo, Coney Island, Prospect Park e Greek Astoria, o difícil é decidir qual direção tomar.

BROOKLYN HEIGHTS

MAPA P. 165, MAPA DE BOLSO G15

Saindo de Manhattan, basta cruzar a ponte do Brooklyn e entrar à esquerda na bifurcação perto do final da rua para pedestres para chegar a um dos bairros mais belos, históricos e cobiçados de Nova York. Subúrbio original da cidade, esta área tranquila e arborizada foi fundada por financistas de Wall Street, habitada por escritores como Truman Capote, Tennessee Williams e Norman Mailer, e mantém um ar exclusivo.

Passeie na **Promenade** e aprecie a linda vista da Lower Manhattan, do East River e da ponte do Brooklyn.

DUMBO

MAPA P. 165, MAPA DE BOLSO G15

Sigla para algo como "travessia da ponte de Manhattan", **DUMBO** fica na descida da colina da Brooklyn Heights Promenade e de frente para o East River. Foi um agitado eixo de balsas e comércio no século XIX, mas a abertura da ponte do Brooklyn, em 1883, causou

WILLOW STREET, BROOKLYN

Distritos externos

CAFÉ E LANCHONETES	
Nathan's	5
RESTAURANTES	
Dominick's	1
Zenon Taverna	3
BARES	
Bohemian Hall and Beer Garden	2
L.I.C. Bar	4

sua decadência. Nas últimas duas décadas, a região viu o surgimento de condomínios de luxo e galerias de arte que trouxeram um novo sopro de vida. Veja as lojas nas ruas Water, Main, Washington e Front, depois aprecie a vista a partir da beira da água.

BROOKLYN BRIDGE PARK

Metrô nº 2, nº 3 para Clark St, A, C para High St Ⓦwww.brooklynbridgepark.org.
MAPA P. 165, MAPA DE BOLSO F15

Tentativa mais recente de valorizar a paisagem aquática em Nova York, o **Brooklyn Bridge Park** começa em torno do Fulton Ferry Landing e segue por Brooklyn Heights até a Atlantic Avenue. O Empire-Fulton Ferry State Park tem como destaque um carrossel (seg e qua-dom 11h-19h; US$2) e as belíssimas vistas das pontes, enquanto o Pier 6 possui uma interessante área aquática, grandes caixas de areia, íngremes escorregadores e saída de ferry-boats para a Governors Island (p. 40). Também há barcos para alugar, vôlei e filmes ao ar livre.

NEW YORK TRANSIT MUSEUM

Cruzamento da Boerum Place com a Schermerhorn St, centro do Brooklyn. Metrô nº 2, nº 3, nº 4, nº 5, para Borough Hall; A, C, F, R para Jay Street-MetroTech ☏718/694-1600, Ⓦwww.mta.info/mta/museum museum. Ter-sex 10h-16h, sáb e dom 11h-17h. US$7, crianças 2-17 US$5.
MAPA P. 165, MAPA DE BOLSO G16

Instalado em uma estação de metrô dos anos 1930 desativada, o **Transit Museum** conta a história de mais de um século do transporte, por meio de *memorabilia* como antigas catracas e mais de vinte vagões de metrô e ônibus restaurados nos quais se pode entrar. As crianças adoram.

RED HOOK

MAPA P. 165

Este distrito à beira das águas, antes um centro de navegação entre os mais conturbados da cidade, agora abriga galerias de artistas, restaurantes singulares, armazéns reaproveitados e, para desgosto de alguns, as gigantes IKEA e Fairway. **Red Hook** não é servido por metrô, e o acesso até lá é de táxi aquático ou ônibus. Vale a pena ir aos Red Hook Ball Fields nos fins de semana no verão, onde você pode saborear comida latino-americana nas ruas e assistir a uma partida de futebol. Aprecie também a vista fabulosa da Estátua da Liberdade e da Lower Manhattan a partir dos píeres, enquanto come key lime pie no *Steve's Authentic Key Lime Pies* (nº 204 da Van Dyke St).

BROOKLYN MUSEUM

200 Eastern Parkway, Prospect Heights, Brooklyn. Metrô nº 2, nº 3 para Eastern Parkway ☎ 718/638-5000, 🌐 www.brooklynmuseum.org. Qua e sex-dom 11h-18h, qui 11h-22h, 1º sáb do mês 11h-23h. Grátis a partir das 17h, contribuição sugerida US$12. MAPA P. 163

Um dos maiores museus do país, o **Brooklyn Museum** abriga 1,5 milhão de objetos e cinco andares com exposições em sua sede neoclássica, projetada por McKim, Mead e White. Um rodízio de esculturas de Rodin recebe os visitantes, mas o destaque no piso térreo é a coleção de arte africana. O terceiro andar mostra a joia da coroa do museu, a delicadamente entalhada "Brooklyn Brown Head", uma das 1.200 peças que fazem parte da coleção de arte do antigo Egito. Acima, a instalação *Dinner Party*, de Judy Chicago, é um marco da arte feminista, enquanto o quinto andar se destaca pela mostra "American Identity". A seção Visible Storage, no mesmo andar, concentra abajures Tiffany e móveis e pinturas antigos que o museu não tem espaço para exibir em suas galerias principais.

BROOKLYN BOTANIC GARDEN

Entrada na Eastern Parkway, ao lado do Brookyn Museum. Metrô nº 2, nº 3 para Eastern Parkway; B, Q, S para Prospect Park ☎ 718/623-7200, 🌐 www.bbg.org. Meados de mar-out ter-sex 8h-18h, sáb e dom 10h-18h, nov-meados de mar ter-sex 8h-16h30, sáb e dom 10h-16h30. US$10, crianças até 12 grátis. MAPA P. 163

O **Brooklyn Botanic Garden** é um dos parques mais bonitos da cidade e um espaço relaxante para espairecer após algumas horas no museu ao lado. Embora menor, é bem mais agradável do que seu primo célebre no Bronx (p. 169). Em seus 21ha de terreno bem cuidado há 12 mil plantas do mundo inteiro. Os destaques são sobretudo sazonais, mas incluem um jardim de rosas, um japonês, a Esplanada das Cerejeiras e o Caminho das Celebridades, que homenageia luminares do Brooklyn.

Brooklyn

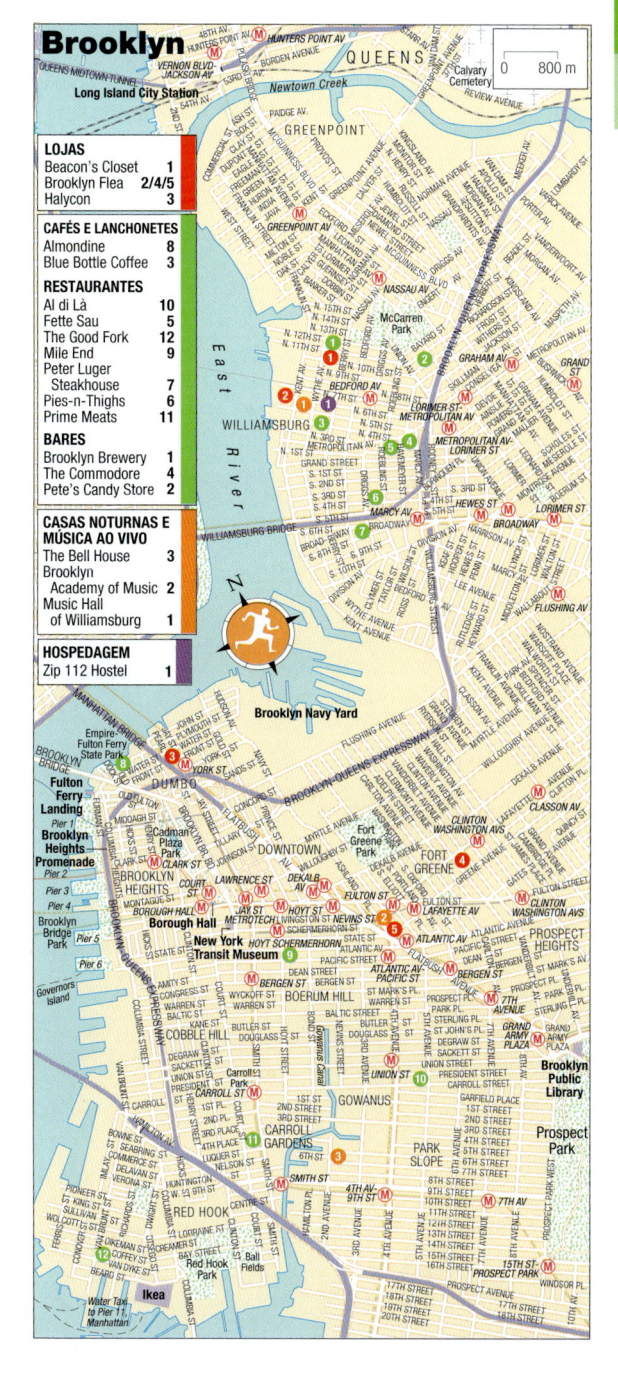

LOJAS
Beacon's Closet	1
Brooklyn Flea	2/4/5
Halycon	3

CAFÉS E LANCHONETES
Almondine	8
Blue Bottle Coffee	3

RESTAURANTES
Al di Là	10
Fette Sau	5
The Good Fork	12
Mile End	9
Peter Luger Steakhouse	7
Pies-n-Thighs	6
Prime Meats	11

BARES
Brooklyn Brewery	1
The Commodore	4
Pete's Candy Store	2

CASAS NOTURNAS E MÚSICA AO VIVO
The Bell House	3
Brooklyn Academy of Music	2
Music Hall of Williamsburg	1

HOSPEDAGEM
Zip 112 Hostel	1

DISTRITOS EXTERNOS

PROSPECT PARK

Flatbush Ave e Prospect Park West, Brooklyn. Metrô nº 2, nº 3 para Grand Army Plaza; F para 7th Ave ou 15th St; B, Q para Prospect Park ☎718/965-8951, ⓦwww.prospectpark.org. MAPA P. 163

Animados com o sucesso obtido com o Central Park, os arquitetos Olmsted e Vaux projetaram o paisagismo de 526ha do **Prospect Park** no início dos anos 1860, concluindo-o em paralelo aos toques finais na Grand Army Plaza (ótima feira sáb 8h-16h). Entre os 212ha do parque você vai encontrar um lago de 24ha no lado leste, um prado aberto de 36ha no lado oeste, e uma via de duas pistas utilizada por corredores, ciclistas e patinadores. Os pontos altos são a Lefferts Homestead, uma casa de fazenda colonial do século XVIII que pode ser visitada gratuitamente nos fins de semana; o Prospect Park Zoo (abr-out seg-sex 10h-17h, sáb e dom 10h-17h30; nov-mar diariam 10h-16h30; US$7); a Audubon House, com mostras sobre a natureza, ao lado de um lago repleto de patos; o carrossel (abr-out qui-dom 12h-17h; US$2); e o Long Meadow, de 36ha, que atravessa o parque.

PARK SLOPE

MAPA P. 163

As saídas no oeste do Prospect Park levam à orla do maior e mais importante distrito no Brooklyn: **Park Slope**, uma área ocupada por fazendeiros holandeses no século XVII, que só floresceu com a chegada dos bondes ao bairro, nos anos 1870. Antigo reduto de imigrantes irlandeses e de operários da fábrica Ansonia Clock, Park Slope é alvo da especulação imobiliária e exibe casas históricas de arenito pardo habitadas sobretudo por casais jovens bem-sucedidos com filhos pequenos e por celebridades literárias como Paul Auster e Jonathan Safran Foer; as ruas calmas e arborizadas rivalizam com as de Brooklyn Heights em termos de atratividade e alto valor de mercado. A Quinta Avenida reúne os cafés, butiques, lojas de vinho e restaurantes mais interessantes.

CONEY ISLAND

Metrô D, F, N, Q para Coney Island-Stillwell Ave ou F, Q para W 8th St-NY Aquarium. ⓦwww.coneyisland.com. Calçadão aberto o ano todo, as atrações são sazonais (por volta de abr-set). MAPA P. 163

Gerações de nova-iorquinos da classe trabalhadora vinham relaxar em **Coney Island**, um dos pontos mais remotos do Brooklyn, que no seu auge atraía cerca de 100 mil pessoas por dia. A área caiu no ostracismo, e o parque de diversões Astroland deu lugar ao **Luna Park**, que conta com a Wonder Wheel, de 90 anos, e a quase tão antiga montanha-russa de madeira Cyclone. Outros destaques no verão são o concurso de consumo de cachorro-quente em Quatro de Julho no *Nathan's* (p. 170) e o Desfile Anual de Sereias (3º ou 4º sáb de jun).

NEW YORK AQUARIUM

Surf Ave e W 8th St, Coney Island, Brooklyn. Metrô F, Q para West 8th St; D, F, N, Q para Surf Ave ☎718/265-3474, www.nyaquarium.com. Abr, mai, set e out seg-sex 10h-17h, sáb e dom 10h-17h30; jun-ago seg-sex 10h-18h, sáb e dom 10h-19h; nov-mar diariam 10h-16h30. US$14,95, crianças 3-12 US$10,95. MAPA P. 163

No *boardwalk* de Coney Island fica o **New York Aquarium**, em forma de concha. Mais de 10 mil criaturas residem aqui, em um sem-número de tanques, com destaque para os jellyfishes e as anêmonas na mostra Alien Stingers. Confira as últimas aquisições – o Conservation Hall e o Glovers Reef –, onde se veem raias e piranhas e se aprende sobre a vida nos recifes de coral.

BRIGHTON BEACH

MAPA P. 163

Localizada no extremo sul do Brooklyn, **Brighton Beach** foi desenvolvida em 1878 e ganhou o nome do balneário inglês. Possui a maior comunidade de judeus russos que vieram para o país, muitos dos quais chegaram nos anos 1970, após um abrandamento das restrições à entrada de cidadãos soviéticos nos EUA. A via principal, Brighton Beach Avenue, é paralela ao calçadão sob o metrô elevado, mesclando lojas de alimentos, restaurantes tentadores e lojas de suvenires russos. À noite, os restaurantes (como *Primorski*) viram uma paródia de uma desregrada noitada russa com clima de cabaré.

WILLIAMSBURG

MAPA P.165, MAPA DE BOLSO J11

Com acesso fácil para Manhattan e excelente vista aquática, não é difícil entender por que **Williamsburg** se tornou um dos lugares mais animados da cidade. O trem L para em plena Bedford Avenue, a rua principal repleta de cafés, lojas de discos, livrarias e brechós.

Após a inauguração da ponte de Williamsburg, em 1903, judeus da classe trabalhadora em busca de casas mais espaçosas se mudaram do Lower East Side para cá. Muitos hassídicos moram na parte sudoeste do distrito, em torno da Lee Avenue.

O **McCarren Park** separa o norte de Williamsburg do valorizado enclave polonês de Greenpoint. É muito frequentado e tem concertos no verão. Seu lago histórico, reformado em 2012, recebe divertidos eventos de música no verão.

ASTORIA

MAPA P. 163, MAPA DE BOLSO J3

Desenvolvido em 1839 e com o nome de **Astoria** em homenagem a John Jacob Astor, o Queens é conhecido por duas coisas: filmagens e o fato de abrigar a maior concentração de gregos fora da Grécia. Entre 1920 e 1928, Astoria, onde a Paramount tinha estúdios, foi a capital do cinema mudo e continuou próspera até os anos 1930, quando o fascínio exercido por Hollywood deixou a região praticamente vazia.

O Astoria grego se estende do Ditmars Boulevard até a Broadway, e da 31st Street até cruzar a Steinway Street. Muitos marroquinos, egípcios, brasileiros e outros estrangeiros vieram para cá, criando uma diversidade gastronômica evidenciada por patisseries, restaurantes de frutos do mar e quebaberias.

MUSEUM OF THE MOVING IMAGE

35th Ave com 37th St, Astoria, Queens. Metrô N, F, Q para 36th St; M, R para Steinway St ☎ 718/784-0077, Ⓦ www.movingimage.us. Ter-qui 10h-17h30, sex 10h30-20h30, sáb e dom 10h30-19h. US$12, crianças 3-18 US$6. MAPA P. 163, MAPA DE BOLSO J5

Parte do complexo Paramount, este museu conta a fascinante história do cinema por meio de moderníssimas salas de exibição, mostras interativas e propagandas antigas. A coleção principal, "Behind the Screen", reúne câmeras antigas e equipamentos de efeitos especiais, além de esboços e modelos de cenário de *O silêncio dos inocentes* e de bonecos de *Guerra nas estrelas*. Coloque a mão na massa criando curtas animados e adicionando seus próprios efeitos sonoros a cenas clássicas do cinema.

ISAMU NOGUCHI GARDEN MUSEUM

9-01 33rd Rd com Vernon Blvd, Long Island City, Queens. Metrô N, Q, W para Broadway; F para Queensbridge-21st St ☎ 718/204-7088, Ⓦ www.noguchi.org. Qua-sex 10h-17h, sáb e dom 11h-18h. US$10. MAPA P. 163, MAPA DE BOLSO G5

Embora em um ponto de difícil acesso, o **Isamu Noguchi Garden Museum** é uma atração imperdível. O museu é dedicado às esculturas "orgânicas", desenhos, figurinos para dança moderna e esculturas de luz Akari do prolífico escultor abstrato nipo-americano Isamu Noguchi (1904-88), cujo estúdio era aqui. Suas peças em pedra, bronze e madeira são de uma simplicidade sublime.

MoMA PS1

22-25 Jackson Ave com 46th Ave, Long Island City. Metrô nº 7 para 45 Rd-Courthouse Square; E, G para 23rd St-Ely Ave. ☎ 718/

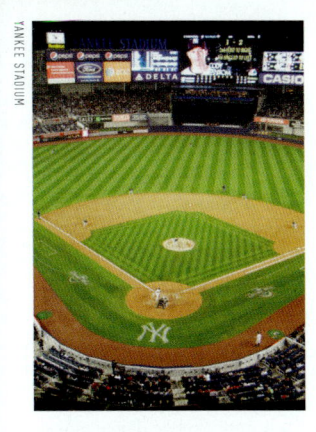

YANKEE STADIUM

784-2084, www.momaps1.org. Qui-seg 12h-18h. US$5. Preço sugerido US$10 (grátis com o ingresso same-day MoMA). MAPA P. 163, MAPA DE BOLSO I8

O **MoMA PS1**, uma das mais antigas e importantes instituições de arte contemporânea do país, expõe os principais artistas emergentes. Desde sua fundação em 1971, esta escola pública que virou espaço expositivo realiza parte das mostras de arte mais empolgantes da cidade.

YANKEE STADIUM

161st St e River Ave. Metrô B, D, nº 4 para Yankee Stadium ☎ 212/926-5337. www newyork.yankees.mlb.com. Ingressos US$15-300. MAPA P. 163

O **Yankee Stadium** é sede do New York Yankees, 27 vezes campeão mundial de beisebol e a franquia esportiva de maior fama. Babe Ruth, Lou Gehrig, Joe DiMaggio e outras dezenas de jogadores formam uma linha contínua de heróis até Derek Jeter e Robinson Cano na atualidade. Um novo estádio, inaugurado na temporada de 2009, substituiu a "Casa que Ruth Construiu"; os heróis da equipe são reverenciados com placas e monumentos, os quais podem ser vistos em visitas (diariam exceto em dias de jogos 12h-13h40, a cada 20min; US$20, crianças até 14 US$15 se comprados na bilheteria; ☎ 646/977-8687) que também abrangem a sala de imprensa, a sede do clube e os vestiários.

BRONX ZOO

Portão principal na Fordham Rd. Metrô nº 2, nº 5 para East Tremont Ave/West Farms Square. ☎ 718/220-5100, www.bronxzoo.com. Abr-nov seg-sex 10h-17h, sáb e dom 10h-17h30, dez-mar diariam 10h-16h30. US$16, crianças 3-12 US$12; passeios especiais e atrações extras, apesar de desconto para ingressos Total Experience; qua "pague o quanto desejar". MAPA P. 163

Inaugurado em 1899, o maior zoo urbano dos EUA abriga mais de 4 mil animais e foi uma das primeiras instituições do gênero a perceber que seus moradores se sentiam melhor soltos ao ar livre. A parte "Ásia Selvagem" ocupa uma área de quase 16ha na qual tigres, elefantes e cervos circulam relativamente livres, e podem ser vistos de um monotrilho (mai-out; US$4). Conheça espécies exóticas e veja pinguins se alimentando diariamente na "Colônia de Aves Marinhas".

NEW YORK BOTANICAL GARDEN

Entrada pela via que parte do portão principal do zoo. Metrô B, D, nº 4 para Bedford Park Blvd; é mais fácil com o Metro-North da Grand Central até a Botanical Garden Station ☎ 718/817-8700, www.nybg.org. Ter-dom 10h-18h. Todo o jardim US$20, crianças 2-12 US$8; apenas os terrenos US$10, crianças 2-12 US$2. MAPA P. 163

Em frente ao zoo, o **New York Botanical Garden** é do final do século XIX. A Estufa Enid A. Haupt, em um palácio de cristal, tem ecossistemas de selva e deserto, uma quadra com palmeiras e uma mata de samambaias, além de mostras sazonais. Perto estão os jardins perenes e de ervas.

DISTRITOS EXTERNOS

Lojas e galerias

BEACON'S CLOSET

88 N 11th St entre Wythe e Berry, Williamsburg, Brooklyn; filiais em Park Slope e no Village. Metrô L para Bedford Ave. Seg-sex 11h-21h, sáb e dom 12h-20h. MAPA P. 163, MAPA DE BOLSO I11

Bem tradicional em Williamsburg, este excelente brechó faz trocas, tem fabulosas roupas antigas de estilistas e compra ou aceita em consignação peças que estejam em bom estado. Vir aqui é um programa imperdível para quem gosta de passar horas garimpando moda e encontrar pechinchas inacreditáveis.

BROOKLYN FLEA

176 Lafayette Ave entre Clermont e Vanderbilt aves, Fort Greene (Abr-nov sáb 10h-17h); 27 N 6th St entre Kent Ave e o East River, Williamsburg (Abr-nov dom 10h-17h). Metrô C para Lafayette Ave; G para Clinton-Washington aves; L para Bedford Ave W brooklynflea.com. MAPA P. 165, MAPA DE BOLSO J15, J16 E H11.

O qualificativo "flea" (pulga) é um tanto incorreto, uma vez que este mercado tem não apenas artigos de segunda mão como também barracas com peças de arte e artesanato de alta qualidade e excelentes comidas artesanais. Durante o inverno (dez-mar), o mercado se move para um local fechado, em 1 Hanson Place. De abril a novembro, o posto em Williamsburg recebe aos sábados a Smorgasburg, uma extravagante feira culinária ao ar livre.

HALCYON

57 Pearl St com Water St, Dumbo, Brooklyn. Metrô A, C para High St; F para York St. Seg, qua e sáb 12h-20h, ter, qui e sex 12h-21h, dom 12h-18h. MAPA P. 165, MAPA DE BOLSO H13

Fonte confiável de dance music e outros gêneros, o Halcyon é uma espécie de centro da comunidade underground. Venha escutar o que quiser, ver um pouco de arte e talvez participar de algum evento.

Cafés e lanchonetes

ALMONDINE

85 Water St, Dumbo, Brooklyn. Metrô A/C para High St; F para York St. Seg-sáb 7h-19h, dom 10h-18h. MAPA P. 165, MAPA DE BOLSO G13

Uma das melhores padarias da cidade, com refinados bolos de chocolate, tortas de frutas, croissants amanteigados e sanduíches de salame. Como o número de sanduíches é limitado, chegue cedo no almoço ou compre alguns para levar ao parque entre as pontes.

BLUE BOTTLE COFFEE

160 Berry St entre Fourth e Fifth sts, filial em Chelsea. Metrô L para Bedford Ave. Seg-sex 7h-19h, sáb e dom 8h-19h. MAPA P. 165, MAPA DE BOLSO H12

A primeira filial nova-iorquina de uma conhecida casa de São Francisco, é algo entre café e laboratório. Além do café comum, há versões geladas e uma torrefação nos fundos.

Restaurantes

AL DI LÀ

248 Fifth Ave com Carroll St, Park Slope, Brooklyn. Metrô R para Union St ☎ 718/783-4565. Seg-qui 12h-15h e 18h-22h30, sex 12h-15h e 18h-23h, sáb 11h-15h30 e 15h30-23h, dom 11h-15h30 e 17h-22h. MAPA P.163

Este ótimo restaurante que pertence a um casal é de cozinha campestre veneziana. Entre as delícias servidas estão ravióli de beterraba, nhoque de acelga suíça, sardinhas grelhadas e coelho no bafo. Não faz reservas, por isso há filas.

DOMINICK'S

2335 Arthur Ave com 187th St, Bronx. Metrô B, D para Fordham Rd ☎ 718/733-2807. Seg e qua-dom 12h-0h. MAPA P. 163

Tem tudo o que se pode esperar de um italiano de bairro: grande, ruidoso, mesas comunitárias, comida maravilhosa e preços baixos. Lula recheada, vitela à parmigiana e galinha scarpariello são destaques. Só aceita pagamento em dinheiro.

FETTE SAU

345 Metropolitan Ave com Havemeyer St, Williamsburg, Brooklyn. Metrô L para Bedford Ave; G para Metropolitan Ave ☎ 718/963-3404. Seg-sex 17h-2h, sáb e dom 12h-0h. MAPA P. 163, MAPA DE BOLSO J12

O ambiente industrial-chic (fica numa antiga oficina mecânica) deste especialista em churrasco combina com a vizinhança. Peça a carne por peso (peito de boi, ombro ou barriga de porco US$16), escolha um acompanhamento (burnt end baked beans US$5,25) e saboreie uma cerveja (US$6 cerca de 0,5 litro).

THE GOOD FORK

391 Van Brunt St, Red Hook, Brooklyn. Metrô F, G para Smith-9th sts ☎ 718/643-6636. Ter-sex 17h30-22h30, sáb 10h-15h e 17h30--22h30, dom 10h30-3h, 17h30-22h. MAPA P. 163

Embora este seja essencialmente um restaurante de bairro (aliás, um local fora de mão), vale a pena fazer um esforço e conhecer os drinques criativos, os gostosos bolinhos e as versões coreanas de steak e ovos.

MILE END

97A Hoyt St entre Pacific e Atlantic, Boerum Hill, Brooklyn. Metrô F para Bergen; A, C, G para Hoyt-Schermerhorn. Seg-qui 8h-16h e 17h30-22h, sex 8h-16h e 17h30-23h, sáb 10h-16h e 17h30-23h, dom 10h-16h e 17h30-22h. MAPA P. 165, MAPA DE BOLSO H16

Esta aconchegante deli judaica ao estilo de Montreal serve sanduíches de carne defumada que rivalizam com quaisquer outros na cidade. Comida caseira do Velho Mundo – por exemplo, kasha varnishkes (trigo-sarraceno e massa) com confit de pato. Um verdadeiro agrado.

NATHAN'S

1310 Surf Ave com Schweiker's Walk, Coney Island, Brooklyn. Metrô D, F, N, Q para Coney Island-Stillwell Ave ☎ 718/946-2202. Diariam 8h-1h. MAPA P. 163

Servindo o "famoso cachorro--quente de Coney Island" desde 1916, o *Nathan's* é um pilar na cidade e todo ano, em Quatro de Julho, faz um concurso de quem come mais.

PETER LUGER STEAK HOUSE

178 Broadway com Driggs Ave, Williamsburg, Brooklyn. Metrô J, M, Z para Marcy Ave ☎ 718/387-7400. Seg-qui 11h45- 21h45, sex e sáb 11h45-22h45, dom 12h45-21h45. MAPA P. 165, MAPA DE BOLSO J13

Atraindo os apreciadores de carne desde 1873, *Peter Luger's* talvez seja a melhor churrascaria da cidade. O atendimento é ágil e a decoração, sem graça, mas o steak porterhouse – o principal corte servido – é divino. Peça também o bacon de entrada. Só aceita dinheiro e é caro – a conta pode facilmente chegar a US$100 por pessoa.

PIES-N-THIGHS

166 S 4th St com Driggs Ave. Metrô J, M, Z para Marcy Ave, Williamsburg, Brooklyn ☎ 347/529-6090. Seg-sex 9h-16h e 17h-24h, sáb e dom 10h-16h e 17h-24h. MAPA P. 165, MAPA DE BOLSO J12

Instalado em uma esquina, o *P-n-T* prepara ótima comida ao estilo sulista: chicken biscuits (bolinhos com recheio de frango frito; US$6), frango frito (US$13 com acompanhamento) e diversos tipos de torta (a de limão-taiti é a mais pedida; pedaço US$5). Só dinheiro.

PRIME MEATS

465 Court St com Luquer St, Carroll Gardens, Brooklyn. Metrô F, G para Carroll St ☎ 718/254-0327. Seg-qua e dom 11h-1h, qui-sáb 8h-2h. MAPA P. 163

Este local popular serve excelentes steaks (US$32 o corte NY), hambúrgueres (US$18) e tutano assado (US$18) em um salão que parece ter décadas de idade. De manhã, você pode comer cogumelos, ovos e bratwurst (US$13).

ZENON TAVERNA

34-10 31st Ave, Astoria, Queens. Metrô N, Q para 30th Ave; R para Steinway St ☎718/956- 0133. Diariam 12h-23h. MAPA P. 163, MAPA DE BOLSO J4

Polvo na brasa, almôndegas grelhadas e molho de taramasalata são um ótimo início de refeição nesta simpaticíssima taverna greco-cipriota. Depois, peça um peixe inteiro ou um dos pratos do dia à base de cordeiro.

Bares

BOHEMIAN HALL AND BEER GARDEN

29-19 24th Ave entre 29th e 30th sts, Astoria, Queens. Metrô N, Q, W para Astoria Blvd. Seg-qua e dom 12h-2h, qui-sáb 12h-3h. MAPA P. 163, MAPA DE BOLSO J3

Este bar tcheco, que prima pela autenticidade, atrai saudosistas e serve uma boa seleção de cervejas raras e pilsners. A cervejaria grande ao ar livre nos fundos tem mesas de piquenique, árvores, búrgueres, salsichas e um palco para grupos de polca.

BROOKLYN BREWERY

79 N 11th St, Williamsburg, Brooklyn. Metrô L para Bedford Ave. Sex 18h-23h, sáb 12h-20h, dom 12h-18h. MAPA P. 163, MAPA DE BOLSO I11

Após passear em Williamsburg, conheça esta formidável microcervejaria que realiza eventos o ano todo. Vá à sala de degustação às sextas ou faça uma visita grátis no sábado ou domingo (e menos vezes durante a semana).

PETE'S CANDY STORE

THE COMMODORE

366 Metropolitan Ave com Havemeyer St, Williamsburg, Brooklyn. Metrô L para Lorimer St; G para Metropolitan Ave. Diariam 16h-4h. MAPA P. 163, MAPA DE BOLSO J12

Esqueça um pouco o roteiro central de Williamsburg neste bar em estilo retrô, que serve boa comida (frango frito, queijo grelhado, sanduíche poblano, couve refogada) e drinques baratos (em porção única ou em jarras). O público, jovem e descolado, joga antigos videogames.

L.I.C. BAR

45-58 Vernon Blvd com 46th Ave, Long Island City, Queens. Metrô nº 7 para Vernon Blvd-Jackson Ave ou 45th Rd-Courthouse Square; G para 21st St ☎718/786-5400. Seg-sex 16h-2h, sáb e dom 13h-2h. MAPA P. 163, MAPA DE BOLSO G8

Local amistoso e cheio de clima, para uma cerveja, um hambúrguer e música ao vivo (seg e qua). Encoste no velho bar de madeira ou fique no agradável jardim externo.

PETE'S CANDY STORE

709 Lorimer St entre Frost e Richardson sts, Williamsburg, Brooklyn. Metrô L para Lorimer St; G para Metropolitan Ave. Seg-qui 17h-2h, sex e sáb 16h-4h, dom 15h30-2h. MAPA P. 163, MAPA DE BOLSO J11

Este lugar inusitado para drinques e altas doses de diversão foi no passado uma loja de doces. Há música ao vivo de graça todas as noites, uma série de leituras, noites de jogos e de quizzes e coquetéis muito caprichados.

Casas noturnas e música ao vivo

THE BELL HOUSE

149 7th St entre Second e Third aves, Gowanus, Brooklyn. Metrô F, G, R para Fourth Ave-9th St ☎718/643-6510. ⓦwww.thebellhouseny.com. MAPA P. 163

BROOKLYN ACADEMY OF MUSIC

No local de uma gráfica, em um trecho ermo de Gowanus, é o cenário para apresentações de bandas indie e eventos malucos – de culinária, filmes de Burt Reynolds, comemorações etc. O bar (diariam 17h-4h) espaçoso no salão da frente é agradável.

BROOKLYN ACADEMY OF MUSIC

30 Lafayette St entre Ashland Place e St Felix St, Brooklyn. Metrô 2, 3, 4, 5, B, Q para Atlantic Ave; D, M, N, R para Pacific St ☎718/636-4100. ⓦwww.bam.org. MAPA P. 165, MAPA DE BOLSO J16

Academia de artes cênicas mais antiga do país (1859) e uma das produtoras mais ousadas de Nova York, faz muita gente cruzar o rio para ver coreografias de Alvin Ailey, trupes de teatro europeias e projeções de filmes raros.

MUSIC HALL OF WILLIAMSBURG

66 N 6th St com Kent, Williamsburg, Brooklyn. Metrô L para Bedford Ave ☎718/486-5400. ⓦwww.musichallof williamsburg.com. Ingressos US$10-30. MAPA P. 163, MAPA DE BOLSO I11

Este grande espaço para shows tem ótima acústica. Instalado em uma antiga fábrica, é um dos melhores locais da cidade para música ao vivo e indie-rock.

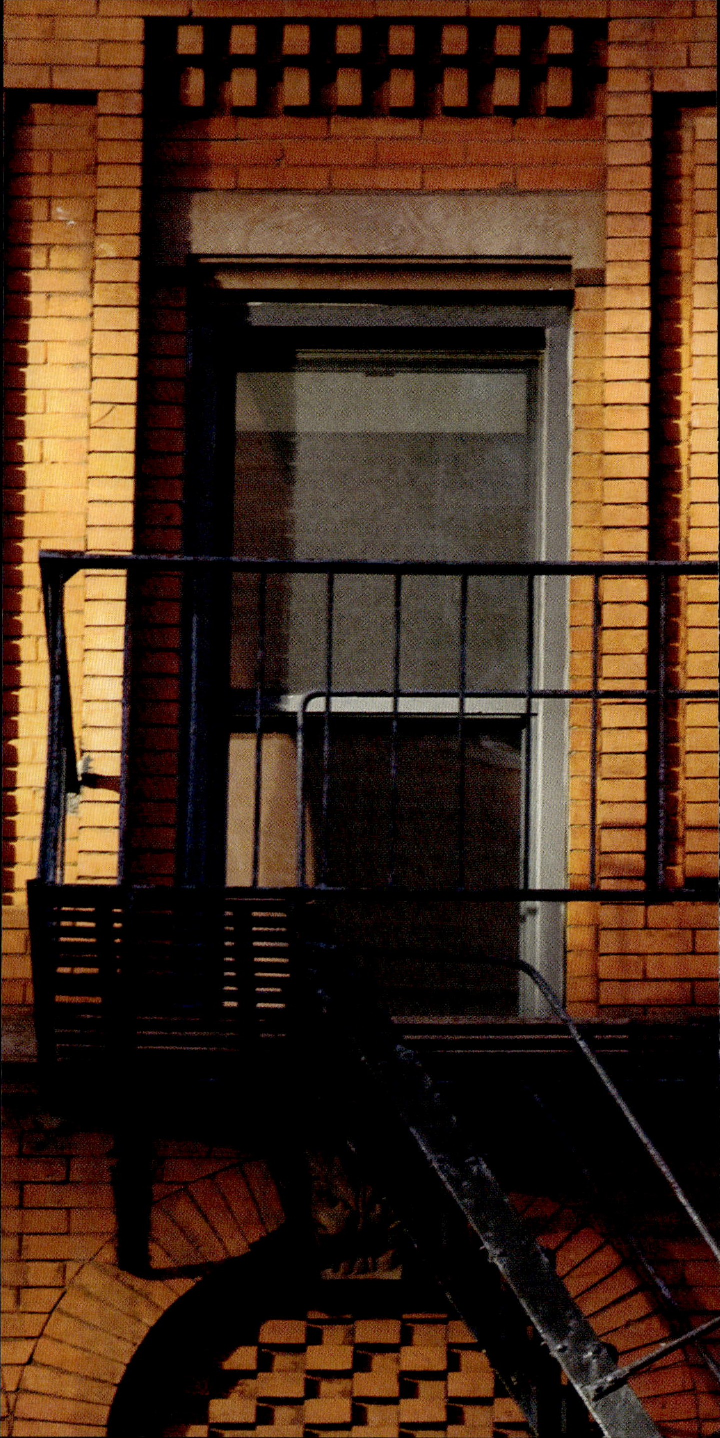

HOSPEDAGEM

Hotéis

Os preços de hospedagem em Nova York são extremamente altos: muitos hotéis cobram diária acima de US$200 por um quarto duplo e até US$400-500 na alta temporada. O polo hoteleiro tradicional é o centro de Manhattan, mas um grande número de lugares novos está em construção na 34th Street. É essencial fazer reserva com alguma antecedência e em certas épocas do ano – do início a meados do outono ou nas semanas antes do Natal – é dificílimo achar hotel.

Raramente se acham quartos a preço fixo. As tarifas neste capítulo se referem a um quarto duplo mais em conta na alta temporada, mas os preços podem mudar diariamente, dependendo da taxa de ocupação do hotel e de outros fatores sujeitos aos caprichos do computador de reservas. Em algumas regiões, dependendo da temporada, as diárias podem ser até 50% mais caras do que o preço listado aqui. As reservas on-line – tanto diretamente com o hotel como por meio de um site de viagens – podem garantir bons descontos. A conta final vem acrescida de 14,75% de impostos, da "taxa de ocupação" de US$3,50 por noite e de taxas do quarto.

Financial District

RITZ-CARLTON > 2 West St, Battery Park. Metrô nº 1 para Rector St; nº 4, nº 5, para Bowling Green ☎212/344-0800, ⓦwww.ritzcarlton.com. MAPA PP. 34-5, MAPA DE BOLSO C24 É difícil ter uma vista melhor do porto e da Estátua da Liberdade do que a descortinada por este hotel alto e elegante. Há um bar animado, quartos enormes em relaxantes tons suaves – tudo com vista deslumbrante – e mordomos que preparam o banho e trazem toalhas quentes. Descontos nos finais de semana. **US$595.**

SoHo e Tribeca

COSMOPOLITAN > 95 W Broadway com Chambers St. Metrô A, C, nº 1, nº 2, nº 3 para Chambers St ☎1-888/895-9400 ou 212/566-1900, ⓦwww.cosmo hotel.com. MAPA P. 45, MAPA DE BOLSO C21 Com ótima localização em Tribeca e quartos bonitos a preço razoável, este é um dos melhores hotéis convencionais no centro. **US$359.**

CROSBY STREET HOTEL > 79 Crosby St entre Spring e Prince sts. Metrô N, R para Prince St; nº 6 para Spring St ☎212/226-6400, ⓦwww.firmdale.com. MAPA P. 45, MAPA DE BOLSO D19 É caro, mas os quartos bonitos e espaçosos ficam em torno de um pátio perto do badalado SoHo e têm banheiros luxuosos, janelas do teto ao chão e arte contemporânea. Os quartos nos andares superiores têm vista espetacular. O chá da tarde (US$34) é servido o dia todo na sala de estar. **US$595.**

SMYTH TRIBECA > 85 W Broadway entre Warren e Chambers sts. Metrô A, C, nº 1, nº 2, nº 3 para Chambers St ☎212/587-7000, ⓦwww.thompsonhotels.com.

MAPA P. 45, MAPA DE BOLSO C21 Um dos mais modernos hotéis-butique nesta parte da cidade, tem design e móveis contemporâneos com toques clássicos e art déco. Entre as comodidades oferecidas estão estação de iPod, TV de plasma e banheiro grande (com produtos Kiehl). US$459.

TRIBECA GRAND HOTEL > 2 Sixth Ave, entre White e Walker sts. Metrô nº 1 para Franklin St ☎1-877/519-6600 ou 212/519-6600, Ⓦwww.tribecagrand.com. MAPA P. 45, MAPA DE BOLSO C20 Em cálido tom laranja, a área pública do *Church Lounge* é surpreendente e um ótimo lugar para tomar um drinque. Os quartos são elegantes sem ostentação, mas cada banheiro dispõe de telefone e de TV embutida. US$429.

Lower East Side

BLUE MOON > 100 Orchard St entre Delancey e Broome sts. Metrô F para Delancey St; J, M, Z para Essex St ☎212/533-9080, Ⓦwww.bluemoon-nyc.com. MAPA P. 63, MAPA DE BOLSO E19 Prédio de cinco andares no Lower East Side transformado em um luxuoso hotel-butique. Com nomes de celebridades dos anos 1930 e 1940, os quartos têm camas com estrutura de ferro e antiguidades – os localizados no 6º, 7º e 8º andares também dispõem de vista fabulosa da cidade. Café da manhã e Wi-Fi inclusos. US$350.

HOTEL 91 > 91 E Broadway. Metrô F para E Broadway ☎212/266-6800, Ⓦwww.thehotel91.com. MAPA P. 63, MAPA DE BOLSO E21 Hotel-butique no Lower East Side com tema asiático – orquídeas enfeitam os quartos e há uma estátua de Buda no saguão. Os quartos são pequenos, porém bem equipados com TV de LCD e belos banheiros de mármore. Wi-Fi grátis. US$179.

East Village

BOWERY HOTEL > 335 Bowery com E 3rd St. Metrô nº 6 para Bleecker St ☎212/505-9100, Ⓦwww.thebowery hotel.com. MAPA PP. 70-1, MAPA DE BOLSO D18 Este hotel-butique fabuloso e caro exala sofisticação e mima os hóspedes com iPods, janelas do teto ao chão, banheiras de mármore com vista e um bar chique. US$495.

West Village

LARCHMONT > 27 W 11th St entre Fifth e Sixth aves. Metrô F, M, L para 14th St ☎212/989-9333, Ⓦwww.larchmonthotel.com. MAPA PP. 82-3, MAPA DE BOLSO C17 Este hotel econômico, em uma rua arborizada em Greenwich Village, tem quartos pequenos e limpos por uma pechincha, mas os banheiros são compartilhados. Um pouco mais caro nos fins de semana. US$135.

Chelsea e Meatpacking District

CHELSEA LODGE > 318 W 20th St entre Eighth e Ninth aves. Metrô C, E para 23rd St ☎212/243-4499 ou 1-800/373-1116, Ⓦwww.chelsealodge.com. MAPA P. 93, MAPA DE BOLSO C10 Ao entrar pela porta (não sinalizada) desta hospedaria adaptada, você ficará encantado com a decoração alegre à moda antiga. Os quartos "lodge", com duchas e pias (mas banheiros compartilhados), são um tanto pequenos para duas pessoas, mas os quartos de luxo têm bom preço e banheiro. Duas das suítes compartilham um frondoso jardim particular. US$129.

CHELSEA PINES INN > 317 W 14th St, entre Eighth e Ninth aves. Metrô A, C, E para 14th St ☎1-888/546-2700 ou 212/929-1023, Ⓦwww.chelseapinesinn.com. MAPA P. 93, MAPA DE BOLSO A17 Instalado em uma antiga brownstone, este hotel muito acolhedor oferece quartos elegantes, limpos e confortáveis, todos com tema de cinema e recentemente reformados. Muito procurado por gays e lésbicas. É recomendável reservar. US$269.

HÔTEL AMERICANO > 518 W 27th St, entre Tenth e Eleventh aves. Metrô nº 1 para 28th St ☎212/216-0000, Ⓦwww.hotel-americano.com. MAPA P. 93, MAPA DE BOLSO B10 Primeiro empreendimento fora do México do Grupo Habita, o belo Americano fica bem na High Line, com estilo próprio elegante e moderno. Conta com camas em estilo japonês, chuveiros com vista para a cidade e elevadores exclusivos para os hóspedes. US$399.

Union Square, Gramercy Park e Flatiron District

ACE > 20 W 29th St com Broadway. Metrô N, R para 28th St ☎212/679-2222, ⓦwww.acehotel.com/newyork. MAPA P. 101, MAPA DE BOLSO D10 Com o espírito da velha Nova York, porém inteiramente moderno, o *Ace Hotel* criou um novo patamar de chique boêmio. Oferece quartos em estilos diferentes (até com beliches), dotados de geladeiras retrô, violões, tons suaves e obras de arte. US$479.

GIRAFFE > 365 Park Ave com 26th St. Metrô nº 6 para 28th St ☎212/685-7700, ⓦwww.hotelgiraffe.com. MAPA P. 101, MAPA DE BOLSO E10 Pequeno hotel-butique com um toque pessoal, o *Giraffe* oferece quartos de luxo com pequenos terraços e todas as comodidades; o happy hour com queijos e vinhos (seg-sáb 17h-20h) no saguão tem também música ao vivo. US$489.

GRAMERCY PARK > 2 Lexington Ave com E 21st St. Metrô nº 6 para 23rd St ☎212/475-4320, ⓦwww.gramercyparkhotel.com. MAPA P. 101, MAPA DE BOLSO E10 A repaginação feita por Ian Schrager deu vida nova a este hotel outrora boêmio, com ótima localização em Gramercy e acesso ao parque privado. Os quartos são luxuosos e decorados com ousadia. US$495.

ROGER WILLIAMS > 131 Madison Ave com 31st St. Metrô nº 6 para 33rd St ☎1-888/448-7788 ou 212/448-7000, ⓦwww.therogernewyork.com. MAPA P. 101, MAPA DE BOLSO D9 A primeira coisa que se nota aqui é o uso das cores: o saguão é vibrante e os quartos fusion nipo-escandinavos mesclam tons suaves e fortes. Alguns têm um pequeno terraço com vista para o Empire State Building. US$450.

SEVENTEEN > 225 E 17th St entre Second e Third aves. Metrô L, N, Q, R, nº 4, nº 5, nº 6 para 14th St-Union Square ☎212/475-2845, ⓦwww.hotel17ny.com. MAPA P. 101, MAPA DE BOLSO E11 Os quartos no *Seventeen* têm banheiro, TV a cabo e telefone, mas muitos partilham banheiros. Limpo e cordial, fica em uma agradável rua arborizada a minutos da Union Square e do East Village. US$150.

Midtown

70 PARK AVENUE HOTEL > 70 Park Ave, na 38th St. Subway S, nº 4, nº 5, nº 6, nº 7 para 42nd St-Grand Central ☎1-877/707-2752 ou 212/973-2400 ⓦwww.70parkave.com. MAPA P. 109, MAPA DE BOLSO D9 Este hotel-butique de classe é decorado com recriações de frisos e afrescos clássicos, iluminação original e mobília de madeira em tons terrosos. Conta ainda com DVD player, TV de plasma, Wi-Fi e recepção noturna com vinho. Aceita animais. US$429

AFFINIA SHELBURNE > 303 Lexington Ave entre E 37th e E 38th sts. Metrô nº 4, nº 5, nº 6, nº 7 para 42nd St-Grand Central ☎212/689-5200, ⓦwww.affinia.com. MAPA P. 109, MAPA DE BOLSO E9 Luxuoso hotel na parte mais elegante de Murray Hill. Todos os quartos têm cozinha, e o restaurante interno, *Rare*, é especializado em búrgueres gourmet. US$359.

THE ALEX > 205 E 45th St, entre Second e Third aves. Metrô nº 4, nº 5, nº 6, nº 7 para 42nd St ☎212/867-5100, ⓦwww.thealexhotel.com. MAPA P. 109, MAPA DE BOLSO E8 Este hotel chique em tons de bege é um oásis sereno em Midtown. Os quartos são bonitos e arejados, e têm modernos toques escandinavos. US$420.

ALGONQUIN > 59 W 44th St entre Fifth e Sixth aves. Metrô B, D, F, M para 42nd St ☎212/840-6800, ⓦwww.algonquinhotel.com. MAPA P. 109, MAPA DE BOLSO D8 No clássico reduto literário de Nova York (p.113), você vai ver uma gata, moradora do bairro, chamada Matilda, shows de cabaré e suítes com nomes curiosos. Os quartos foram repaginados com bom resultado. US$479.

CHAMBERS > 15 W 56th St entre Fifth e Sixth aves. Metrô F para 57th St ☎1-866/204-5656 ou 212/974-5656, ⓦwww.chambershotel.com. MAPA P. 109, MAPA DE BOLSO D7 Projetado pelo arquiteto David Rockwell, o *Chambers* é prático para ir ao Central Park e ao MoMA, e nos próprios corredores exibe 500 obras de arte originais. Os quartos, de bom gosto, parecem um apartamento nova-iorquino, assim como as salas no mezanino. Abriga também o restaurante *Má Pêche*. **US$425.**

IROQUOIS > 49 W 44th St entre Fifth e Sixth aves. Metrô B, D, F, M para 42nd St ☎ 1-800/332-7220 ou 212/840-3080, Ⓦ www.iroquoisny.com. MAPA P. 109, MAPA DE BOLSO D8 Favorito de bandas de rock no passado, em sua atual encarnação como hotel-butique tem quartos confortáveis e de bom gosto com banheiros de mármore italiano, academia, biblioteca e um restaurante cinco-estrelas. O nome do lounge homenageia uma celebridade íntima do hotel: James Dean morou aqui de 1951 a 1953 no quarto 803. **US$529.**

LIBRARY > 299 Madison Ave com E 41st St. Metrô nº 4, nº 5, nº 6, nº 7 para 42nd St-Grand Central ☎ 212/983-4500, Ⓦ www.libraryhotel.com. MAPA P. 109, MAPA DE BOLSO D8 Com tema incomum, o *Library* dedica cada andar a uma das dez categorias da Classificação Decimal de Dewey. Em tons de marrom e creme, os quartos são bonitos, de tamanho médio e têm banheiros grandes. Nos dias de semana há um happy hour com queijos e vinhos. **US$469.**

THE MANSFIELD > 12 W 44th St entre Fifth e Sixth aves. Metrô B, D, F, M para 42nd St ☎ 1-800/255-5167 ou 212/277-8700, Ⓦ www.mansfieldhotel.com. MAPA P. 109, MAPA DE BOLSO D8 Um dos hotéis mais simpáticos da cidade, o *Mansfield* é grandioso, porém intimista. Com iluminação embutida no piso, um bar com cúpula de cobre, biblioteca aconchegante e jazz toda noite, o lugar é extremamente charmoso. **US$499.**

THE METRO > 45 W 35th St entre Fifth e Sixth aves. Metrô B, D, F, M, N, Q, R para 34th St ☎ 1-800/356-3870 ou 212/947-2500, Ⓦ www.hotelmetronyc.com. MAPA P. 109, MAPA DE BOLSO D9 Hotel muito elegante, tem Hollywood como tema, um agradável terraço sazonal no topo, quartos limpos e café da manhã grátis. **US$340.**

MORGANS > 237 Madison Ave entre E 37th e E 38th sts. Metrô nº 6 para 33rd St ☎ 1-800/334-3408 ou 212/686-0300, Ⓦ www.morganshotel.com. MAPA P. 109, MAPA DE BOLSO D9 Ainda um dos hotéis mais chiques da cidade; quartos em tons neutros relaxantes, com painéis de bordo e fotos que foram encomendadas ao falecido Robert Mapplethorpe. **US$419.**

POD > 230 E 51st St entre Second e Third aves. Metrô nº 6 para 51st St ☎ 1-800/742-5945 ou 212/355-0300, Ⓦ www.thepodhotel.com. MAPA P. 109, MAPA DE BOLSO E8 Este agradável hotel econômico é uma das melhores opções em Midtown. Seus 370 quartos (solteiro, duplo, beliche, cama queen-size e modelos inusitados) contam com ar-condicionado, iPod, Wi-Fi grátis e TVs de LCD, mas alguns compartilham banheiros. O deque ao ar livre no topo tem vista estupenda. **US$299.**

ROGER SMITH > 501 Lexington Ave com E 47th St. Metrô nº 6 para 51st St ☎ 1-800/445-0277 ou 212/755-1400, Ⓦ www.rogersmith.com. MAPA P. 109, MAPA DE BOLSO E8 Muito estilo e personalidade: quartos individualmente decorados e obras de arte enfeitam as áreas comuns. Café da manhã incluso. **US$519.**

THE STRAND > 33 W 37th St entre Fifth e Sixth aves. Metrô B, D, F, M, N, Q, R para 34th St-Herald Square ☎ 212/448-1024, Ⓦ www.thestrandnyc.com. MAPA P. 109, MAPA DE BOLSO D9 Os quartos, alguns com vista para o Empire State Building, são arejados e confortáveis, mas os maiores destaques do hotel são o tranquilo saguão e o adorável bar no deque da cobertura. **US$359.**

WALDORF=ASTORIA > 301 Park Ave com E 50th St. Metrô nº 6 para 51st St ☎ 1-800/925-3673 ou 212/355-3000, Ⓦ www.waldorfnewyork.com. MAPA P. 109, MAPA DE BOLSO E8 Um dos hotéis mais tradicionais de Nova York e com sua glória dos anos 1930 restaurada, o *Waldorf* é uma opção de hospedagem maravilhosa para quem pode gastar à vontade. Caso você não possa, venha dar uma olhada no saguão (p. 110) e tomar um drinque no bar de mogno no andar de baixo. **US$549.**

Times Square e Theater District

414 > 414 W 46th St entre Ninth e Tenth aves. Metrô C, E para 50th St ☎ 212/399-0006 ou 1-866/414-HOTEL, ⓦ www.414hotel.com. MAPA P. 123, MAPA DE BOLSO C8 Muito procurada por europeus, esta pousada instalada em duas casas tem quartos maiores do que o comum. É uma boa opção um pouco distante do burburinho da Times Square. O jardim nos fundos é maravilhoso para tomar o café da manhã. US$255.

AMERITANIA AT TIMES SQUARE > 54 230 W 54th St com Broadway. Metrô B, D, E para Seventh Ave ☎ 1-800/555-7555 ou 212/247-5000, ⓦ www.ameritaniahotelnewyork.com. MAPA P. 123, MAPA DE BOLSO C7. Um dos hotéis mais bonitos da cidade, tem quartos bem mobiliados e com banheiros de mármore. Há um bar/restaurante high-tech, mas o saguão é neoclássico. US$299.

CASABLANCA > 147 W 43rd St entre Sixth Ave e Broadway. Metrô B, D, F, M, nº 1, nº 2, nº 3 para 42nd St ☎ 1-888/922-7225 ou 212/869-1212, ⓦ www.casablancahotel.com. MAPA P. 123, MAPA DE BOLSO D8 Há azulejos mouros, ventiladores de teto e até o *Rick's Café* neste hotel com clima do Marrocos nos anos 1940. Os quartos, porém, são modernos. A partir de US$410.

DISTRIKT > 342 W 40th St entre Eighth e Ninth aves. Metrô A, C, E para 42nd St-Port Authority ☎ 1-888/444-5610 ou 212/706-6100, ⓦ www.distrikthotel.com. MAPA P. 123, MAPA DE BOLSO C9 Com tema da cidade, o acolhedor Distrikt tem quartos amplos decorados em clássicos tons pastel de marrom e bege. Os quartos no andar superior (chamados "Harlem") têm as melhores vistas. Os arredores não são muito bons. US$409.

FLATOTEL > 135 W 52nd St entre Sixth e Seventh aves. Metrô B, D, E para Seventh Ave ☎ 1-800/352-8683 ou 212/887-9400, ⓦ www.flatotel.com. MAPA P. 123, MAPA DE BOLSO D7 Hotel confortável e elegante com linhas e motivos despojados inspirados em Frank Lloyd Wright. Embora seja difícil ter vontade de se exercitar aqui, confira a academia Sky Gym no 46º andar. US$340.

GRACE > 125 W 45th St entre Sixth e Seventh aves. Metrô B, D, F, M, nº 1, nº 2, nº 3 para 42nd St ☎ 212/354-2323, ⓦ www.room-matehotels.com. MAPA P. 123, MAPA DE BOLSO D8 Você não acha muitos hotéis tão originais como este, com um saguão que mais parece um stand de concessionária; uma piscina minúscula e envidraçada diante de um belo bar; e quartos ultramodernos com camas com cabeceira sobre estrados e divertidos papéis de parede retrô diferenciados. US$379.

INK 48 > 653 Eleventh Ave entre 47th e 48th sts. Subway C, E para 50th St ☎ 800/843-8869 ou 212/1757-0088 ⓦ www.ink48.com. MAPA P. 123, MAPA DE BOLSO B8 Localizada em uma zona industrial, esta antiga gráfica foi transformada em um arrojado hotel. Todos os quartos têm vistas esplêndidas – muitos para o Hudson; os melhores, nos cantos dos andares superiores –, decoração moderna e pé-direito alto. Conta ainda com bar no terraço, o *Press Lounge*, e um spa. Aceita cachorros. US$449.

LE PARKER MERIDIEN > 119 W 56th St entre Sixth e Seventh aves. Metrô F para 57th St ☎ 212/245-5000, ⓦ www.parkermeridien.com. MAPA P. 123, MAPA DE BOLSO D7 Este hotel mantém seu ar de esmero, com quartos confortavelmente modernos, uma enorme academia, piscina no topo e serviço de quarto 24h. Escondido no piso térreo, o *Burger Joint* (p. 128) é um lugar divertido para um lanche. US$459.

SALISBURY > 123 W 57th St entre Sixth e Seventh aves. Metrô F N, Q, R para 57th St ☎ 212/246-1300, ⓦ www.nycsalisbury.com. MAPA P. 123, MAPA DE BOLSO D7 Perto do Central Park, oferece bom atendimento e quartos grandes com cozinha. US$339.

Upper East Side

WALES > 1295 Madison Ave entre E 92nd e E 93rd sts. Metrô nº 6 para 96th St

① 1-800/925-3745 ou 212/876-6000, Ⓦ www.hotelwalesnyc.com. MAPA P. 137. MAPA DE BOLSO D4 A poucos passos da Museum Mile, este hotel em Carnegie Hill foi fundado há mais de um século. Quartos atraentes com detalhes antigos, muito conforto e, em alguns casos, com vista para o Central Park. Há também um terraço no topo e café da manhã grátis. **US$375.**

Upper West Side

LUCERNE > 201 W 79th St com Amsterdam Ave. Metrô B, C para 81 St; nº 1 para 79th St ① 1-800/492-8122 ou 212/875-1000, Ⓦ www.thelucernehotel.com. MAPA P. 147, MAPA DE BOLSO B5 Casa de arenito pardo de 1904 belamente restaurada, tem entrada barroca de terracota vermelha, quartos charmosos e equipe solícita. Fica a uma quadra do American Museum of Natural History e perto do trecho mais animado da Columbus Avenue. **US$380.**

MILBURN > 242 W 76th St entre Broadway e West End. Metrô nº 1 para 79th St ① 1-800/833-9622 ou 212/362-1006, Ⓦ www.milburnhotel.com. MAPA P. 147, MAPA DE BOLSO B5 Após passar pelo saguão de ar clássico, os quartos parecem sem graça, porém são grandes e todos têm cozinha. Esta é uma boa opção para famílias e os hóspedes podem usar sem custo uma piscina a um quarteirão de distância. **US$259.**

ON THE AVE > 222 W 77th St entre Amsterdam Ave e Broadway. Metrô nº 1 para 79th St ① 1-800/509-7598 ou 212/362-1100, Ⓦ www.ontheave-nyc.com. MAPA P. 147, MAPA DE BOLSO B5 Com pias de aço inoxidável, banheiros minimalistas e camas de madeira escura, o *On the Ave* tem tudo para agradar. É limpo, confortável e dá descontos. **US$350.**

Albergues

Os albergues oferecem preços baixos e ambiente mais sociável, mas há relativamente poucas opções na cidade com bons padrões de qualidade e localização. Em qualquer caso as reservas são essenciais. As diárias para solteiro variam entre US$40 e US$70 e para casal, entre US$80 e US$150.

CHELSEA HOSTEL > 251 W 20th St entre Seventh e Eighth aves. Metrô C, E, nº 1 para 23rd St ① 212/647-0010, Ⓦ www.chelseahostel.com. MAPA P. 93, MAPA DE BOLSO C10 É preciso fazer um depósito de US$10, mostrar o passaporte e fazer reserva. **Quartos compartilhados US$68-US$78/por pessoa, duplos privativos US$165.**

GERSHWIN > 7 E 27th St entre Fifth e Madison aves. Metrô R, W para 28th St ① 212/545-8000, Ⓦ www.gershwinhotel.com. MAPA P. 101, MAPA DE BOLSO D10 Este albergue/hotel para jovens tem decoração pop art e dormitórios com dez, seis ou duas camas, e quartos privativos. Há também um bar. **Dormitórios a partir de US$50/por noite, quartos privativos US$170-240.**

WHITEHOUSE HOTEL OF NEW YORK > 340 Bowery com Bond St. Metrô F para Second Ave; nº 6 para Bleecker St ① 212/477-5623, Ⓦ www.whitehousehotelofny.com. MAPA PP. 70-1, MAPA DE BOLSO D18 O único albergue com quartos de solteiro e duplos a preços de dormitório; outra vantagem é a localização central. **Quartos de solteiro US$37 e duplos US$73.**

ZIP112 HOSTEL > 5/F, 112 N 6th St, Williamsburg, Brooklyn. Metrô L para Bedford Ave ① 347/403-0577,

www.zip112.com. MAPA P. 165, MAPA DE BOLSO H11 Um dos bairros mais descolados de Nova York tem agora seu albergue, com dois impecáveis quartos compartilhados somente para mulheres (com oito beliches), um quarto privativo (duas camas de solteiro; aceita homens), dois banheiros compartilhados, cozinha grande e dois computadores. Café da manhã básico incluso na diária. **Quarto compartilhado US$65, quarto privativo US$140.**

B&Bs e apartamentos

Hospedar-se em um bed & breakfast permite ficar no centro de Manhattan por um preço acessível. Só não espere socializar com os proprietários, pois é provável encontrá-los só raramente e ficar em um quarto isolado. Em geral, as reservas são feitas por meio de uma agência como as citadas a seguir; providencie isso com antecedência. Consulte a Craigslist (**w**newyork.craigslist.org) para permuta de apartamentos e aluguel de curto prazo; há listas de apartamentos para férias em HomeAway (**w**homeaway.com), Vacation Rentals by Owner (**w**www.vrbo.com) e Airbnb (**w**www.airbnb.com).

Agências de B&B

AFFORDABLE NEW YORK CITY > 21 E 10th St ☎ 212/533-4001, **w**www.affordablenyc.com. Veja descrições detalhadas de 120 imóveis (B&Bs e apartamentos) no site desta rede. Pagamento em dinheiro ou cheque de viagem; mínimo de quatro ou cinco noites. **Hospedagem em B&Bs a partir de US$95 (banheiro compartilhado) e US$135 (banheiro privativo), estúdios sem portaria a US$170-250 e de um quarto por US$175-300.**

CITY LIGHTS BED & BREAKFAST > Box 1562 First Ave, NY 10028 ☎ 212/737-7049, **w** www.citylightsbedandbreakfast.com. Oferece mais de 400 B&Bs (e aluguel de apartamentos a curto prazo), muitos com proprietários ligados a teatro e artes. Duas noites no mínimo, com algumas exceções. Reserve com antecedência. **Duplos com serviço por US$80-175; apartamentos sem serviço a partir de US$135-300.**

CITYSONNET.COM > ☎ 212/614-3034, **w** www.citysonnet.com. Esta agência oferece B&Bs de artistas e aluguel de apartamentos a curto prazo em toda a cidade, mas é especializada em Greenwich Village. **Quartos de solteiro com serviço a partir de US$125, duplos por US$250, e apartamentos sem serviço a partir de $250 – cinco noites no mínimo.**

COLBY INTERNATIONAL > 21 Park Ave, Eccleston Park, Prescot L34 1QY, Inglaterra ☎ 0151/292-2910, **w** www.colbyinternational.com. Na alta temporada, faça reserva quinze dias antes em ótimos B&Bs. **Solteiro a partir de US$100; estúdios e apartamentos na faixa de US$200-250 por noite.**

B&Bs e apartamentos

COLONIAL HOUSE INN > 318 W 22nd St entre Eighth e Ninth aves. Metrô C, E para 23rd St ☎ 212/243-9669, **w** www.colonialhouseinn.com. MAPA P.93, MAPA DE BOLSO C10 Apesar de estar um pouco desgastado (mesmo tendo sido reformado recentemente), este B&B de bela decoração, associado ao Gay Men's Health Crisis, garante uma boa estada. Somente os quartos mais luxuosos têm banheiro privativo, enquanto alguns contam com geladeira, lareira e acomodação para quatro pessoas. Café da manhã continental incluso na diária. Duplos US$130, suítes a partir de US$300.

EAST VILLAGE BED AND COFFEE > 110 Ave C, entre E 7th e E 8th sts. Metrô L para First Ave; F, V para Second Ave ☎ 917/816-0071, ⓦ www.bedandcoffee.com. MAPA PP. 70-1, MAPA DE BOLSO F18 No East Village/Alphabet City, em uma das áreas mais interessantes da cidade, tem quartos bons e baratos (banheiro compartilhado), donos cordiais, cozinha, Wi-Fi e computadores grátis, além de um jardim tranquilo. Fica, porém, longe do metrô e não serve café da manhã. US$130.

JONES STREET GUESTHOUSE > 31 Jones St, entre Bleecker e W 4th sts. Metrô A, B, C, D, E, F, M para W 4th St; nº 1 para Christopher St; contato só por e-mail, ⓦ www.jonesstreetguesthouse.com. MAPA PP. 70-1, MAPA DE BOLSO B18 Raro B&B no meio do West Village e perto da Bleecker; dois quartos bons com banheiro, muito limpo e os donos cordiais moram nos apartamentos de cima (o duplex também pode ser alugado). Cada hóspede recebe um voucher no valor de US$5 para tomar café da manhã no *Doma* por perto. Wi-Fi grátis. US$175.

ROOM IN SOHO LOFT > 153 Lafayette St com Grand St. Metrô N, R, nº 6 para Canal St ☎ 917/225-3778, consulte ⓦ www.bedandbreakfast.com. MAPA P. 45, MAPA DE BOLSO D20 Com ótima localização na orla do vibrante SoHo, estes apartamentos singulares e baratos, em cima de uma galeria administrada pelos donos, dão chance de conhecer bem o bairro; dois quartos com banheiro no sétimo andar (sem elevador) e dois quartos no quinto andar que partilham o banheiro. Cozinha inclusa. US$250.

Os melhores lugares

Há algo para todos os gostos na cidade e, mesmo que ache uma hospedagem perfeita, você pode se surpreender com o tamanho (pequeno) do quarto. Veja abaixo algumas das nossas opções favoritas:

Melhor em elegância no centro: *Blue Moon*, p. 176

Melhor para torrar dinheiro: *Waldorf Astoria*, p. 180

Melhor para uma escapada romântica: *Gramercy Park*, p. 177

Melhor para ficar no meio de tudo: *The Mansfield*, p. 180

Melhor para um orçamento modesto: *Cosmopolitan*, p. 177

Melhor para um quarto com vista: *Ink48*, p.179

Melhor pela mescla de estética e praticidade: *Ace*, p. 177

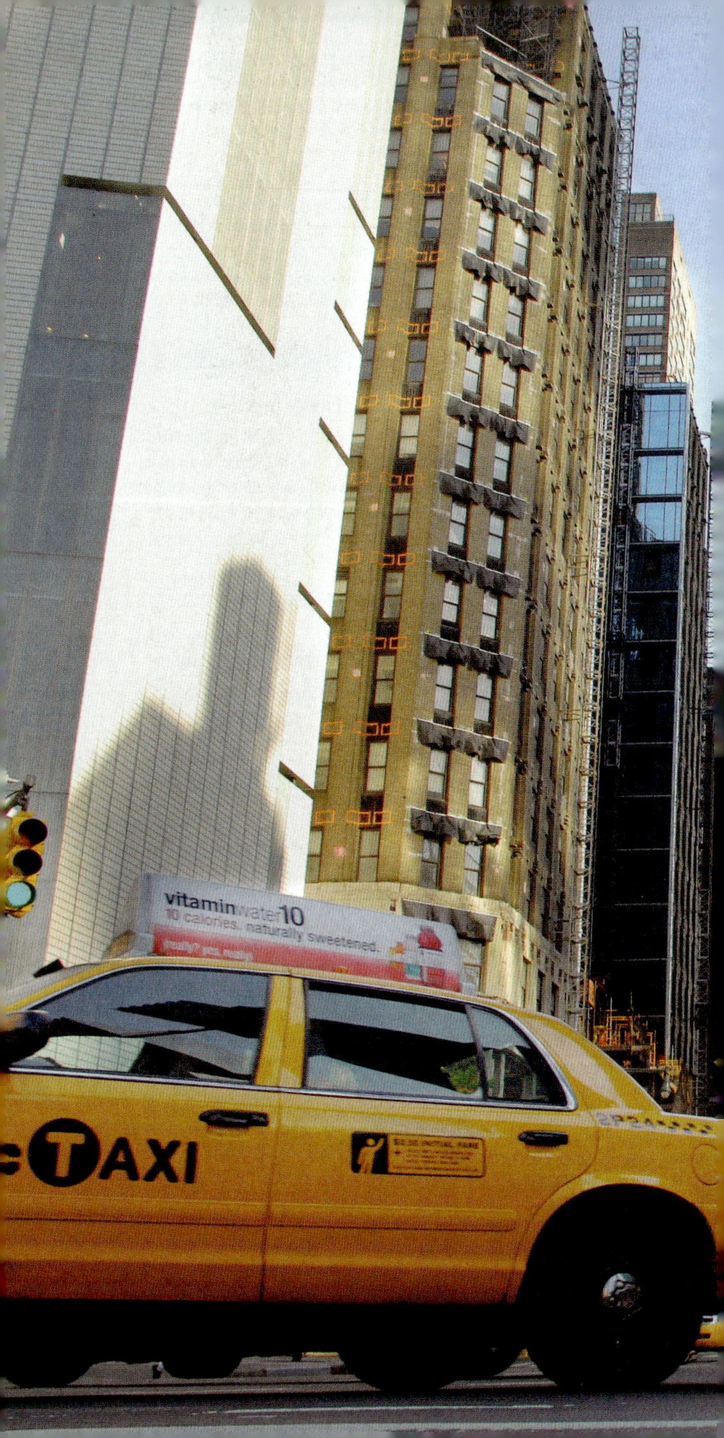
vitaminwater10
10 calories. naturally sweetened.
TAXI

DICAS DE VIAGEM

Chegada

De avião

Nova York tem três grandes aeroportos: a maioria dos voos internacionais usa o John F. Kennedy, ou **JFK** (☎718/244-4444), no Queens, e o **Newark Liberty** (☎973/961-6000), em Nova Jersey, o qual tem fácil acesso para Lower Manhattan. A maioria dos voos domésticos usa o **LaGuardia** (☎718/533-3400), no Queens, ou Newark. Os três partilham o site ⓦwww.panynj.gov.

Como chegar à cidade

No JFK, o New York Airport Service (☎212/875-8200, ⓦwww.nyairportservice.com) tem **ônibus** para a Grand Central Terminal, Port Authority Bus Terminal e Penn Station (a cada 15-20min 6h05-23h; 45-60min; US$15 um trecho, US$25 ida e volta). O **AirTrain** (24h diariam; ☎1-877/535-2478, ⓦwww.panynj.gov; US$5) circula entre o JFK e as estações de metrô Jamaica e Howard Beach no Queens; na Jamaica você pode pegar as linhas de metrô E, J ou Z, e na Howard Beach, a linha A para Manhattan (em ambas as estações: 1h; US$2,25). A **Long Island Railroad** (LIRR) tem trens mais velozes da estação Jamaica para a Penn Station (20min; US$8,75).

De LaGuardia, os ônibus do New York Airport Service (ver acima) levam 45 minutos até a Grand Central e Port Authority (a cada 15-30min 7h30-23h; US$12 um trecho, US$21 ida e volta). Ou, por US$2,25, pegue o ônibus M60 para a 106th Street em Manhattan, onde você pode usar as linhas de metrô rumo ao centro.

Em Newark, os ônibus **Olympia Newark Airport Express** (☎877/863-9275, ⓦwww.coachusa.com) vão para a Grand Central Station, Port Authority Bus Terminal e Penn Station (a cada 15-30min, 4h-1h; US$16 um trecho, US$28 ida e volta). Para mais trens, pegue o **AirTrain** (a cada 3-15min; 24h) para a Newark Airport Train Station e então os trens frequentes do NJ Transit ou da Amtrak rumo à cidade (a cada 20-30min 4h30-2h30; US$12,50). O AirTrain custa US$5,50, mas, se você comprar um bilhete do NJ Transit ou da Amtrak antes de deixar o sistema, o bilhete do AirTrain está incluso.

Há **táxis** em todos os aeroportos: prepare-se para pagar US$25-35 do LaGuardia até Manhattan, uma tarifa fixa de US$45 do JFK e US$50-70 de Newark; cabe também a você pagar os pedágios – cerca de US$8 a mais –, além de uma gorjeta de 15 a 20% para o taxista. As pontes entre Brooklyn/Queens e Manhattan são gratuitas, mas o Queens Midtown Tunnel tem um pedágio de US$6,50. Use somente táxis amarelos oficiais, que ficam parados em pontos indicados por placas no terminal.

De ônibus ou trem

A Greyhound e a maioria das outras linhas de **ônibus** de longa distância (com exceção dos ônibus de Chinatown que chegam a esse bairro e dos Mega Bus/Bolt Bus com paradas nas ruas de Midtown) têm parada final no Port Authority Bus Terminal, na W 42nd St e Eighth Avenue. **Trens da Amtrak** vão para a Penn Station, na Seventh Avenue e W 33rd St. No Port Authority e na Penn Station, várias linhas de metrô o levam ao destino desejado.

Como circular

Ônibus
Informações de ônibus e metrô
☎718/330-1234 (diariam 6h-22h).
O **sistema de ônibus** local é limpo e eficiente. Nas horas de pico pode haver lentidão, mas ainda é a melhor forma de circular na cidade. Pague na entrada com um **MetroCard** (à direita; US$2,25, expresso US$5,50) ou com a quantia exata em moedas. Com o MetroCard, você pode se transferir de graça do metrô para o ônibus e vice-versa, e de um ônibus para outro na mesma direção no prazo de duas horas.

City tours
Big Onion Walking Tours ☎212/439-1090, ⓦwww.bigonion.com. Excelentes caminhadas com guias que conhecem a fundo a história dos EUA (US$18).
Circle Line Pier 83 no fim da W 42nd St na West Side Highway, ☎212/563-3200, ⓦwww.circleline42.com. Passeios de barco em Manhattan (US$32 2h, US$36 3h).
Gray Line ☎1-800/669-0051, ⓦwww.newyorksightseeing.com. Suba e desça dos ônibus de dois andares que passam nas atrações principais (cerca de US$39 por 24h).
Big Apple Jazz Tours ☎212/439-1090, ⓦwww.bigapplejazz.com. Micro-ônibus vão ao Harlem para mostrar a história e clubes de jazz (a partir de US$99).
Hush Hip Hop Tours ☎212/391-0900, ⓦwww.hushhiphoptours.com. Idas de ônibus a redutos de hip-hop, com lendas como Kurtis Blow e o DJ Kool Herc (US$29-68).
Liberty Helicopter Tours 12 Ave com W 30th St e Pier 6 na South St, entre Broad St e Coenties Slip ☎212/967-6464 ou ☎1-800/542-9933, ⓦwww.libertyhelicopters.com. Voos de helicóptero (US$180 para 12-15min e US$245 para 16-20min/pessoa).

Bicicletas
Bike and Roll Pier 84 (12th Ave e W 43rd St), Central Park (no Columbus Circle), South Street Seaport, Governors Island e Battery Park ☎1-866/736-8224, ⓦbikeandroll.com. Mar-nov diariam 9h-19h. A partir de US$12/hora e US$39/dia.

Metrô
O meio mais veloz para circular em Nova York é o **metrô**, que funciona 24 horas por dia. Um número ou letra identifica cada trem e rota, e a maioria das rotas em Manhattan segue do norte para o sul, não para os lados.

Cada viagem, tanto nas linhas locais como nas expressas, custa US$2,25 se for paga com o **MetroCard**, disponível nos guichês das estações ou nas máquinas, que aceitam cartões (o bilhete unitário avulso custa US$2,50). O MetroCard pode ser carregado com qualquer valor entre US$4,50 e US$80. A cada US$20 carregados você ganha US$1,40. Para quem pretende circular bastante vale a pena adquirir um cartão que permite viagens ilimitadas por um período determinado: US$29 por 7 dias e US$104 por 30 dias (não há cartão de 1 dia).

Táxis
Os **táxis** têm preço razoável – a corrida começa em US$2,50, mais US$0,40 a cada 320m. Há uma taxa extra de US$0,50 das 20h-6h, e uma de US$1 de seg-sex 16h-20h. A maioria dos taxistas aceita quatro passageiros, recusa notas acima de US$20 e pede referência de seu destino. Dê gorjeta de 10 a 20%.

Informações

Cinema

Para assistir a lançamentos e campeões de bilheteria, vá a salas multiplex como AMC Empire 25 na 234 W 42nd St, entre Seventh e Eighth aves (☎1-888/262-4386), ou Regal Union Square com 850 Broadway e 13th St (☎212/253-6266). Cinemas bons para filmes independentes, velhos clássicos e documentários são IFC Center, 323 6th Ave com W 3rd St (☎212/924-7771, ⓦwww.ifccenter.com), Film Forum na 209 W Houston St e 6th Ave (☎212/727-8110, ⓦwww.filmforum.org), Paris Theater na 4 W 58th St (☎212/688-3800, ⓦwww.theparistheatre.com) e Walter Reade Theater no Lincoln Center, 165 W 65th St com Broadway (☎212/ 875-5601, ⓦwww.filmlinc.com). Em geral, as entradas custam cerca de US$12,50 (compre on-line em ⓦwww.movietickets.com).

Consulados

Consulado-Geral dos EUA em São Paulo Rua Henri Dunant, 500, Chácara Santo Antônio, ☎11 5186-7000, ⓦportuguese.saopaulo.usconsulate.gov.
No Rio de Janeiro
Avenida Presidente Wilson, 147, Castelo ☎21 3823-2000, ⓦportuguese.riodejaneiro.usconsulate.gov.
No Recife
Rua Gonçalves Maia, 163, Boa Vista, ☎81 3231-1906, ⓦportuguese.recife.usconsulate.gov.
Consulado-Geral do Brasil em Nova York 1185 Avenue of the Americas, 21st floor, ☎917 777-7777, ⓦnovayork.itamaraty.gov.br

Número de emergência Polícia, bombeiros e ambulância ☎911.

Segurança

Não se preocupe demais com isso, pois Nova York mudou muito nos últimos anos. Às vezes, pode até parecer perigosa, mas a realidade é bem diferente. Com mais de 1 milhão de habitantes, hoje é a cidade mais segura dos EUA. Basta tomar as precauções normais: ande com a bolsa cruzada no corpo, não descuide de câmeras fotográficas, guarde a carteira no bolso da frente e não mostre dinheiro à toa. Segure bem seu iPod no metrô (às vezes os ladrões agem quando as portas fecham). Assaltos de fato acontecem, porém raramente de dia. Evite andar em ruas desertas e no metrô tarde da noite (especialmente sozinho). Se for abordado por um ladrão, mantenha a calma e entregue o dinheiro.

Voltagem elétrica

A voltagem-padrão nos EUA é 110 volts (corrente alternada), com tomadas de duas pontas chatas. A menos que sejam bivolt (como a maiorias dos celulares, câmeras, MP3 players e laptops), alguns aparelhos vão precisar de um transformador e de um adaptador (secadores de cabelos são o problema mais comum dos viajantes).

Gays e lésbicas

Nova York é dona de uma florescente cena gay. Chelsea, Hell's Kitchen, os Villages, o Lower East Side e Park Slope são os maiores polos desse segmento. Para saber tudo sobre esse universo local, leia *Gay City News* (ⓦwww.gaycitynews.com), *Next Magazine* (ⓦwww.nextmagazine.com) e a revista *GO* (ⓦwww.gomag.com).

Saúde

Há farmácias espalhadas por toda a cidade. As maiores redes locais são a CVS e a Duane Reade, com várias filiais abertas 24h (como a Duane Reade na 1470 Broadway, perto da Times Square).

Se você ficar doente ou sofrer um acidente, os custos médicos podem ser altíssimos; faça um seguro de viagem antes de partir. Uma simples ida ao médico ou ao dentista custa a partir de US$100, e medicamentos com receita podem custar uma fortuna – se não tiver um seguro de saúde válido nos EUA, você terá de desembolsar o dinheiro e pedir reembolso quando voltar a seu país.

No caso de um acidente grave, uma equipe médica irá resgatá-lo, mas cobrará depois. O atendimento básico de emergência custa no mínimo US$200, chegando a milhares de dólares para um traumatismo sério – além dos gastos com medicamentos, aparelhos, materiais e com o médico encarregado, cobrados à parte.

Se precisar de médico ou dentista, peça indicações ao seu hotel ou procure nas *Páginas Amarelas* nas seções "Clinics" e "Physicians and Surgeons".

Os médicos em Manhattan têm longas listas de espera e relutam em atender sem hora marcada. Portanto, em caso de acidente ou qualquer emergência, vá ao Pronto-Socorro 24h destes e outros hospitais em Manhattan: New York Presbyterian (Cornell), E 70th St com York Ave (212/746-5050); e Mount Sinai, Madison Ave com 100th St (212/ 241-7171).

Internet

A maioria dos hotéis tem Wi-Fi de graça. Existem pontos de acesso como Times Square e em cafés como o Starbucks. Se viajar sem seu computador, você pode acessar seu e-mail em cibercafés, embora esses estabelecimentos estejam cada vez mais raros. Tente o Cyber Cafe, 250 W 49th St entre Broadway e 8th Ave (seg-sex 8h-23h, sáb e dom 11h-23h; 212/333-4109, www.cyber-cafe.com), que cobra cerca de US$12 por hora.

Uma excelente alternativa grátis é ir a uma filial da New York City Public Library, onde os usuários dispõem de Wi-Fi, internet e impressão. Antes, porém, é preciso obter um passe de visitante no Stephen A. Schwarzman Building (sede do sistema de bibliotecas; seg e qui-sáb 10h-18h, ter e qua 10h-21h, dom 13h-17h), que fica situado na 42nd St e Fifth Ave. Com o passe, você pode reservar tempo nos computadores, seja pessoalmente ou pelo www.nypl.org.

Depósito de bagagem

O melhor lugar para deixar a bagagem é no seu hotel, mas também é possível guardar volumes na Schwartz Travel Services (diariam 8h-23h; 212/290-2626, www.schwartztravel.com; US$7-US$10 por item/dia), no 355 W 36th St, perto da Penn Station.

Achados e perdidos

Se perder algo em um ônibus ou no metrô, procure o NYC Transit Authority, na W 34th St/Eighth Ave Station, no mezanino no andar inferior do metrô (seg, ter e sex 8h-15h30, qua e qui 11h-18h30; 212/712-4500). Para itens perdidos em um táxi, ligue 311 ou registre a perda on-line (www.nyc.gov/taxi); tente anotar sempre o número do táxi (que fica impresso em seu recibo).

Dinheiro

Considerando gastar moderadamente na alta temporada, você precisa no mínimo de US$200 por noite em um hotel de categoria baixa a média

INFORMAÇÕES

com localização central, mais US$20-30 diários por pessoa para um jantar normal e cerca de US$15-20 diários por pessoa com pedidos para viagem e compras em mercearias. Uma pessoa gasta US$29 por semana com o uso ilimitado do transporte público, mais US$10 com uma corrida de táxi ocasional. Os custos sobem bastante com a ida a atrações turísticas, teatros, clubes, bares e restaurantes de haute cuisine.

De posse de um cartão, você pode sacar dinheiro nos caixas eletrônicos por toda a cidade, porém é cobrada uma taxa (em geral de US$3) pelo uso de uma rede bancária diferente da sua. Os bancos funcionam de seg-sex 8h30-17h, e são poucos os que abrem algumas horas no sábado (agências maiores do Citibank funcionam sáb das 9h-15h). Grandes bancos – como Citibank e Chase – trocam cheques de viagem e fazem câmbio por uma tarifa-padrão. Para serviços bancários – especialmente câmbio – fora do horário comercial e em fins de semana, procure hotéis grandes, embora a tarifa cobrada seja mais alta.

Horários de funcionamento

O horário de funcionamento de atrações específicas é citado neste guia. Em geral, os museus funcionam de terça a domingo das 10h-17h ou 18h, mas a maioria fecha mais tarde em uma determinada noite da semana. Todos os órgãos e serviços ligados ao governo dos EUA, incluindo os correios, funcionam no horário comercial-padrão, ou seja, geralmente das 9h às 17h. O horário das lojas é variável, mas a regra predominante é de seg-sáb das 10h-18h, e menos horas no domingo. Muitas lojas de departamentos ou pertencentes a redes ficam abertas até 21h ou mais tarde, e não é preciso andar mais do que algumas quadras para achar uma delicatessen 24h. Nos feriados, bancos e escritórios fecham, e algumas lojas funcionam com horário reduzido.

Telefones

Nos EUA, a AT&T e a T-Mobile usam o padrão GSM para celulares, que permite que telefones de outros países funcionem lá. Verifique com a operadora se o seu plano de telefonia permite roaming internacional, e analise os preços. Em muitos casos vale mais a pena comprar um chip nos EUA para usar durante a viagem.

O custo de uma ligação local em um telefone público é de 25-50¢ para três ou quatro minutos, dependendo da operadora (cada companhia tem suas cabines). Ligações para outros locais nos EUA geralmente custam 25-50¢ por minuto. Para fazer ligações internacionais, compre um cartão pré-pago (US$5, US$10 ou US$20) em lojas de comida e bancas de jornal.

Para fazer ligações internacionais, é preciso discar 011 + código do país desejado + número, porém suprimindo o 0 inicial. Para ligar para o Brasil, digite 011 + 55 + número com DDD.

Correios

Cartas e cartões-postais para o exterior levam cerca de uma semana para chegar a seu destino; cartas e cartões-postais custam US$1,05 para todos os países, exceto o Canadá. Encontre uma agência de correio em www.usps.com ou ligue para 1-800/ 275-8777.

Fumar

Desde 2003 é proibido fumar em todas as áreas públicas cobertas (incluindo shopping centers, bares, restaurantes e locais de trabalho) em Nova York. Quem infringe a lei pode ser multado em cerca de US$100.

Fuso horário

Nova York fica cinco horas a menos do que o horário padrão de Greenwich, três horas a mais do que a Costa Oeste da América do Norte, 14 a 16 horas a menos do que a Costa Leste da Austrália (o que varia no horário de verão). Em relação ao Brasil (horário de Brasília) são quatro horas a menos (ou três quando adotamos o horário de verão).

Gorjetas

É praxe em Nova York dar gorjetas em restaurantes, bares, táxis, a porteiros, carregadores, mensageiros e camareiras de hotéis, em passeios guiados e até em alguns banheiros luxuosos. Em restaurantes, mesmo que você não goste do atendimento, deixe 15% do total da conta ou o dobro do imposto cobrado.

Informação turística

Para perguntas em geral, ligue para ☎311. A melhor fonte de informações é a NYC & Company (o órgão oficial de turismo), na 810 Seventh Ave com 53rd St (seg-sex 8h30-18h, sáb e dom 9h-17h; ☎212/ 484-1222, ⓦwww.nycgo.com). O local fornece mapas de ônibus e metrô, dá informações sobre hotéis e outras opções de hospedagem (incluindo descontos), tem dados disponíveis em touch screen e folhetos atualizados sobre tudo o que está em cartaz na cidade. Você também conta com pequenos centros e quiosques de informação turística espalhados pela cidade, por exemplo, na Times Square, 1560 Broadway, entre W 46th e W 47th sts (diariam 8h-20h); dentro do Federal Hall na 26 Wall St (seg-sex 9h-17h); no City Hall Park na Broadway em frente ao Woolworth Building (seg-sex 9h-18h; sáb e dom 9h-17h); e em Chinatown nas ruas Canal, Walker e Baxter (diariam 10h-18h).

Para ficar a par das opções em cartaz, consulte o popularíssimo *Village Voice* (grátis em Manhattan, ⓦwww.villagevoice.com), que faz uma cobertura ampla das artes. Seu concorrente, o *New York Press* (ⓦwww.nypress.com), é uma alternativa mais interessante e tem ótimas listas da programação. Outros bons semanários são a *New York magazine* (US$4,99), com listas razoavelmente abrangentes, e a respeitada *New Yorker* (ⓦwww.newyorker.com; US$5,99).

O *New York Times* (US$2; ⓦwww.nytimes.com), uma verdadeira instituição nos EUA, oferece ampla cobertura internacional, além de dar bastante ênfase a análises das notícias.

Crianças

Ao contrário da impressão geral, Nova York é uma cidade ótima para crianças, pois oferece numerosas atrações específicas e muitos espaços públicos onde a meninada pode extravasar a energia à vontade.

Alguns pais temem andar de metrô com crianças pequenas, mas podem fazer isso com tranquilidade, pois o sistema é totalmente seguro e, com sua agitação, uma fonte de distração para a meninada. Só é complicado subir e descer as escadas conduzindo um carrinho de bebê, mas sempre aparece alguém se oferecendo para ajudar. A maioria dos restaurantes, exceto os mais chiques, aceita crianças.

Para babás, consulte a Babysitters' Guild (☎212/682-0227, ⓦwww.babysittersguild.com), que oferece profissionais experientes.

Veja também o NYCkidsarts Cultural Calendar (⊚www.nyckidsarts. org) e o GoCityKids (⊚gocitykids.com).

Necessidades especiais

Nova York vem combatendo o descaso com portadores de necessidades especiais impondo regulamentos mais severos para melhorar o acesso oferecido a esse segmento. Existe muita variação quanto a acessibilidade, o que complica muito a circulação. Ao mesmo tempo, os nova-iorquinos são extremamente prestativos. Andar de metrô é quase impossível para cadeirantes sem a ajuda de alguém, e, ainda assim, é bastante difícil na maioria das estações. Várias linhas são equipadas com elevadores, mas isso não faz muita diferença. O Transit Authority está empenhado em tornar as estações acessíveis, mas no ritmo atual isso ainda vai demorar. A situação em relação aos ônibus é diferente e eles são a melhor opção para muitos moradores deficientes. Todos os ônibus da MTA são equipados com elevadores e travas para cadeiras de rodas. Para pegar ônibus, aguarde na parada e faça sinal para o motorista; em seguida, vá para a porta traseira, onde ele irá ajudá-lo. Para turistas com outros problemas de mobilidade, o motorista rebaixará o ônibus para facilitar o acesso. Para mais informações sobre portadores de necessidades especiais, ligue para ☏718/596-8585 (diariam 6h-22h).

Táxis são uma boa opção para turistas com deficiência visual e auditiva ou com problemas menos sérios de mobilidade. Para cadeirantes, os táxis são menos úteis, a não ser que a cadeira seja dobrável; nesse caso, os taxistas devem colocá-la no porta-malas e ajudá-lo. A realidade é que muitos dos taxistas não param para pegar deficientes. Caso isso aconteça, tente anotar o número do táxi e ligue para ☏311. A maioria dos grandes hotéis de Nova York tem quartos acessíveis para cadeirantes, incluindo banheiros adaptados.

A Traveler's Aid, uma entidade sem fins lucrativos, tem profissionais e voluntários que dão assistência emergencial a deficientes e idosos no aeroporto JFK: os voluntários ficam nos Ground Transportation Counters de cada terminal ou em seu escritório na área de desembarque no Terminal 6 (diariam 10h-18h). Eles também atuam no aeroporto de Newark. O Mayor's Office for People with Disabilities, 100 Gold St, 2º andar (☏212/788-2830, ⊚www.nyc.gov/html/mopd), oferece informações e ajuda em geral para portadores de deficiências.

Festivais e eventos

ANO-NOVO CHINÊS

Primeira lua cheia entre 21 jan e 19 fev
Chinatown ferve para ver o gigantesco dragão vermelho, verde e dourado, feito de madeira, tecido e papel machê, desfilar na Mott Street.

DESFILE DO ST PATRICK'S DAY

17 de março
Nesse dia bandas e entidades irlandesas revivem uma marcha de improviso em 1762 de milicianos da Irlanda. O desfile vai até a Quinta Avenida, entre as ruas 44th e 86th.

CELEBRATE BROOKLYN/RIVER TO RIVER/SUMMERSTAGE

Junho-agosto
Esses três festivais de música que acontecem no verão têm muitos eventos grátis no palco do Prospect Park, em Battery Park e no Rumsey Playfied no Central Park.

SEMANA DO ORGULHO GAY

Terceira ou quarta semana de junho
W www.nycpride.org
O maior evento GLS do mundo começa com uma concentração e termina com um desfile, uma feira de rua e muita dança. As atividades se concentram no West Village.

Feriados

1º de janeiro: Ano-Novo; **3ª seg:** Aniversário de Martin Luther King Jr.; **Fevereiro, 3ª seg:** Presidents' Day; **Maio, última seg:** Memorial Day; **4 de julho:** Dia da Independência; **Setembro, 1ª seg:** Dia do Trabalho; **Outubro, 2ª seg:** Columbus Day; **11 de novembro:** Dia dos Veteranos; **4ª qui:** Dia de Ação de Graças; **25 de dezembro:** Natal

US OPEN

Duas primeiras semanas de setembro
W www.usopen.org
Tente assistir a uma partida do grande torneio de tênis Grand Slam em Flushing, no Queens.

PARADA CARNAVALESCA NO WEST INDIAN DAY

Dia do Trabalho W www.wiadca.com
Realizado no Eastern Parkway, o maior desfile do Brooklyn é inspirado nos carnavais de Trinidad e Tobago, e inclui música, dança, comida e carros alegóricos com sistema de som.

DESFILE DE HALLOWEEN NO VILLAGE

31 de outubro W www.halloween-nyc.com
Os nova-iorquinos enlouquecem na maior festa de Halloween dos EUA. Fantoches espetaculares, transformistas e monstros vão para a Sexta Avenida saindo da rua Spring até a W 23rd.

MARATONA DE NOVA YORK

Primeiro domingo de novembro
W www.ingnycmarathon.org
Esta prova de rua de 42km nos cinco distritos reúne 35 mil participantes do mundo inteiro. Um bom lugar para vê-la é o sul do Central Park, perto da linha de chegada.

DESFILE DA MACY'S NO DIA DE AÇÃO DE GRAÇAS

Dia de Ação de Graças
W www.macysparade.com
O desfile mais televisionado de Nova York tem carros alegóricos de empresas, bandas de todo o país e a primeira aparição anual de Papai Noel. O percurso começa na W 77th, passa pelo oeste do Central Park e o Columbus Circle, desce a Broadway e termina na Herald Square.

Cronologia

Origem > Nova York e seus arredores são ocupados por indígenas, sobretudo da tribo algonquina.

1609 > O explorador inglês Henry Hudson, a serviço da Holanda, navega rio acima de Manhattan até Albany.

1624 > Uma colônia holandesa é fundada na Governors Island.

1626 > Peter Minuit é nomeado governador e muda a colônia holandesa para Manhattan. A chamada Nova Amsterdã tem cerca de 300 habitantes.

1647 > O governador mais famoso de Nova Amsterdã, Peter Stuyvesant, assume o cargo.

1664 > Revolta contra o regime ditatorial de Stuyvesant coincide com a rendição a tropas navais britânicas, que rebatizam a colônia de Nova York.

1754 > A Columbia University, da Ivy League, é fundada como o King's College.

1776 > Navios britânicos chegam para tomar Nova York após a Declaração da Independência; um incêndio destrói grande parte da cidade, que fica ocupada por tropas britânicas até 1783.

1789 > George Washington toma posse em Wall Street como primeiro presidente dos EUA. Nova York é a capital do novo país por um ano.

1792 > O Acordo de Buttonwood, assinado por 24 corretores de ações em Wall Street, marca o início da Bolsa de Valores de Nova York, oficializada em 1817.

1812 > Bloqueio britânico de Manhattan na guerra de 1812.

1825 > A abertura do canal Erie torna Nova York um grande porto. Construção da doca na Fulton Street e da área do mercado.

1830-50 > Primeira onda de imigração, sobretudo de alemães e irlandeses. Desenvolvimento do Lower East Side.

1831 > Fundação da New York University (NYU).

1835 > O Grande Incêndio destrói a maioria dos edifícios na ponta sul de Manhattan em torno da Wall Street.

1856-71 > A cidade é governada por um grupo de políticos corruptos conhecido como Tammany Hall. O líder é o vereador suplente William "Boss" Tweed, que finalmente é denunciado por corrupção em 1873.

1858 > Chegam os primeiros imigrantes chineses no que se tornaria Chinatown; 12 mil moram aqui em 1890.

1861-65 > Sem ligação com a Guerra Civil, tensões de classe e raciais levam às Draft Riots em 1863, nas quais mil pessoas são mortas.

1876 > O Central Park, com projeto de Fredrick Law Olmsted e Calvert Vaux, é inaugurado.

Anos 1880 > Mais imigrantes (do sul da Itália e judeus do Leste Europeu) se fixam no Lower East Side.

1883 > A ponte do Brooklyn liga Manhattan ao Brooklyn.

1885 > Surge a Tin Pan Alley na 28th St em Manhattan, onde editores de música e compositores como George Gershwin trabalham.

1886 > A Estátua da Liberdade, um presente dos franceses aos EUA, é inaugurada.

1891 > O Carnegie Hall é concluído com verba do magnata do aço e filantropo escocês Andrew Carnegie.

1898 > Os distritos externos do Brooklyn, Queens, Bronx e Staten Island são oficialmente integrados a Nova York. A população incha para 3 milhões.

Início do século XX >
Os primeiros arranha-céus são construídos, com destaque para o Flatiron Building (1902) e o Woolworth Building (1913).

1902 > Abertura da Macy's na Herald Square.

1913 > O time de beisebol New York Highlanders (fundado aqui em 1903) muda seu nome para New York Yankees.

1915 > O Equitable Building ocupa inteiramente seu terreno na Broadway, motivando leis de zoneamento em 1916 que exigem um grau de recuo para que a luz chegue às ruas.

1920 > A Lei Seca proíbe a venda de bebidas alcoólicas. A euforia econômica nos anos 1920 propicia a era do jazz e o renascimento do Harlem.

1925 > Jimmy Walker é eleito prefeito. O time de futebol New York Giants é fundado.

1927 > A banda de Duke Ellington passa a tocar no famoso Cotton Club, no Harlem.

1929 > Crash da Bolsa. Os EUA entram na Grande Depressão. Conclusão de muitos edifícios luxuosos encomendados e iniciados nos anos 1920. Arranha-céus, ao mesmo tempo monumentais e decorativos, adotam um novo estilo art déco: Chrysler Building (1930) e Empire State Building (1931). O Rockefeller Center, primeiro expoente da ideia de uma cidade dentro da cidade, é construído ao longo da década.

1932 > Lucky Luciano assume o controle das cinco famílias da máfia de Nova York; ele é preso em 1936.

1934 > Fiorello LaGuardia é eleito prefeito (e ocupa o cargo até 1945). Para reconstruir Nova York após a Depressão, ele aumenta os impostos, combate a corrupção e melhora a infraestrutura com novas pontes, estradas e parques (com verbas federais).

1939 > A Blue Note Records é fundada. A lenda do jazz Charlie Parker se muda para Nova York, onde ajuda a criar o bebop; ele morre na cidade, em 1955.

1949-50 > Miles Davis grava seu disco seminal *Birth of the Cool* em Nova York pela Capitol Records, inaugurando uma nova era do jazz.

CRONOLOGIA

Virada 1940-50 > O East Village se torna reduto dos poetas beat Jack Kerouac, Allen Ginsberg e William Burroughs.

1950 > A ONU é fundada em Nova York e o edifício de seu secretariado lança a fachada de vidro em Manhattan.

1958 > A plaza do novo Seagram Building causa mudanças nas leis de zoneamento – dessa vez para estimular espaços públicos semelhantes.

1959 > Abre o Museu Guggenheim, obra de Frank Lloyd Wright.

1961 > Bob Dylan se muda para o Greenwich Village e torna-se uma referência do movimento da música folk.

1964 > Levantes raciais no Harlem e no Brooklyn. Jimmy Hendrix vai morar no Harlem e se apresenta regularmente no *Cafe Wha?*, em Greenwich Village. A minimalista ponte Verrazano Narrows liga o Brooklyn à Staten Island.

1965 > Malcolm X é assassinado no Audubon Ballroom em Washington Height.

1968 > O novo Madison Square Garden é construído no lugar da velha Penn Station.

1969 > A rebelião de Stonewall, no Greenwich Village, inicia a luta pelos direitos gays.

Início dos anos 1970 > Em baixa, Nova York luta para atrair investimentos; os traficantes do Harlem Frank Lucas e Nicky Barnes inundam a cidade de heroína. As torres do World Trade Center são erguidas em 1972, modificando radicalmente o skyline da cidade; o hip-hop surge nas ruas do South Bronx.

1973 > Abre o CBGB no Lower East Side e torna-se epicentro da música punk; shows de Blondie e dos Ramones em 1974.

1975 > O prefeito Abraham Beame detém o declínio de Nova York, cujas finanças estão em crise com empresas deixando Manhattan. A cidade está à beira de um colapso e a falta de serviços básicos e a infraestrutura arruinada afugentam as pessoas.

1977 > Apagão de 25 horas na cidade: há pilhagens e desordem civil. Abre a *Discothèque Studio 54*, que até 1986 lidera a vida noturna.

Fim dos anos 1970 > O vociferante Ed Koch é eleito prefeito (1978). Virtualmente não há novos prédios corporativos, até que o Citicorp Center (1977) dá um novo perfil ao skyline da cidade; seu átrio é copiado por edifícios posteriores.

1979 > O primeiro disco de hip-hop, *Rapper's Delight*, é lançado pelo selo Sugarhill Gang, de Nova Jersey.

1980 > John Lennon é morto em frente ao prédio onde morava, no Upper West Side.

Anos 1980 > A riqueza empresarial volta a Manhattan. O Battery Park, de uso misto, é aberto e obtém aprovação ampla. Donald Trump desponta como grande incorporador imobiliário.

1984 > Rick Rubin e Russell Simmons criam a Def Jam Records, cujo primeiro sucesso são os Beastie Boys.

1987 > Segunda-Feira Negra: mais quedas na Bolsa e o índice Dow Jones despenca 508 pontos em um único dia.

1988 > O conflito policial no Tompkins Square inspira mais tarde uma cena do musical *Rent*.

1989 > David Dinkins se torna o primeiro prefeito negro de Nova York, derrotando Ed Koch e Rudolph Giuliani.

Início dos anos 1990 > O déficit orçamentário de Nova York bate novos recordes. O hip-hop da Costa Leste renasce com Nas, Notorious B.I.G. e, mais tarde, com Mos Def e Jay-Z.

1993 > O astro de salsa porto-riquenho Héctor Lavoe, "El Cantante", morre em Nova York.

1994 > Rudolph Giuliani é eleito prefeito – o primeiro republicano no cargo em 28 anos, o que indica o desejo de mudança.

1996 > A prosperidade volta a Nova York. A Times Square é reformulada, e a cidade se torna uma das mais seguras e com menor criminalidade do país.

2001 > As torres gêmeas do World Trade Center são destruídas por ataques terroristas em 11 de setembro. O empresário Michael Bloomberg sucede Giuliani como prefeito e se compromete a manter a linha dura do antecessor contra o crime e pela qualidade de vida na cidade. Um de seus primeiros atos é a proibição de fumar em todos os espaços públicos, incluindo bares, em 2003.

2002 > O Tribeca Film Festival é criado com o apoio de Robert De Niro.

2003 > Daniel Libeskind é escolhido para projetar o novo World Trade Center. Sua proposta inicial passa por muitas revisões sob a pressão da cidade e de parentes das vítimas.

2005 > Michael Bloomberg é reeleito prefeito.

2006 > O lendário clube punk CBGB fecha.

2007 > O New York Giants vence o Superbowl XLII.

2008 > A crise das hipotecas atinge Wall Street: o Dow Jones cai 500 pontos e o banco Lehman Brothers entra em falência; vários outros bancos são vendidos.

2009 > Michael Bloomberg se reelege prefeito pela terceira vez, após apoiar uma polêmica extensão do mandato. Os Yankees vencem a World Series pela 27ª vez. Milagre no Hudson: o capitão "Sully" Sullenberger pousa um Airbus no rio após os motores serem danificados pelo choque com uma ave no aeroporto La Guardia.

2011 > National September 11 Memorial é inaugurado no décimo aniversário dos ataques de 11 de setembro.

2012 > Os NY Giants e Eli Manning vencem os Boston's New England Patriots no Superbowl XLVI.

Idioma

Embora seja uma língua bastante difundida, talvez você tenha certa dificuldade em compreender o inglês falado em Nova York. Apesar disso, vale a pena aprender este vocabulário básico que, além de útil, poderá fazer toda a diferença em sua viagem. Mesmo que diga frases simples como "thank you", seus esforços serão apreciados e recompensados com cortesia e amabilidade.

Pronúncia

A pronúncia aproximada é a seguinte:

a pode ter som de "ei" (name), "a" (an), "ã" (bar) ou "ó" (tall)

e pode ter som de "i" (me), "é" (bed) ou "â" (her)

i pode ter som de "ai" (time) ou "i" (pin)

o pode ter som de "ou" (rope), "ô" (not) ou "u" (move)

u pode ter o som de "iu" (union), "â" (tub) ou "u" (bull)

y tem o som de "i" (year) ou "ai" (my)

ch pronuncia-se como "tch" (much)

g antes de "e" e "i" em geral tem o som de "dj" (danger)

h em geral é aspirado (help)

j tem o som de "dj" (just)

ng esta terminação é nasal, mas o "g" final não é pronunciado

qu tem o som de "ku" (quick)

r como em "sorry", tem um som próximo ao do "r" seguido de consoante pronunciado em certas regiões do interior paulista

sch tem o som de "sk" (school)

sh tem o som de "ch" (sharp)

th pode ter som de "d" (this) ou de "f" (thanks), falado com a língua entre os dentes

w tem o som de "u" (wine), mas é mudo antes de "r" (write) e "ho" (who)

Palavras e frases
EXPRESSÕES BÁSICAS

sim	yes
não	no
por favor	please
obrigado/a	thank you
com licença	excuse me
desculpe-me	sorry
olá	hello
alô	hello
até logo	goodbye
bom dia	good morning
boa tarde	good afternoon
boa noite	good evening/ good night
Como vai?	How are you?
bem, obrigado/a	fine, thanks
Eu não sei	I don't know
Você fala inglês/português?	do you speak English/ portuguese?
Como se diz ...em inglês?	How do you say in English?
Qual o seu nome?	What's your name?
Meu nome é...	My name is...
Sou inglês/ irlandês/ escocês/ brasileiro/ americano	I am english/ irish/ scottish/ brazilian/ american
Tudo bem/de acordo	Ok/agreed
Entendo	I understand
Não entendo	I (don't) understand
Pode falar mais devagar?	Can you speak, more slowly?
hoje	today
ontem	yesterday
amanhã	tomorrow
de manhã	in the morning
de tarde	in the afternoon
à noite	in the evening
agora	now
mais tarde	later
aqui	here
lá	there

este/a	this one
aquele/a	that one
aberto	open
fechado	closed
grande	big
pequeno	small
mais	more
menos	less
um pouco	a little
muito	a lot
metade	half
barato	inexpensive
caro	expensive
bom	good
ruim	bad
quente	hot
frio	cold
com	with
sem	without

PERGUNTAS

Onde?	Where?
Como?	How
Quantos/as?	How many?
Quanto custa isto?	How much is it?
Quando?	When?
Por quê?	Why?
A que horas?	At what time?
O que é/Qual é?	What is/which is?

COMO CIRCULAR

Por favor, como se chega	Please which way is
Onde fica a estação de metrô mais próxima?	Where is the nearest metro station?
ônibus	bus
ponto de ônibus	bus stop
trem	train
barco	boat
avião	plane
estação de trem	railway station
plataforma	platform
A que horas sai?	What time does it leave?
A que horas chega?	What time does it arrive?
Uma passagem para...	A ticket to...
Passagem de ida	Single ticket
Passagem de ida e volta	Return ticket
Aonde você vai?	Where are you going?
Vou para...	I'm going to...
Quero descer em...	I want to get off at...
perto de	near
longe	far
esquerda	left
direita	right

HOSPEDAGEM

Um quarto de solteiro/ para duas pessoas	A room for one/two people
com cama de casal	with a double bed
com chuveiro	with a shower
com banheiro	with a bath
para uma/duas/ três noites	for one/two/three nights
com vista	with a view
chave	key
passar a ferro	to iron
lavar a roupa	do laundry
lençóis	sheets
cobertores	blankets
calmo	quiet
barulhento	noisy
água quente	hot water
água fria	cold water
O café da manhã está incluso?	Is breakfast included?
Gostaria de tomar o café da manhã	I would like breakfast
Não quero café da manhã	I don't want breakfast
Albergue da juventude	Youth hostel

COMER FORA

Gostaria de reservar	I'd like to reserve
...uma mesa	...a table
...para duas pessoas	...for two people
...às oito e trinta	...at eight thirty

EXPEDIENTE

Traduzido a partir da edição original do *Pocket Rough Guide New York* (2ª edição) publicada por **Rough Guide Ltd**, 80 Strand, London WC2R 0RL, em 2013.
11, Community Centre, Panchsheel Park, Nova Déli 110017, Índia.

Copyright © 2011 Rough Guides Limited
Copyright do texto © 2011 Martin Dunford, Stephen Keeling e Andrew Rosenberg
Copyright dos mapas © 2011 Rough Guides Limited
Copyright © 2012 Publifolha – Divisão de Publicações da Empresa Folha da Manhã S.A.
2ª edição brasileira: 2013

Todos os direitos reservados. Nenhuma parte desta obra pode ser reproduzida, arquivada ou transmitida de nenhuma forma ou por nenhum meio sem a permissão expressa e por escrito da Empresa Folha da Manhã S.A., por sua divisão de publicações Publifolha.

Proibida a comercialização fora do território brasileiro.

Coordenação do projeto:
Publifolha
Editor assistente: Thiago Barbalho
Coordenadora de produção gráfica: Mariana Metidieri

Produção editorial:
Página Viva
Tradução: Thaïs Costa
Edição: Rosi Ribeiro
Revisão: Luciane Helena Gomide e Paula B. P. Mendes
Editoração eletrônica: Priscylla Cabral e Bianca Galante

ROUGH GUIDES

Edição: Lucy Cowie e Alison Roberts
Projeto gráfico: Umesh Aggarwal e Ankur Guha
Cartografia: Ed Wright e Katie Bennett
Edição de imagem: Sarah Cummins
Fotografias: Greg Roden, Curtis Hamilton, Nelson Hancock, Angus Oborn e Susannah Sayler
Produção: Rebecca Short e Linda Dare
Revisão: Jan McCann
Capa: Nicole Newman, Daniel May, Sarah Cummins e Chloë Roberts

Dados Internacionais de Catalogação na Publicação (CIP)
(Câmara Brasileira do Livro, SP, Brasil)

Dunford, Martin
   Nova York: o guia da viagem perfeita / pesquisado e escrito por Martin Dunford, Stephen Keeling e Andrew Rosenberg; (tradução Thaïs Costa). – 2. ed. – São Paulo : Publifolha, 2013.

   Título original: Pocket Rough Guide New York.
   ISBN 978-85-7914-367-0

   1. Nova York (N.Y.) – Descrição e viagens – Guias I. Keeling, Stephen. II. Rosenberg, Andrew. III. Título.

12-02246	CDD-917.471

Índices para catálogo sistemático:
1. Guias de viagem : Nova York   917.471
2. Nova York : Guias de viagem   917.471

Este livro segue as regras do Acordo Ortográfico da Língua Portuguesa (1990), em vigor desde 1º de janeiro de 2009.

PUBLIFOLHA

Divisão de Publicações do Grupo Folha
Al. Barão de Limeira, 401, 6º andar
CEP 01202-900, São Paulo, SP
Tel.: (11) 3224-2186/2187/2197
www.publifolha.com.br

OS AUTORES

Martin Dunford é autor dos Rough Guides de Nova York, Roma, Itália e Amsterdã, entre outros, editor e consultor da série, além de escritor, editor e consultor freelancer. Mora entre Londres e Norfolk com sua mulher, Caroline, e as duas filhas. Atualmente está trabalhando em um novo guia de Norfolk e Suffolk. Nas horas vagas, torce por seu time de futebol local, o Charlton Athletic, e ensaia para as apresentações cada vez mais raras da banda da Rough Guides, a New Cross Dolls. Gosta de velejar, adoraria passar mais tempo viajando, especialmente na Índia, e seu tipo favorito de lazer é acampar, se possível na Bélgica.

Por muitos anos, **Andrew Rosenberg** dirigiu o escritório editorial da Rough Guides em Nova York. Agora é editor e escritor freelancer, e mora no Brooklyn com sua mulher, Melanie, o filho, Jules, e os gatos, Caesar e Louise.

Stephen Keeling mora em Nova York desde 2006. Trabalhou como jornalista de economia por sete anos até escrever seu primeiro guia de viagem e, desde então, já escreveu várias obras para a Rough Guides, incluindo guias de Porto Rico, Nova Inglaterra, Flórida e Canadá.

AGRADECIMENTOS

Stephen Keeling agradece Anna Catchpole, Yuien Chin, Debra Harris, Andrew Luan, Victor Ozols, Gordon Polatnick, Neal Shoemaker, Kate Stober, Thatiana Wilkinson, o coautor Andrew Rosenberg por seu empenho, orientações e apoio, Lucy Cowie pelo entusiasmo e ótima edição, e Tiffany Wu, cujo carinho e apoio possibilitaram este livro.

Andrew Rosenberg agradece a Alison Roberts por seu árduo trabalho editorial, Mani Ramaswamy e Natasha Foges por fazer a edição possível, o co-autor Stephen Keeling, Peter Mullan (Friends of the High Line), Melanie e Jules pelo amor, companhia, apoio e ideias.

Foi feito o possível para garantir que as informações deste livro fossem as mais atualizadas disponíveis até o momento da impressão. No entanto, alguns dados como telefones, preços, horários de funcionamento e informações de viagem estão sujeitos a mudanças. Os editores não podem se responsabilizar por qualquer consequência do uso deste guia, nem garantir a validade das informações contidas nos sites indicados.

Os leitores interessados em fazer sugestões ou comunicar eventuais correções podem escrever para a Publifolha, Al. Barão de Limeira, 401, 6º andar, CEP 01202-900, São Paulo, SP, enviar um fax para (11) 3224-2163 ou um e-mail para atendimento@publifolha.com.br

CRÉDITOS DAS FOTOS

Todas as imagens © Rough Guides, exceto as seguintes:
Imagem da capa: Mural com ilustração da Estátua da Liberdade no East Village © Frederic Soltan/Corbis
Imagem da contracapa: Bryant Park © Curtis Hamilton/Rough Guides
p. 2 O Chrysler © Amanda Hall/Robert Harding
p. 6 Vitrine no SoHo © Jenny Acheson/Axiom
p. 8 Estátua da Liberdade e skyline de Manhattan © Frans Lemmens/Alamy
p. 11 Carrossel no Central Park © Ambient Images Inc/Alamy
p. 16 Governors Island © Richard Levine/Alamy
p. 17 Irish Hunger Memorial © Richard Cummins/Photolibrary
p. 21 *Peter Luger Steakhouse* © Keith Torrie/NY Daily News Archive/Getty
p.21 *Maialino* © Ellen Silverman
p.21 *Red Rooster* © Richard Levine
p.21 *Le Bernardin* © Bon Appetit/Alamy
p.23 *Ear Inn* © Hemis/Alamy
p.24 VV Brown no Music Hall of Williamsburg © Joe Kohen/Getty Images
p.27 Brooklyn Flea © Richard Levine/Alamy
p.29 Patinação no gelo no Bryant Park © Gavin Hellier/Getty Images
p.29 Brooklyn Bridge Park © Kuttig Travel/Alamy
p.29 Caiaque no Hudson © Frances M Roberts/Alamy
p.37 The Freedom Tower e North Pool do 9/11 Memorial © Jefferson Siegel/Getty Images
p. 38 National Museum of the American Indian © CuboImages srl/Alamy
p. 39 Skyline da Baixa Manhattan © istock
p. 44 Lofts no Soho © istock
p. 52 *Bar 89* © LOOK Die Bildagentur der Fotografen GmbH/Alamy
p.65 Russ & Daughters © Laperruque/Alamy
p. 84 Rua Bleecker, Greenwich Village © Frances Roberts/Alamy
p. 86 Edifício mais estreito de Nova York © Boaz Rotte/Alamy
p. 99 *Joyce*, cortesia de *Joyce*
p. 107 *Pete's Tavern* © Wendy Connett/Alamy
p.122 Times Square © Mitchell Funk/Getty Images
p. 127 Hell's Kitchen Flea Market © Hemis/Alamy
p.131 Hammerstein Ballroom © Jemal Countess/Getty Images
p.146 Met Opera House © Prisma Bildagentur AG/Alamy
p. 148 Dakota Building © Steven Allan/istock
P.151 Maxilla & Mandible © Imagebroker/Alamy
p. 152 *Boat Basin Café* © Ellen McKnight/Alamy
p.162 Willow Street © Prisma Bildagentur AG/ Alamy
p. 169 Yankee Stadium © Maurice Savage/Alamy

Índice

Os mapas estão marcados em **negrito**.

(116th Street.....................157
125th Street......................158
30 Rock............................114
116th Street.....................157
125th Street......................158
30 Rock............................114
69th Regiment Armory......103
79th Street Boat Basin......149
11 de Setembro...........36, 197

A

Abyssinian Baptist Church
....159
acesso a cadeirantes...........192
achados e perdidos............189
aeroportos........................186
African Burial Ground National
  Monument............17, 42
AirTrain.............................186
albergues..........................181
  Chelsea Hostel................181
  Gershwin.......................182
  Whitehouse Hotel of New York
 182
  Zip 112 Hostel................182
Alphabet City......................74
American Museum of Natural
  History............................148
Amtrak..............................186
Ano-Novo Chinês...............193
Ano-Novo, festa na véspera
  do...................................122
apartamentos....................182
Apollo Theater...................159
arquitetura de ferro fundido 47
Asia Society Museum.........143
Astor Library.......................71
Astor Place.........................71
Astoria.............................168
Avery Fisher Hall...............146

B

B&B, agências de
  Affordable New York City...182
  Bed and Breakfast Network of
    New York......................182
  City Lights Bed & Breakfast
 182
  Citysonnet.com..............182
  Colby International..........182
B&Bs e apartamentos
  Colonial House Inn..........183
  East Village Bed and Coffee
 183
  Jones Street Guesthouse...183
  Room in Soho Loft..........183
babás...............................192
bagels..................................5
balsas.................................39
Bank of Manhattan Trust....32
barcos..............................135

bares............................7, 22
  230 Fifth.......................107
  Ardesia..........................130
  Angel's Share..................80
  Auction House...............145
  Back Room......................68
  Balcony Bar and Roof Garden
    Café, Metropolitan Museum
    of Art............................23
  Bar Boulud....................154
  Barracuda........................98
  Bar 89.............................52
  Barramundi.....................68
  Barrio Chino....................68
  Birreria.........................107
  Blind Tiger Ale House......90
  Bob Bar...........................68
  Bohemian Hall and Beer
    Garden.................22, 172
  Bourgeois Pig..................80
  Brooklyn Brewery..........172
  Bubble Lounge................52
  Burp Castle.....................80
  Campbell Apartment......121
  Church Lounge................52
  Commodore, the...........173
  Cubby Hole....................90
  Dead Poet.....................154
  Ding Dong Lounge........154
  Dove Parlour, the............90
  Duplex............................90
  Dylan Prime....................52
  Ear Inn......................23, 52
  El Quinto Pino.................98
  Fanelli's Café...................52
  Greenwich Street Tavern..52
  Half King........................98
  Jeremy's Alehouse...........43
  Jimmy's Corner.........8, 130
  Kashkaval......................130
  Kenn's Broome Street
    Bar................................52
  KGB Bar..........................80
  King Cole Bar..........23, 121
  L.I.C. Bar.......................173
  M1-5 Lounge...................53
  Manitoba's......................80
  McSorley's Old Ale House..80
  Merc Bar.........................53
  Molly's..........................107
  Monster, the...................90
  Mulberry Street Bar.........61
  Old Town Bar & Restaurant
 107
  Pete's Candy Store....23, 173
  Pete's Tavern.................107
  PJ Clarke's.....................121
  Pravda............................53
  Prohibition....................154
  Puffy's Tavern..................53
  Room, the.......................53
  Randolph at Broome.......61
  Rudy's Bar and Grill.......130

  Russian Vodka Room........130
  Sake Bar Hagi.................131
  Santos Party House..........53
  Subway Inn....................145
  Sunny's Bar...................173
  Sweet & Vicious..............61
  Toad Hall.........................53
  Welcome to the
    Johnson's......................68
  White Horse Tavern..........90
  Zum Schneider................81
Battery Park..................8, 38
beber...........7, 22 ver também
  bares e cafés
bed and breakfast
  ver B&Bs
Bedford Street....................86
Belvedere Castle................135
Bethesda, Fonte................134
Bethesda, Terraço..............134
biblioteca.........................189
bicicletas..................135, 187
Big Apple Jazz Tours..........187
Big Onion Walking Tours...187
Bleecker Street...................84
Bloomberg, Michael...143, 197
Bloomingdale's...........27, 118
Bowery, the........................57
Brighton Beach.................167
Bronx....................162, 169-73
Bronx Zoo.........................169
Brooklyn..............162-7, 170-3
Brooklyn..........................165
Brooklyn Academy of
  Music.............................173
Brooklyn Botanic Garden
....164
Brooklyn Bridge Park...29, 163
Brooklyn Heights...............162
Brooklyn Museum.............164
Bryant Park..................29, 113

C

cafés
  Almondine....................170
  Artichoke...................10, 76
  Balcony Bar e Roof Garden
    Café, Metropolitan Museum
    of Art..........................145
  B&H................................76
  Baoguette.......................76
  Big Wong........................59
  Billy's Bakery..................96
  Blue Bottle Coffee.........170
  Boat Basin Café.............152
  Bouchon Bakery............127
  Brooklyn Ice Cream
    Factory..................11, 170
  Café Edison..................128
  Café Forant...................128
  Café Grumpy..................97

Café Mogador 76
Café Sabarsky 144
Caffè Reggio 88
Ceci-Cela 59
Chinatown Ice Cream
  Factory 59
City Bakery 105
Crif Dogs 76
Cupcake Café 128
Doughnut Plant................ 66
E.A.T. 144
Eisenberg's Sandwich
  Shop 105
Ferrara Café 59
François Chocolate Bar......119
Gazala's Place 128
Hampton Chutney 51
Hungarian Pastry Shop....152
Il Laboratorio del Gelato.... 66
Katz's Deli 66
Kossar's Bialys 66
Laoshan Shandong
  Guotie 59
Leo's Bagels 43
Lobster Place................... 97
Magnolia Bakery 88
Margon 128
Mile End 171
Nathan's 171
No. 7 Sub 105
Num Pang 88
Pickle Guys 66
Pommes Frites................ 77
Porchetta......................... 77
Rice to Riches 59
Roomali 105
Saigon Vietnamese Sandwich .59
Sarita's Mac & Cheese..... 77
Serendipity 144
Shake Shack..................105
Stumptown Coffee
  Roasters....................105
Vanessa's Dumpling
  House 66
Veniero's Pasticceria &
  Caffé 77
Veselka 77
Yonah Schimmel Knish
  Bakery 66
caiaque 29, 86
caminhadas guiadas..........187
Canal Street.................... 54
Carnegie Hall 125
Carousel
  (Central Park)......11, 134
casas noturnas...................7
  Cielo 99
  Delancey Lounge......... 68
  The Delancey............... 68
  G Lounge 99
  Happy Ending Lounge..... 68
  Joe's Pub 80
  (Le) Poisson Rouge...... 90
  Pacha 131
  Pyramid Club 81
  Stonewall Inn 91
  Sullivan Room 91

Castle Williams 41
Cathedral of St John the
  Divine 150
Celebrate Brooklyn 193
Central Park 9, 15,
  132-5
Central Park **133**
Central Park Zoo 132
chegada 186
Chelsea 10, 92-9
Chelsea **93**
Chelsea e Meatpacking
  District 92-9
**Chelsea e Meatpacking
  District** **93**
Chelsea Hotel 94, 178
Chelsea Market 96
Chelsea Piers 95
Children's Museum of
  Manhattan 149
Chinatown 10, 54-61
Chinatown **55**
Chinatown, Little Italy e Nolita
 54-61
**Chinatown, Little Italy e
  Nolita** **55**
Christopher Park 85
Christopher Street 85
Chrysler Building 11, 110
Church of the Ascension 84
Church of the Transfiguration
  (Chinatown).................. 56
Church of the Transfiguration
  (Flatiron District).........103
ciclismo 29, 135, 187
cinemas 188
Circle Line 187
Citicorp Center 112
Citigroup Center 112
City Hall 41
clima 6
Cloisters Museum 160
Columbia University 150
Columbus Circle 125
comer 6, 20
  ver também restaurantes
  e cafés
como circular 187
Con Ed Building 101
Coney Island 166
Conservatory Garden 135
consulados 188
Cooper-Hewitt National Design
  Museum 141
Cooper Union Foundation
  Building....................... 72
correios 191
crianças 11, 191
criminalidade 188
cronologia 194-7
Cyclone 166

D

Dakota Building 148
David H Koch Theater........146
deficientes físicos 192

Delacorte Theater 135
depósito de bagagem 189
Desfile da Macy's no Dia de
  Ação de Graças............193
desfiles 193
Diamond Row 113
dinheiro 189
Distritos externos 162-73
Distritos externos **163**
Downtown Boathouse.........86
Duane Park 44
DUMBO 163
Dylan, Bob................ 85, 94

E

East Village 70-81
East Village **70**
Eastern States Buddhist
  Temple 56
eletricidade 188
Ellis Island 8, 19, 40
Ellis Island Museum of
  Immigration 19, 40
emergência, números de....188
Empire State Building....9, 15,
  103
Empire-Fulton Ferry State Park
 163
Essex Street Museum 64
Estátua da Liberdade .8, 15, 40

F

farmácias 189
Federal Hall National
  Memorial 33
feriados 193
festivais 193
Fifth Avenue (Brooklyn) 166
Fifth Avenue (Manhattan)
 136
Financial District..........32-43
Financial District **34**
Financial District e Harbor
  Islands 32-43
**Financial District e Harbor
  Islands** **34**
First Corinthian
  Baptist Church 157
Flatiron Building 11, 102
Flatiron District 100-7
Flatiron District **101**
Flatiron District, Union Square
  e Gramercy Park........100-7
**Flatiron District, Union
  Square e Gramercy
  Park** **101**
Forbes Galleries 84
Ford Foundation Building....111
Fort Jay 41
Fraunces Tavern Museum 38
Freedom Tower 36
Frick Collection 18, 138
fumar 191
fuso horário 191

G

galerias
  Apex Art ... 48
  Art in General ... 48
  Art Projects International ... 48
  Artists Space ... 48
  Drawing Center, the ... 48
  Exit Art ... 127
  Gagosian Gallery ... 96
  Matthew Marks Gallery ... 96
Garment District ... 92
Gay Liberation Monument ... 85
gays e lésbicas ... 188
GE Building ... 114
General Post Office ... 95
General Theological Seminary ... 95
Gilbert, Cass ... 38, 42, 102
gorjetas ... 191
Governors Island ... 10, 16, 40
Grace Church ... 72
Gracie Mansion ... 143
Gramercy Park ... 102
Gramercy Park ... 101
Grand Central Terminal ... 9, 109
Grand Street ... 56
Gray Line ... 187
Great Lawn ... 135
Ground Zero ... 36
Grove Street ... 86
Guggenheim Museum ... 140

H

Harbor Islands ... 32-43
Harbor Islands e Financial District ... 32-43
Harbor Islands e Financial District ... 34
Harbor Island, balsas para ... 39
Harlem e o norte de Manhattan ... 156-61
Harlem ... 156
Harlem e o norte de Manhattan ... 156-61
Harlem e o norte de Manhattan ... 156
Haughwout Building ... 47
Hayden Planetarium ... 149
Hearst Tower ... 126
helicóptero, passeios de ... 187
Hell's Kitchen ... 123
Hell's Kitchen Flea Market ... 127
Henry Luce Nature Observatory ... 135
High Line ... 8, 29, 92
Hip-Hop Cultural Center ... 158
história ... 194-7
Hook and Ladder Company nº 8 ... 46
hospedagem ... 174-83
hospitais ... 189
hotéis ... 176-81
  70 Park Avenue Hotel ... 178
  414 ... 180
  Ace ... 178
  Affinia Shelburne ... 178
  Alex, the ... 178
  Algonquin ... 178
  Ameritania at Times Square ... 180
  Beekman Tower ... 179
  Blue Moon ... 177
  Bowery Hotel ... 177
  Casablanca ... 180
  Chambers ... 178
  Chelsea Lodge ... 177
  Chelsea Pines Inn ... 177
  Cosmopolitan ... 176
  Crosby Street Hotel ... 176
  Distrikt ... 180
  Flatotel ... 180
  Giraffe ... 178
  Grace ... 180
  Gramercy Park ... 178
  Hotel 91 ... 177
  Hôtel Americano ... 180
  Ink48 ... 180
  Iroquois ... 179
  Larchmont ... 177
  Le Parker Meridien ... 180
  Library ... 179
  Lucerne ... 181
  Mansfield ... 179
  Metro ... 179
  Milburn ... 181
  Morgans ... 179
  Murray Hill Inn ... 178
  On the Ave ... 181
  Pod ... 179
  Ritz-Carlton ... 176
  Roger Smith ... 179
  Roger Williams ... 178
  Salisbury ... 180
  Seventeen ... 178
  Smyth Tribeca ... 176
  Strand, the ... 179
  Tribeca Grand Hotel ... 177
  Waldorf-Astoria ... 179
  Wales ... 180
horários de funcionamento ... 190
Huang Daxian Temple ... 56
Hudson River Park ... 29, 46
Hush Hip Hop Tours ... 187

I

informação, postos de ... 191
International Center of Photography ... 125
internet ... 189
Intrepid Sea-Air-Space Museum ... 124
Irish Hunger Memorial ... 17, 37
Irving Place ... 101
Irving, Washington ... 101
Isamu Noguchi Garden Museum ... 168
Italian American Museum ... 57
itinerários ... 8-11

J

jardins comunitários ... 74
Jefferson Market Courthouse ... 84
Jewish Museum ... 141
JFK, aeroporto ... 186
jornais ... 191

K

Kehila Kedosha Nanina Synagogue and Museum ... 64
Kletzker Brotherly Aid Association ... 64

L

LaGuardia, aeroporto ... 186
Lefferts Homestead ... 166
Lever House ... 111
Liberty Helicopter Tours ... 187
Liberty Island ... 40
Lincoln Center for the Performing Arts ... 146
Lipstick Building ... 111
Little Italy ... 54-61
Little Italy ... 55
Little Italy, Chinatown e Nolita ... 54-61
Little Italy, Chinatown e Nolita ... 55
Little Senegal ... 157
Little Singer Building ... 47
Loeb Boathouse ... 135
lojas ... 7, 26
  ABC Carpet and Home ... 104
  Absolute Bagels ... 5, 151
  Academy Records ... 104
  Alife Rivington Club ... 65
  Alleva Dairy ... 58
  Antiques Garage Flea Market ... 96
  Apple Store ... 27, 118
  B&H Photo Video ... 127
  Barney Greengrass ... 5, 151
  Beacon's Closet ... 26, 170
  Bergdorf Goodman ... 118
  Bloomingdale's ... 27, 118
  Bluestockings ... 65
  Book Culture ... 151
  Books of Wonder ... 11, 104
  Brooklyn Flea ... 27, 170
  C.O. Bigelow ... 87
  Chelsea Market ... 96
  Complete Traveller ... 118
  Di Palo's Fine Foods ... 58
  DKNY ... 48
  Drama Book Shop ... 127
  East Village Cheese Store ... 75
  Eataly ... 104
  Economy Candy ... 65
  Edith Machinist ... 65

Empire Coffee and Tea Company 127	Manhattan Bridge................4	MoMA 19, 116
Faicco's Pork Store............ 87	Maratona de Nova York 193	Morgan Library and Museum 108
Generation Records 87	Masjid Malcolm Shabazz... 157	Mount Vernon Hotel Museum & Garden 143
Halcyon 170	McCarren Park 167	Museo del Barrio................142
Hell's Kitchen Flea Market 127	Meatpacking District 92-9	Museu na Eldridge Street .. 64
House of Oldies................. 87	**Meatpacking District....... 93**	Museum of American Finance 33
Housing Works Bookstore Café 48	Meatpacking District e Chelsea 92-9	Museum of Arts and Design 126
Ina 58	**Meatpacking District e Chelsea 93**	Museum of Chinese in America 56
Kalustyan's........................104	Merchant's House Museum..72	Museum of Immigration..19, 40
Karen Karch 58	Mermaid Parade 166	Museum of Jewish Heritage 37
Kate's Paperie................... 49	Met Life Building 110	Museum of Modern Art (MoMA) 19, 116
Kiehl's 75	metrô 187	Museum of Natural History..11, 19, 148
Kirna Zabete 49	MetroCard 187	Museum of the City of New York 142
Li-Lac Chocolates 87	Metropolitan Museum of Art 9, 15, 138	Museum of the Moving Image 11, 168
Macy's 96	Metropolitan Opera House 24, 146, 155	National Academy of Design 141
Marc Jacobs 49	**Midtown 108-21**	National Museum of the American Indian 38
Marmalade Vintage........... 58	**Midtown 108**	Neue Galerie 140
Maxilla & Mandible...........151	MoMA 19, 116	New-York Historical Society 148
McNally Jackson............... 58	MoMA PS 1 169	New York Transit Museum 163
MoMA Design Store........... 49	Morgan Library and Museum 108	Paley Center for the Media 116
Moss 49	Morningside Heights..146, 150	Rose Center for Earth and Space 149
Murray's Cheese................ 87	Morris-Jumel Mansion......160	Rubin Museum of Art 94
Old Print Shop 104	Mott Street 56	Studio Museum in Harlem 158
Other Music 75	Mount Morris Park Historic District 158	Whitney Museum of American Art 142
Prada 49	Mount Vernon Hotel Museum & Garden 143	Museum of American Finance 33
Russ & Daughters 5, 65	Mulberry Street 57	Museum of Natural History... 11
Sabon 49	Museo del Barrio 142	música ao vivo 24
St Mark's Bookshop........... 75	museus 18	55 Bar 91
St Mark's Comics............... 75	American Museum of Natural History 11, 19, 148	Alice Tully Hall 154
Saks Fifth Avenue............118	Asia Society Museum 143	Apollo Theater 159
Screaming Mimi's 75	Brooklyn Museum 164	Arlene's Grocery 25, 69
Sigerson Morrison 58	Children's Museum of Manhattan 149	Beacon Theatre 155
Strand Bookstore 27, 75	Cloisters Museum 160	Bell House 173
Tannen's Magic.................118	Cooper-Hewitt National Design Museum 141	Birdland 131
TG170 65	Ellis Island Museum of Immigration 19	Blue Note 91
Three Lives & Co 87	Fraunces Tavern Museum 38	Blue Smoke: Jazz Standard 107
Tiffany & Co......................118	Frick Collection 18, 138	Bowery Ballroom 69
Trash'n'Vaudeville 75	Guggenheim 140	Bowery Poetry Club 81
Urban Archeology 49	Hayden Planetarium 149	Brooklyn Academy of Music 173
Village Chess Shop 87	International Center of Photography 125	Café Carlyle 145
Westsider Rare & Used Books 151	Intrepid Sea-Air-Space Museum 124	Cake Shop 69
Zabar's......................5, 9, 151	Isamu Noguchi Garden Museum 168	Carnegie Hall 125
London Terrace Apartments 95	Italian American Museum ..57	Dizzy's Club Coca-Cola ...131
Long Island Railroad 186	Jewish Museum 141	Don't Tell Mama 131
Louise K Meisel 47	Kehila Kedosha Nanina Synagogue and Museum 64	Groove 91
Low Memorial Library 150	Lower East Side Tenement Museum 19, 63	Hammerstein Ballroom 131
Lower East Side............62-9	Merchant's House Museum 72	
Lower East Side 63	Metropolitan Museum of Art 9, 15, 138	
Lower East Side Tenement Museum 19, 63		
Luna Park 166		
Lyceum 124		

M

Macy's 96
Madison Square Park....11, 102
Mahayana Buddhist Temple.............................56
Malcom Shabazz Harlem Market............................157
Mall....................................134

Highline Ballroom 99
Irving Plaza....................... 107
Joe's Pub 80
Joyce, the 99
Lenox Lounge 25, 161
Living Room 69
Mercury Lounge 69
Met Opera House 24
Metropolitan Opera House .155
Music Hall of
  Williamsburg 24, 173
Nuyorican Poets Café 81
Otto's Shrunken Head 81
Pianos 69
Radio City Music Hall 115
Rockwood Music Hall 69
Shrine Bar 161
Smoke 155
Symphony Space 155
Village Vanguard 25, 91

N

National Academy of
  Design 141
National Arts Club 102
National Jazz Museum ... 158
National Museum of the
  American Indian 38
National September 11
  Memorial 8, 36
Museum of Natural
  History 19
NBC Studio tours 114
Neue Galerie 140
New Amsterdam
  Theatre 123
New Museum of Contemporary
  Art 57
New Victory Theater 124
New York Aquarium 167
New York Botanical
  Garden 28, 169
New York Earth Room 47
New-York Historical
  Society 148
New York Life Building ... 102
New York Public Library 112
New York State Supreme
  Court 102
New York Stock Exchange ... 33
New York Transit
  Museum 11, 163
New York University 83
Newark Liberty, aeroporto .186
Ninth Avenue 123
Ninth Avenue International
  Food Festival 123
Nolita 54-61
Nolita 55
Nolita, Chinatown
  e Little Italy 54-61
**Nolita, Chinatown e Little
  Italy** 55
Nova York econômica 10

Nova York para crianças 11,
  192
NYU 83

O

One World Trade Center 36
ônibus, passeios de 187
ônibus (locais) 187
ônibus (longa distância) ... 187
ONU 110
Onze de Setembro
  de 2001 .... 36, 197
Orchard Street 61
Our Lady of Pompeii
  Church 85

P

Paley Center for the
  Media 116
Park Slope 166
passeios 187
Patchin Place 84
patinação no gelo ... 29, 132
Pier 17, 41
Players Club 102
Ponte do Brooklyn .. 14, 42, 162
Prince Street 47
Promenade 162
Prospect Park 166
Prospect Park Zoo 166
Public Theater 71

Q

quando visitar 6
Queens 162, 168-73

R

Radio City Music Hall 115
Red Hook 17, 164
Red Hook Ball Fields 164
Renwick, James 72, 116
restaurantes 20
  15 East 106
  Adrienne's Pizzabar 8, 43
  Africa Kine 161
  Ai Fiori 119
  Al Di La 171
  Aldea 106
  Amy Ruth's 161
  Angelo's 60
  Aquagrill 50
  Aquavit 119
  Ardesia 130
  Arirang 106
  Babbo 88
  Balthazar 50
  Blaue Gans 50
  Blue Hill 88
  Blue Ribbon Sushi 9, 50
  Boathouse 135

Boca Chica 76
Bouley 9, 50
Brick Lane Curry House 77
Bubby's 50
Burger Joint 128
Café Boulud 144
Café Habana 60
Café Luxembourg 152
Calle Ocho 152
Chez Napoleon 8, 128
Cho Dang Gol 119
Cibao Restaurant 67
Co. 97
Colicchio & Sons 97
Congee Village 67
Cookshop 97
Corner Bistro 88
Delmonico's 43
Dinosaur Bar B Que 161
Dominick's 171
Donguri 144
Dos Caminos 51
Dovetail 152
Emporium Brasil 119
ESCA 128
Fette Sau 171
Flex Mussels 141
Gascogne 97
Gennaro 153
Good Enough to Eat 11,
  153
Good Fork 171
Gotham Bar & Grill 88
Graffiti Food &
  Wine Bar 77
Gramercy Tavern 106
Great N.Y. Noodletown ... 10, 60
Hasaki 78
Hatsuhana 120
Hecho en Dumbo 78
Heidelberg 145
Home 89
I Trulli Enoteca
  and Ristorante 106
Il Posto Accanto 79
Ippudo 78
Jack's Luxury Oyster Bar .. 78
Joe Allen 8, 129
John's Pizzeria 89
Jojo 145
Katz's 20, 66
Keen's Steakhouse 120
La Grenouille 120
La Lunchonette 98
La Nacional 98
Le Bernardin 21, 120
Les Halles 129
Locanda Verde 51
Lombardi's 60
Maialino 21, 106
Mama's Food Shop 78
Mary's Fish Camp 89
Menchanko Tei 120
Mercer Kitchen 51
Mermaid Inn 79
Mile End 171

| Miss Mamie's Spoonbread Too 153
| Modern, the 120
| Momofuku Noodle Bar 79
| Motorino 79
| Nobu 9, 51
| Nyonya 60
| Old Homestead 98
| Ouest 153
| Oyster Bar 9, 120
| Pakistan Tea House 51
| Pam Real Thai 129
| Pearl Oyster Bar 89
| Peasant 60
| Peter Luger Steak House 21, 172
| Petite Crevette 172
| Petrossian 129
| Pho Bang 61
| Picholine 153
| Pies-n-Thighs 172
| Ping's Seafood 61
| Prime Meats 172
| Prune 79
| Recipe 153
| Red Cat, The 98
| Red Rooster 21, 161
| Rocking Horse 98
| Salumeria Rosi Parmacotto 154
| Sammy's Roumanian Steakhouse 67
| Schiller's Liquor Bar 67
| Shake Shack 105
| Shopsin's 67
| Sho Shaun Hergatt 43
| Spotted Pig 89
| Stanton Social 67
| Sugiyama 129
| Sylvia's Restaurant 161
| Tasty Hand-Pulled Noodles 61
| Torrisi Italian Specialities 61
| Union Square Café 106
| WD-50 67
| Yakitoro Totto 130
| Zenon Taverna 11, 172
| revistas 191
| River to River Festival 193
| Riverside Drive 149
| Riverside Park 149
| Rockefeller Center 114
| Rockefeller Park 46
| Rose Center for Earth and Space 149
| Rubin Museum of Art 94
| Russian & Turkish Baths ... 73

S

saúde 189
Schomburg Center for Research in Black Culture 159
Seagram Building 111
segurança 188
Semana do Orgulho Gay 193
Sender Jarmulowsky Bank 64
Shakespeare in the Park .. 135
Sheep Meadow 134
Sheridan Square 85
Shubert Theatre 124
SoHo 9, 44-53
SoHo 45
SoHo e Tribeca 44-53
SoHo e Tribeca 45
Sony Building 112
South Street Seaport Museum 41
Spring Street 47
St Bartholomew's Church 111
St Luke's Place 86
St Mark's Church-in-the-Bowery 73
St Mark's Place 73
St Patrick's Cathedral (Midtown) 116
St Patrick's Day, Parada do 193
St Patrick's Old Cathedral (Nolita) 57
St Paul's Chapel 8, 36
Staten Island Ferry 10, 39, 167
Strawberry Fields 134
Strivers' Row 17, 160
Studio Museum in Harlem 158
Summerstage 193

T

táxis 186, 187
teatro, ingressos para 12
telefones 190
Temple Emanu-el 136
Theater District 124
Theater District e Times Square 122-31
Theater District e Times Square 123
Theodore Roosevelt, local de nascimento 101
Time Warner Center 126
Times Square 122
Times Square e Theater District 122-31
Times Square e Theater District 123
Tisch Children's Zoo 132
TKTS 124
Tompkins Square Park 74
Top of the Rock Observation Deck 115
transporte 187
trens 186
Tribeca 9, 44-53
Tribeca 45
Tribeca e SoHo 44-53
Tribeca e SoHo 45
Tribute WTC Visitor Center .. 36
Trinity Church 32
Trump Tower 117
Turtle Pond 135
Two Columbus Circle 126

U

Ukrainian Museum 73
Union Square 100
Union Square Farmers' Market 100
Union Square, Gramercy Park e Flatiron District 100-7
Union Square, Gramercy Park e Flatiron District 101
Upper East Side 136-45
Upper East Side 137
Upper West Side 146-55
Upper West Side 147
Upright Citizens Brigade Theatre 99
US Customs House 38
US Open 193
USS Maine Monument 125

V

Victorian Gardens 132
vida noturna ...... 7 ver também casas noturnas e música ao vivo
Village Halloween Parade . 193
vistas 115

W

Waldorf=Astoria Hotel110, 180
Wall Street 8, 32
Washington Square Park 83
West Broadway 46
West Indian Day, Parada Carnavalesca no 193
West Village 82-91
West Village 82
White, Stanford 84
Whitney Biennial 142
Whitney Museum of American Art 142
Williamsburg 167
Wollman Memorial Ice Skating Rink 132
Wonder Wheel 166
Woolworth Building 42
World Trade Center 36

Y

Yankee Stadium 169

Impresso na South China Printing Company, China.